财经类专业课程改革"十四五"规划教材

财经法规与会计职业道德（第二版）

主　编○潘晓丽　陈荣秀　陈晓龙
副主编○陈　欢　胡桂青　宋剑茹

图书在版编目(CIP)数据

财经法规与会计职业道德 / 潘晓丽，陈荣秀，陈晓龙主编. -- 2 版. -- 上海：立信会计出版社，2024.7. -- ISBN 978-7-5429-7709-0

Ⅰ．D922.2;F233

中国国家版本馆 CIP 数据核字第 2024MW1652 号

策划编辑　王斯龙
责任编辑　王斯龙
美术编辑　吴博闻

财经法规与会计职业道德(第二版)

CAIJING FAGUI YU KUAIJI ZHIYE DAODE

出版发行	立信会计出版社			
地　　址	上海市中山西路 2230 号	邮政编码	200235	
电　　话	(021)64411389	传　　真	(021)64411325	
网　　址	www.lixinaph.com	电子邮箱	lixinaph2019@126.com	
网上书店	http://lixin.jd.com	http://lxkjcbs.tmall.com		
经　　销	各地新华书店			
印　　刷	浙江临安曙光印务有限公司			
开　　本	787 毫米×1092 毫米　　1/16			
印　　张	13			
字　　数	310 千字			
版　　次	2024 年 7 月第 2 版			
印　　次	2024 年 7 月第 1 次			
书　　号	ISBN 978-7-5429-7709-0/D			
定　　价	42.00 元			

如有印订差错，请与本社联系调换

课程改革教材编写委员会

（排名不分先后）

潘晓丽	陈荣秀	陈晓龙	刘　阳
胡桂青	戴爱辉	王　玮	张娇娇
陈万生	陆世皓	罗光德	黄爱华
杨良松	柳晓霞	梁秀媚	陈　捷
戚燕妮	黄银海	周嘉丽	陈　欢
宋剑茹	廖颖欣		

第二版前言

本教材贯彻落实党的二十大精神，围绕会计相关专业的培养目标，结合教学与考证的要求，根据最新的法律法规编写而成。本教材将帮助学生了解和掌握我国会计法律规范，明确会计法律责任，提高会计职业道德修养，最终成为德才兼备的专业人才。

本教材具有以下特点。

1. 内容简洁易学

法律法规及职业道德的相关知识较为枯燥，如果一味堆砌、叠加知识内容，反而使学生产生烦躁心理。编者对本教材内容进行了简化，避免内容繁杂、拗口的情况，在一定程度上引导学生自觉学习。

2. 注重学练结合

本教材通过每章的例题和课后训练，不断强化学生对教材内容的掌握和运用，以提高教学效果。

3. 确保知识时效

本教材所涉及的税收政策规定均更新至 2024 年 7 月，确保读者可以第一时间了解与掌握最新的税收政策。

本教材由潘晓丽、陈荣秀、陈晓龙任主编，陈欢、胡桂青、宋剑茹任副主编。由于编写时间、水平有限，教材内容可能有疏漏之处，恳请同行专家和读者批评指正，以便我们进一步修订及完善，我们不胜感激！

编　者

2024 年 7 月

目 录

第一章 会计法律制度 ··· 001
　思维导图 ··· 001
　学习目标 ··· 002
　第一节　会计法律制度的概念与构成 ··· 002
　第二节　会计工作管理体制 ··· 004
　第三节　会计核算 ··· 008
　第四节　会计监督 ··· 022
　第五节　会计机构与会计人员 ··· 031
　第六节　法律责任 ··· 039
　本章小结 ··· 044
　课后训练 ··· 045

第二章 结算法律制度 ··· 049
　思维导图 ··· 049
　学习目标 ··· 050
　第一节　现金结算 ··· 050
　第二节　支付结算概述 ··· 053
　第三节　银行结算账户 ··· 057
　第四节　票据结算方式 ··· 067
　第五节　银行卡 ··· 083
　第六节　其他结算方式 ··· 087
　第七节　网上支付 ··· 091
　本章小结 ··· 096
　课后训练 ··· 096

第三章 税收法律制度 ··· 099
　思维导图 ··· 099
　学习目标 ··· 099
　第一节　税收与税法概述 ··· 100
　第二节　主要税种 ··· 106
　第三节　税收征收管理 ··· 136

本章小结 ·· 151
　　课后训练 ·· 152

第四章　财政法律制度 ·· 155
　　思维导图 ·· 155
　　学习目标 ·· 155
　　第一节　预算法律制度 ··· 156
　　第二节　政府采购法律制度 ·· 167
　　第三节　国库集中收付制度 ·· 175
　　本章小结 ·· 179
　　课后训练 ·· 179

第五章　会计职业道德 ·· 183
　　思维导图 ·· 183
　　学习目标 ·· 183
　　第一节　会计职业道德概述 ·· 184
　　第二节　会计职业道德规范的主要内容 ··································· 189
　　第三节　会计职业道德教育 ·· 189
　　第四节　会计职业道德建设的组织与实施 ································ 193
　　第五节　会计职业道德的检查与奖惩 ····································· 194
　　本章小结 ·· 198
　　课后训练 ·· 198

第一章　会计法律制度

 思维导图

会计法律制度
- 一、会计法律制度的概念与构成
  1. 会计法律制度的概念
  2. 会计法律制度的构成
- 二、会计工作管理体制
  1. 会计工作的行政管理
  2. 会计工作的自律管理
  3. 单位内部的会计工作管理
- 三、会计核算
  1. 总体要求
  2. 会计核算的其他要求
  3. 会计凭证
  4. 会计账簿
  5. 财务会计报告
  6. 会计档案管理
- 四、会计监督
  1. 单位内部会计监督
  2. 会计工作的政府监督
  3. 会计工作的社会监督
- 五、会计机构与会计人员
  1. 会计机构的设置
  2. 会计工作岗位设置
  3. 会计工作交接
  4. 会计专业技术资格与职务
- 六、法律责任
  1. 法律责任概述
  2. 违反会计制度规定的法律责任
  3. 其他会计违法行为的法律责任

学习目标

1. 了解会计法律制度的构成
2. 熟悉会计工作的行政管理
3. 了解会计工作的自律管理
4. 熟悉单位会计工作管理
5. 掌握会计核算的要求
6. 掌握单位内部会计监督
7. 熟悉会计工作的政府监督
8. 了解会计工作的社会监督
9. 掌握会计机构设置
10. 熟悉代理记账
11. 掌握会计岗位设置
12. 掌握会计工作人员交接
13. 了解内部控制的框架结构和内部审计的相关内容
14. 掌握会计违法行为的法律责任

第一节 会计法律制度的概念与构成

一、会计法律制度的概念

会计法律制度是指国家权力机关和行政机关制定的，用于调整会计关系的各种法律、法规、规章和规范性文件的总称。

会计法律制度是我国财经法律法规的重要组成部分，是会计人员从事会计工作必须严格遵守的行为准则。

任何一个经济组织的活动都不是独立存在的。作为经济管理工作的会计，首先表现为单位内部的一项经济管理活动，即对本单位的经济活动进行核算和监督。在处理经济业务事项中，必然会涉及、影响有关方面的经济利益。例如，供销关系、债权债务关系、信贷关系、分配关系、税款征纳关系、管理与被管理关系等。会计机构和会计人员在办理会计事务过程中以及国家在管理会计工作过程中发生的经济关系称为会计关系。处理上述各种经济关系，就需要用会计法律制度来规范。

目前，我国的会计法律制度基本形成了以《中华人民共和国会计法》为主体的会计法律体系，该体系主要包括会计法律、会计行政法规、会计部门规章和地方性会计法规这四个层次。

二、会计法律制度的构成

(一) 会计法律

会计法律是指由国家最高权力机关——全国人民代表大会及其常务委员会经过一定立法程序制定的有关会计工作的法律。我国目前有两部会计法律,分别是《中华人民共和国会计法》(以下简称《会计法》)和《中华人民共和国注册会计师法》(以下简称《注册会计师法》)。

新知:"十三五"时期会计改革与发展成绩

1.《会计法》

《会计法》是会计法律制度中层次最高的法律规范,是制定其他会计法规的依据,也是指导会计工作的最高准则。

我国《会计法》在1985年1月21日由第六届全国人民代表大会常务委员会第九次会议通过,于1999年、2017年、2024年进行了三次修订。现行的《会计法》自2000年7月1日起施行。国家机关、社会团体、公司、企业、事业单位和其他组织必须依照《会计法》办理会计事务。

《会计法》的立法宗旨是规范会计行为,保证会计资料的真实、完整,加强经济管理和财务管理,提高经济效益,维护社会主义市场经济秩序。

2.《注册会计师法》

1993年10月31日,第八届全国人民代表大会常务委员会第四次会议通过《注册会计师法》,它是规范注册会计师及其行业行为规范的最高准则,是我国中介行业的第一部法律。

(二) 会计行政法规

会计行政法规是指由国家最高行政机关——国务院制定并发布,或者由国务院有关部门拟订并经国务院批准发布,调整经济生活中某些方面会计关系的法律规范。会计行政法规的制定依据是《会计法》,会计行政法规的权威性和法律效力仅次于会计法律。

 示例

会计行政法规包括国务院发布的《企业财务会计报告条例》和《总会计师条例》等。

(三) 会计部门规章

会计部门规章是指国家主管会计工作的行政部门即财政部以及其他相关部委根据法律和国务院的行政法规、决定、命令,在本部门的权限范围内制定的、调整会计工作某些方面内容的国家统一的会计准则制度和规范性文件,包括国家统一的会计核算、会计监督、会计机构和会计人员及会计工作管理的制度等。会计部门规章的效力次于《会计法》和会计行政法规。

《会计法》第8条规定:国务院有关部门可以依照本法和国家统一的会计制度制定对会计核算和会计监督有特殊要求的行业实施国家统一会计制度的具体办法或者补充

规定，报国务院财政部门审核批准。《会计法》第 49 条规定：中央军事委员会有关部门可以依照《会计法》和国家统一的会计制度制定军队实施国家统一的会计制度的具体办法，抄送国务院财政部门。

（四）地方性会计法规

地方性会计法规是指由省、自治区、直辖市人民代表大会或常务委员会在同宪法、会计法律、行政法规和国家统一的会计准则制度不相抵触的前提下，根据本地区情况制定发布的关于会计核算、会计监督、会计机构和会计人员以及会计工作管理的规范性文件，如《四川省会计管理条例》《山东省实施〈中华人民共和国会计法〉办法》等。

做一做

下列属于会计法律的是（　　）。
A.《会计法》　　　　　　　　　B.《会计基础工作规范》
C.《金融企业会计制度》　　　　D.《财政部门实施会计监督办法》
【答案】　A

第二节　会计工作管理体制

会计工作管理体制是指国家划分会计管理工作权限的制度，可以概括为四个"明确"：明确会计工作的主管部门；明确国家统一会计制度的制定权限；明确对会计人员的管理内容；明确单位内部的会计工作管理职责。我国会计工作管理体制包括会计工作的行政管理、会计工作的自律管理和单位内部的会计工作管理三个方面的内容。

一、会计工作的行政管理

国务院财政部门主管全国的会计工作，县级以上地方各级人民政府财政部门管理本行政区域内的会计工作，实行"统一领导、分级管理"的原则。财政部门履行的会计行政管理职能主要有以下四项。

（一）制定国家统一的会计准则制度

新知："十四五"时期会计改革与发展任务

国家统一的会计制度是指在全国范围内实施的会计工作管理方面的规范性文件，它主要包括以下四个方面的内容：①国家统一的会计核算制度；②国家统一的会计监督制度；③国家统一的会计机构和会计人员管理制度；④国家统一的会计工作管理制度。

国家统一的会计制度尤其是规范会计核算的准则制度，是生成和提供口径一致、相互可比会计信息的重要标准，是投资者、债权人、社会公众、政府部门等运用会计信息进行投资决策、宏观调控等的重要依据。

国家统一的会计制度及相关标准规范的制定和组织实施主要有以下要点：

（1）国家统一的会计制度，由国务院财政部门根据《会计法》制定并公布。

（2）国务院有关部门可以依照我国《会计法》和国家统一的会计制度，制定对会计核算和会计监督有特殊要求的行业实施国家统一会计制度的具体办法或者补充规定，报国务院财政部门审核批准。

（3）国家加强会计信息化建设，鼓励依法采用现代信息技术开展会计工作，具体办法由国务院财政部门会同有关部门制定。

（4）中央军事委员会有关部门可以依照《会计法》和国家统一的会计制度制定军队实施国家统一的会计制度的具体办法，抄送国务院财政部门。

（5）各地区、各部门应当严格遵循《会计法》关于"国家实行统一的会计制度"的规定，不得擅自修改、调整、补充、解释国家统一的会计制度规定的政策口径。

（6）地方财政部门对企业、行政事业单位等在执行国家统一的会计制度中出现的政策口径问题，应按程序及时报财政部，由财政部作出统一解释；有关主管部门确需对国家统一的会计制度作出补充规定的，应按法定程序报财政部审核批准或备案。

（二）会计市场管理

会计信息质量及会计师事务所执业质量直接影响市场秩序，关系国家经济秩序和社会公共利益。加强会计市场的管理是社会主义市场经济的必然要求。会计市场管理具体包括会计市场准入管理、运行管理和退出管理。

1. 会计市场的准入管理

会计市场的准入管理是指财政部门对代理记账机构的设立、注册会计师资格的取得及会计师事务所的设立等进行的条件设定。除会计师事务所以外，代理记账机构应当经所在地的县级以上人民政府财政部门批准，并取得由财政部统一规定样式的代理记账许可证书。

2. 会计市场的运行管理

会计市场的运行管理是指财政部门对获准进入会计市场的机构和从业人员是否遵守各项法律法规，依据相关准则、制度和规范执行业务的过程及结果所进行的监督和检查。注册会计师作为社会监督的主体，在审计过程中起鉴证的作用。为了保证注册会计师鉴证作用的发挥，维护社会公众利益和投资者的合法权益，通过强化会计市场的社会监督主体的管理来实行会计市场的运行管理。

3. 会计市场的退出管理

会计市场的退出管理是指财政部门对在会计执业过程中发生的违反《会计法》和《注册会计师法》行为的，财政部门有权对其进行处罚，情节严重的，可吊销其执业资格，强制其退出会计市场。代理记账机构和人员获准进入会计市场以后，还应当持续符合相关的资格条件，并主动接受财政部门的监督检查；不符合相应条件时，原审批机关可以撤回行政许可。

此外，对会计出版市场、培训市场、境外"洋资格"的管理等也属于会计市场管理的范畴，财政部门对违反会计法律、行政法规规定、扰乱会计秩序的行为，都有权加以管理，严格规范。

（三）会计专业人才评价

会计专业人才是我国经济建设中不可或缺的重要力量，也是我国人才队伍的重要组成部分。目前我国已经基本形成阶梯式的会计专业人才评价机制，包括初级、中级、高级会计人才评价机制以及行业领军人才培养评价体系等。对先进会计工作者的表彰奖励也属于会计专业人才评价的范畴。

目前，我国对初级、中级会计资格（又称"初级、中级会计师资格"）实行全国统一的考试制度，对高级会计资格（又称"高级会计师资格"）实行考试与评审相结合的制度。

（四）会计监督检查

案例分析01

会计监督是会计的基本职能之一，财政部门对会计市场的监督检查主要包括对会计信息质量的检查、会计师事务所执业质量的检查以及对会计行业自律组织的监督和指导等，这对于规范会计执行、打击违法行为、保证会计信息质量和维护社会主义市场经济秩序具有重要意义。

财政部组织实施全国会计信息质量的检查工作，并依法对违法行为实施行政处罚；县级以上财政部门组织实施本行政区域内的会计信息质量检查工作，并依法对本行政区域单位或人员的违法行为实施行政处罚。

二、会计工作的自律管理

会计工作的自律管理制度是对行政管理制度的一种有益补充，有助于督促会计人员依法展开会计工作，树立良好的行业风气，促进行业的发展。

（一）中国注册会计师协会

中国注册会计师协会是依据《注册会计师法》和《社会团体登记条例》的有关规定设立的社会团体法人，是中国注册会计师行业的自律管理组织，成立于1988年11月。

中国注册会计师协会最高权力机构为全国会员代表大会，全国会员代表大会选举产生理事会，理事会选举产生会长、副会长和常务理事会，理事会设若干专门委员会和专业委员会。常务理事会在理事会闭会期间行使理事会职权。协会下设秘书处，为其常设执行机构。

（二）中国会计学会

中国会计学会创建于1980年，是财政部所属由全国会计领域各类专业组织以及会计理论界、实务界会计工作者自愿组成的学术性、专业性和非营利性社会组织。其主要职责是：组织协调全国会计科研力量，开展会计理论研究和学术交流，促进科研成果的推广和运用；总结我国会计工作和会计教育经验，研究和推广会计专业的教育改革；发挥学会的智力优势，开展多层次、多形式的智力服务工作；开展会计领域国际学术交流与合作；发挥学会联系政府与会员的桥梁作用，接受政府和其他单位委托，组织开展有关工作等。

(三)中国总会计师协会

中国总会计师协会成立于1990年5月,是经财政部审核同意、民政部正式批准,依法注册登记成立的跨地区、跨部门、跨行业、跨所有制的非营利性国家一级社团组织,是总会计师行业的全国性自律组织,其主管单位以及业务指导单位为国务院财政部。

中国总会计师协会最高权力机构为全国会员代表大会,全国会员代表大会选举产生理事会,理事会选举产生会长、副会长、秘书长和常务理事会,常务理事会在理事会闭会期间行使理事会职权,协会下设秘书处,为其常设执行机构。

三、单位内部的会计工作管理

(一)单位负责人的职责

单位负责人是指单位法定代表人或法律、行政法规规定代表单位行使职权的主要负责人。《会计法》规定:单位负责人对本单位的会计工作和会计资料的真实性、完整性负责;单位负责人应当保证会计机构和会计人员依法履行职责,不得授意、指使、强令会计机构和会计人员违法办理会计事项。《会计法》赋予了单位负责人在单位内部会计工作管理中的权利和责任。

单位负责人主要包括两类:

(1)依法代表法人单位行使职权的负责人,如公司制的董事长(执行董事或经理)、国有企业的厂长(经理)、国家机关的最高行政长官等。

(2)根据法律、行政法规规定代表非法人单位行使职权的负责人,如代表合伙企业执行合伙企业事务的合伙人、个人独资企业的投资人等。

(二)会计人员的选拔任用

财政部对从事会计工作人员的相关任职资格条件进行了统一规定。

 示例

(1)《会计法》第36条规定,会计人员应当具备从事会计工作所需要的专业能力;担任单位会计机构负责人(会计主管人员)的,应当具备会计师以上专业技术职务资格或者从事会计工作3年以上经历。

(2)《总会计师条例》规定,总会计师的任职条件之一是取得会计师专业技术资格后,主管一个单位或者单位内部一个重要方面的财务会计工作的时间不少于3年。

单位应当根据《会计法》等法律法规和《会计人员管理办法》有关规定,结合会计工作需要,自主任用(聘用)会计人员。

会计人员从事会计工作,应当符合下列要求:

(1)遵守《会计法》和国家统一的会计制度等法律法规。
(2)具备良好的职业道德。
(3)按照国家有关规定参加继续教育。

(4) 具备从事会计工作所需要的专业能力。

单位任用（聘用）的会计机构负责人（会计主管人员）、总会计师，应当符合《会计法》《总会计师条例》等法律法规和《会计人员管理办法》有关规定。

单位应当对任用（聘用）的会计人员及其从业行为加强监督和管理。

（三）会计人员回避制度

案例分析02

回避制度是指为了保证执法或执业的公正性，对可能影响其公正性的执法或执业的人员实行职务回避和业务回避的一种制度。回避制度已成为我国人事管理的一项重要制度。在会计工作中，由于亲情关系而共同作弊和违法违纪的案件时有发生，因此，在会计人员中实行回避制度十分必要。

《会计基础工作规范》从会计工作的特殊性出发，对会计人员的回避问题作出了规定，即国家机关、国有企业和事业单位任用会计人员应当实行回避制度；单位负责人的直系亲属不得担任本单位的会计机构负责人、会计主管人员；会计机构负责人、会计主管人员的直系亲属不得在本单位会计机构中担任出纳工作。

根据规定，直系亲属包括夫妻关系、直系血亲关系、三代以内旁系血亲及近姻亲关系。

做一做

（　　）应当对本单位的会计工作和会计资料的真实性、完整性负责。

A. 审计人员　　　　B. 会计机构负责人　C. 总会计师　　　　D. 单位负责人

【答案】　D

第三节　会计核算

会计核算是会计工作的重要组成部分，是会计的基本职能之一。会计核算的法律规定是各单位进行会计核算应当遵循的基本规范。对会计核算的相关法律规定，一般包括如下几个方面。

一、总体要求

（一）会计核算依据

各单位应当按照《会计法》和国家统一的会计制度规定建立会计账册，进行会计核算。各单位发生的各项经济业务事项应当统一进行会计核算，不得违反规定私设会计账簿进行登记、核算。各单位必须根据实际发生的经济业务事项进行会计核算，填制会计凭证，登记会计账簿，编制财务会计报告。任何单位不得以虚假的经济业务事项或者资料进行会计核算。

(1) 以实际发生的经济业务事项为依据进行会计核算，是对会计核算最基本的要求,也是保证单位会计资料质量的关键。但并不是所有的经济活动都需要进行会计核算,比如和资金增减无关的经济活动,就不需要核算。

(2)以虚假的经济业务事项为核算对象,会导致所生成的会计资料与实际发生的经济业务事项不符,造成会计资料失真,侵害财务相关人的经济利益,扰乱社会经济秩序。

(二)对会计资料的基本要求

1. 会计资料的生成和提供必须符合国家统一的会计准则制度的规定

会计资料是指在会计核算过程中形成的,用来记录和反映实际发生的经济业务事项的会计专业资料,主要包括会计凭证、会计账簿、财务会计报告和其他会计资料。

会计资料作为记录会计核算过程和结果的重要载体,是国家进行宏观调控,经营者进行管理和投资者进行决策的重要依据。会计资料所记录和提供的信息也是一项重要的社会资源。会计资料必须符合国家统一的会计准则制度的规定。

使用电子计算机进行会计核算的,其软件及其生产的会计凭证、会计账簿、财务会计报告和其他会计资料,也必须符合国家统一的会计准则制度的规定。

示例

用于规范会计资料的国家统一的会计制度主要有《会计基础工作规范》《会计档案管理办法》《企业会计准则——基本准则》《企业会计制度》《金融企业会计制度》《小企业会计制度》《小企业会计准则》等。

2. 提供虚假的会计资料是违法行为

会计资料的真实性和完整性,是对会计资料最基本的质量要求,是会计工作的生命线,各单位必须严格按照《会计法》的要求执行,保证会计资料的真实性和完整性。任何单位和个人不得伪造、变造会计资料,不得提供虚假的财务会计报告。

案例分析03

会计资料的真实性,主要是指会计资料所反映的内容和结果应当同单位实际发生的经济业务的内容及其结果相一致。会计资料的完整性,主要是指构成会计资料的各项要素必须齐全,使得会计资料能够如实、全面地记录和反映单位经济业务发生情况,便于会计资料的使用者全面、准确地了解单位的经济活动。

(1)伪造会计凭证、会计账簿及其他会计资料,是指以虚假的经济业务或者资金往来为前提,编造不真实的会计凭证、会计账簿和其他会计资料,即"以假充真"。其主要表现为:①伪造根本不存在的经济事项的原始凭证,如制作假发货票、假收据、假工资表等假的原始凭证;②以实际存在的会计事项为基础,用夸大、缩小或隐匿事实的手段伪造原始凭证;③会计人员审核不严或者玩忽职守、丧失原则,以伪造的原始凭证为基础,填制记账凭证,如根据假发票填制记账凭证的行为等。

(2)变造会计凭证、会计账簿及其他会计资料,是指用涂改、挖补等手段来更改会计凭证、会计账簿和其他会计资料的真实内容,歪曲事实真相的行为,即"篡改事实"。其主要表现为:①涂改原始凭证的日期、数量、单价、金额等内容;②利用现代化的工具,对原始凭证进行二次处理;③会计人员审核不严或者玩忽职守、丧失原则,以变造的原始凭证为基础,填制记账凭证,如根据涂改后的发票填制记账凭证的行为等。

(3)提供虚假财务会计报告,是指通过编造虚假的会计凭证、会计账簿及其他会计资料或篡改财务会计报告上的真实数据,使财务会计报告不真实、不完整地反映财务状况和经营成果,借以误导和欺骗会计资料使用者的行为,即"以假乱真"。

二、会计核算的其他要求

(一)会计年度

《会计法》规定,会计年度自公历1月1日起至12月31日止。按照持续经营原则,通常情况下,一个单位的业务经营活动,总是连续不断地进行的。而按照会计上的会计分期原则,又必须对企业的业务活动进行分期核算,以考核企业在一定期间的财务成果。因此,会计核算中就必须将连续不断的经营过程人为地划分为若干相等的时期,分期进行结算,分期编制财务会计报告,分期反映单位的财务状况和经营成果。这种分期进行会计核算的时间区间,在会计上称会计期间。《企业财务会计报告条例》规定,会计期间分为年度、半年度、季度和月度,以满足单位经营管理和投资者对会计资料的需要。

世界各国对会计分期的规定是有区别的。我国的会计年度采用公历制,这是为了与我国的财政、计划、统计和税务等年度保持一致,以便于国家宏观经济管理,因为各单位按年度提供的会计资料是国家宏观调控的重要依据。

案例分析04

(二)记账本位币

《会计法》规定,会计核算以人民币为记账本位币。业务收支以人民币以外的货币为主的单位,可以选定其中一种货币作为记账本位币,但是编报的财务会计报告应当折算为人民币。

人民币是我国的法定货币,在我国境内具有广泛的流通性。因此,《会计法》规定,我国境内各单位的会计核算以人民币为记账本位币,单位的一切经济业务事项通过人民币进行核算反映。随着改革开放的不断深入,人民币以外的其他币种在一些单位的日常会计核算中占据了主导的地位。对此,《会计法》规定,可以选用人民币以外的货币作为记账本位币。但是,在选择人民币以外的货币作为记账本位币时,必须遵守"业务收支以人民币以外的货币为主"的原则,而且记账本位币一经确定,不得随意变动。以人民币以外的货币为记账本位币的单位,在编制财务会计报告时,应当依据国家统一会计制度的规定,按照一定的外汇汇率折算为人民币反映,以便于财务会计报告使用者阅读和使用,也便于税务、工商等部门通过财务会计报告计算应缴税款和工商年检。

(三)会计记录文字

会计记录所使用的文字,是正确进行会计核算和表述各项会计资料的重要媒介。会计资料作为一种商业语言和信息资源,必须规范统一,而对会计资料起辅助说明作用的会计记录文字也必须通用,要为广大会计资料使用者所熟悉。

我国法定的官方语言文字是中文。根据《会计法》第22条的规定:会计记录的文字应当使用中文。在民族自治地方,会计记录可以同时使用当地通用的一种民族文字。在中华人民共和国境内的外商投资企业、外国企业和其他外国组织的会计记录可以同时使用一种外国文字。

提示

上述规定表明,我国境内所有的国家机关、社会团体、企业、事业单位和其他组织的会计记录文字都应当使用中文;为了方便使用不同文字的人阅读会计资料,我国民族自治地方和境内的外国企业或组织可以在使用中文的前提下,选用其他的一种文字——当地通用的民族文字或外国文字,作为会计记录文字。也就是说,使用中文是强制性的,使用其他文字是备选的,不能理解为既可以使用中文,也可以使用其他通用文字。

(四)财产清查

财产清查是会计核算工作的一项重要程序,特别是在编制年度财务会计报告之前,必须进行财产清查,并对账实不符等问题根据国家统一的会计制度的规定进行会计处理,以保证财务会计报告反映的会计信息真实、完整。

财产清查制度是通过定期或不定期、全面或部分地对各项财产物资进行实地盘点和对库存现金、银行存款、债权债务进行清查核实的一种制度。通过清查,可以发现财产管理工作中存在的问题,以便查清原因,改善经营管理,保护财产的完整和安全;可以确定各项财产的实存数,以便查明实存数与账面数是否相符,并查明不符的原因和责任,制定相应措施,做到账实相符,保证会计资料的真实性。《会计法》规定,各单位应当定期将会计账簿记录与实物、款项及有关资料相互核对,保证会计账簿记录与实物及款项的实有数额相符。

(五)会计处理方法

会计处理方法是指在会计核算中所采用的具体方法,通常包括:收入确认的方法、企业所得税的会计处理方法、存货计价方法、坏账损失的核算方法、固定资产的折旧方法、编制合并会计报表的方法、外币折算的会计处理方法等。采用不同的会计处理方法,会影响会计资料的一致性和可比性,进而影响会计资料的使用情况。

因此,各单位的会计核算应当按照规定的会计处理方法进行,保证会计指标的口径一致、相互可比和会计处理方法的前后各期一致,不得随意变更;确有必要变更的,应当按照国家统一的会计制度的规定变更,并将变更的原因、情况及影响在财务会计报告中说明。

《会计法》规定,我国会计年度自( )。
A. 公历1月1日起至12月31日止
B. 农历1月1日起至12月30日止
C. 公历4月1日起至次年3月31日止
D. 公历10月1日起至次年9月30日止

【答案】 A

三、会计凭证

会计凭证是记录经济业务事项的发生和完成情况,明确经济责任,并作为记账依据的书面证明,是会计核算的重要会计资料。如何填制、审核会计凭证是会计核算工作的首要环节,对会计核算过程、会计资料质量都起着至关重要的作用。会计凭证按照填制程序和用途的不同分为原始凭证和记账凭证。

(一) 原始凭证

原始凭证是指在经济业务事项发生时由经办人员直接取得或填制、用于表明某项经济业务事项已经发生或完成情况、明确有关经济责任的一种原始凭据。它是会计核算的原始依据。原始凭证按照来源的不同,可分为外来原始凭证和自制原始凭证两种;按照格式是否一致,可以分为统一印制的具有固定格式的原始凭证(如发票)、各种结算凭证和各单位印制的无统一格式的内部凭证(如领料单和入库单等)。

1. 原始凭证的内容

按照《会计基础工作规范》规定,原始凭证应包括如下内容:原始凭证名称;填制原始凭证的日期;填制原始凭证的单位名称或填制人员的姓名;接受原始凭证的单位;经济业务事项名称;经济业务事项的数量、单价和金额;经办经济业务事项人员的签名或盖章等。

2. 原始凭证的填制和取得

填制或取得原始凭证,是会计核算工作的起点。一般情况下,原始凭证都是由经济业务事项经办人员取得或填制的,涉及的人员较广,其会计专业知识也参差不齐。为了使会计工作能够顺利进行,《会计法》规定,办理经济业务事项的单位和人员,都必须填制或者取得原始凭证并及时送交会计机构。

提示

这一规定体现了两层含义:一是办理经济业务事项时必须填制或取得原始凭证;二是填制或取得的原始凭证必须及时送交会计机构,否则就是违法行为。对于"及时"的时间期限,一般理解为一个会计结算期。这样就能够保证会计核算工作的正常进行和当期会计资料的真实、完整。

3. 原始凭证的审核

审核原始凭证，是确保会计资料质量的重要措施之一，也是会计机构、会计人员的重要职责。《会计法》对审核原始凭证问题作出了具体规定，主要包括三个方面：①会计机构、会计人员必须按照法定职责审核原始凭证。②会计机构、会计人员审核原始凭证应当按照国家统一的会计制度的规定进行。③会计机构、会计人员对不真实、不合法的原始凭证，有权不予接受，并向单位负责人报告，请求查明原因，追究有关当事人的责任；对记载不准确、不完整的原始凭证予以退回，并要求经办人员按照国家统一会计制度的规定进行更正、补充。

对原始凭证的审核，具体还应符合以下要求：

（1）从外单位取得的原始凭证，必须盖有填制单位的公章；从个人取得的原始凭证，必须有填制人员的签名或者盖章。自制原始凭证必须有经办单位领导人或者其指定人员的签名或者盖章。对外开出的原始凭证，必须加盖本单位公章。

（2）凡填有大写和小写金额的原始凭证，大写与小写金额必须相符。购买实物的原始凭证，必须有验收证明。支付款项的原始凭证，必须有收款单位和收款人的收款证明。

（3）一式几联的原始凭证，应当注明各联的用途，只能以一联作为报销凭证。一式几联的发票和收据，必须用双面复写纸（发票和收据本身具备复写纸功能的除外）套写，并连续编号。作废时应当加盖"作废"戳记，连同存根一起保存，不得撕毁。

（4）发生销货退回的，除填制退货发票外，还必须有退货验收证明；退款时，必须取得对方的收款收据或者汇款银行的凭证，不得以退货发票代替收据。

（5）职工公出借款凭据，必须附在记账凭证之后。收回借款时，应当另开收据或者退还借据副本，不得退还原借款收据。

（6）经上级有关部门批准的经济业务，应当将批准文件作为原始凭证附件；如果批准文件需要单独归档的，应当在凭证上注明批准机关名称、日期和文件字号。

4. 原始凭证错误的更正

（1）原始凭证记载的各项内容均不得涂改。

（2）原始凭证有错误的，应当由出具单位重开或者更正，更正处应当加盖出具单位的印章。

（3）原始凭证金额有错误的不得在原始凭证上更正，应当由出具单位重开。

（4）原始凭证开具单位应当依法开具准确无误的原始凭证，对于填制有误的原始凭证，负有更正和重新开具的法律义务，不得拒绝。

5. 原始凭证的保管

原始凭证作为重要的会计资料，应当按照有关会计档案保管的规定办法进行保管。

（1）原始凭证不得外借，其他单位如因特殊原因需要使用原始凭证时，经本单位会计机构负责人、会计主管人员批准，可以复制。向外单位提供的原始凭证复制件，应当在专设的登记簿上登记，并由提供人员和收取人员共同签名或者盖章。

（2）从外单位取得的原始凭证如有遗失，应当取得原开出单位盖有公章的证明，并注明原来凭证的号码、金额和内容等，由经办单位会计机构负责人、会计主管人员和单位领导人批准后，才能代作原始凭证。如果确实无法取得证明的，如火车、轮船、飞机票

案例分析05

等凭证，由当事人写出详细情况，由经办单位会计机构负责人、会计主管人员和单位领导人批准后，代作原始凭证。

（二）记账凭证

记账凭证是指对经济业务事项按其性质加以归类、确定会计分录，并据以登记会计账簿的会计凭证。

1. 记账凭证的内容

根据《会计基础工作规范》规定，记账凭证应当具备以下内容：填制记账凭证的日期；记账凭证的名称和编号；经济业务事项摘要；应记会计科目、方向和金额；记账符号；记账凭证所附原始凭证的张数；记账凭证的填制人员、稽核人员、记账人员和会计主管人员的签名或印章等。

2. 记账凭证的编制

（1）记账凭证应当根据经过审核的原始凭证及相关资料进行填制。

（2）收款记账凭证和付款记账凭证还应当由出纳人员签名或者盖章。

（3）记账凭证应连续编号。一笔经济业务需要填制两张以上记账凭证的，可以采用分数编号法编写。

（4）记账凭证可以根据每一张原始凭证填制，或根据若干张同类原始凭证汇总填制，也可以根据原始凭证汇总表填制。但不得将不同内容和类别的原始凭证汇总填制在一张记账凭证上。

（5）除结账和更正错误的记账凭证可以不附原始凭证外，其他记账凭证必须附有原始凭证。

（6）一张原始凭证所列的支出需要由多个单位共同负担时，应当由保存该原始凭证的单位开具原始凭证分割单给其他应负担的单位。

（7）记账凭证填制完经济业务事项后，如有空行，应当自金额栏最后一笔金额数字下的空行处至合计数上的空行处划线注销。

（8）填制会计凭证，字迹必须清晰、工整，并符合相关规定的要求。

3. 记账凭证的审核

记账凭证的审核内容主要包括：编制依据是否真实，填写项目是否齐全，科目是否正确，金额计算是否正确，书写是否清楚等。

实行会计电算化的单位，对于机制记账凭证，要认真审核，做到会计科目使用正确，数字准确无误。打印出的机制记账凭证要加盖制单人员、审核人员、记账人员及会计机构负责人、会计主管人员印章或者签字。

4. 记账凭证错误的更正

（1）如果在填制记账凭证时发生错误，应当重新填制。

（2）如果是已经登记入账的记账凭证发生错误，则按照规定的更正方法进行更正。

5. 记账凭证的保管

记账凭证应当连同所附的原始凭证或者原始凭证汇总表，按照编号顺序折叠整齐，按期装订成册，并加具封面，注明单位名称、年度、月份和起讫日期、凭证种类、起讫号码,由装订人在装订线封签处签名或盖章。

做一做

(　　)的记账凭证可以不附原始凭证。
A. 结账和更正错账　　　　B. 采购业务
C. 销售业务　　　　　　　D. 收款业务

【答案】 A

四、会计账簿

会计账簿是以会计凭证为依据,对全部经济业务进行全面、系统、连续、分类地记录和核算的簿记,是由一定格式、相互联系的账页所组成的。会计账簿是会计资料的主要载体之一,也是会计资料的重要组成部分。会计账簿的主要作用是对会计凭证提供的大量分散数据或资料进行分类归集整理,以全面、连续、系统地记录和反映经济活动情况。会计账簿是编制财务会计报告,检查、分析和控制单位经济活动的重要依据。会计账簿按照用途可以分为总账、明细账、日记账和其他辅助账簿。

图解:会计10大新技术

(1)总账,也称总分类账,是根据会计科目(也称总账科目)开设的账簿,用于分类登记单位的全部经济业务事项,提供资产、负债、资本、费用、成本、收入和利润等总括核算的资料。总账一般使用订本账。

(2)明细账,也称明细分类账,是根据总账科目所属的明细科目设置的,用于分类登记某一类经济业务事项,提供有关明细核算资料。明细账一般采用活页账。

(3)日记账是一种特殊的序时明细账,它是按照经济业务事项发生的时间先后顺序,逐日逐笔地进行登记的账簿。现金日记账和银行存款日记账必须采用订本式账簿,并逐日结出余额。

(4)其他辅助账簿,也称备查账簿,是为备忘备查而设置的。在实际会计实务中,主要包括各种租借设备、物资的辅助登记或有关应收、应付款项的备查簿,担保、抵押备查簿等。

(一)依法建账的法律规定

依法建账是会计核算中的最基本要求之一。建账是会计工作中的重要一环,是如实记录和反映经济活动情况的重要前提。这里所说的依法建账的"法",既包括《会计法》《会计基础工作规范》等,也包括其他法律、行政法规,如《中华人民共和国税收征收管理法》《中华人民共和国公司法》等。

根据这些法律的规定,各单位在建账时应遵守以下三点:

(1)国家机关、社会团体、企业、事业单位和其他经济组织,要按照要求设置会计账簿,进行会计核算。不具备建账条件的,应实行代理记账。

(2)设置会计账簿的种类和具体要求,要符合《会计法》和国家统一的会计制度的规定。

(3) 各单位发生的经济业务应当统一核算,不得违反规定私设会计账簿进行登记、核算。

(二) 登记会计账簿的规则

(1) 会计账簿登记,必须以经过审核的会计凭证为依据,并符合有关法律、行政法规和国家统一的会计制度的规定。

(2) 会计账簿应当按照连续编号的页码顺序登记。会计账簿记录发生错误或者隔页、缺号、跳行的,应当按照国家统一的会计制度规定的方法更正,并由会计人员和会计机构负责人(会计主管人员)在更正处盖章。

(3) 使用电子计算机进行会计核算的,其会计账簿的登记、更正,应当符合国家统一的会计制度的规定。

(4) 禁止账外设账(即禁止私设账簿)。

(三) 账目核对

账目核对又称对账,是指在结账前,将账簿记录与货币资金、往来结算、财产物资等进行相互核对,是保证会计账簿记录质量的重要程序。

单位的对账工作每年至少进行一次,具体包括以下几个方面:

(1) 各单位应当定期将会计账簿记录与实物、款项的实有数相互核对,以保证账实相符。

(2) 各单位应当定期将会计账簿记录与会计凭证的相关内容相互核对,以保证账证相符。

(3) 各单位应当定期将会计账簿之间的对应记录相互核对,以保证账账相符。

(4) 各单位应当定期将会计账簿记录与会计报表的相关内容相互核对,以保证账表相符。

(四) 结账

各单位应当按照规定定期结账,不得提前或者延迟。年度结账日为公历年度的每年12月31日;半年度、季度和月度结账日分别为公历年度每半年、每季度、每月的最后一天。

五、财务会计报告

财务会计报告,也称财务报告,是指单位对外提供的、反映单位某一特定日期财务状况和某一会计期间经营成果、现金流量等会计信息的文件。编制财务会计报告,是对单位会计核算工作的全面总结,也是及时提供真实、完整会计资料的重要环节。因此,必须严格财务会计报告的编制程序和质量要求。

1. 财务会计报告的构成

财务会计报告包括会计报表、会计报表附注和财务情况说明书。会计报表应当包括资产负债表、利润表、现金流量表及相关附表。企业财务会计报告按编制时间分为年度、半年度、季度和月度财务会计报告。季度、月度财务会计报告通常仅指会计报表,会计报表至少应当包括资产负债表和利润表,并且小企业编制的会计报表可以不包括现金流量表。

资产负债表是主要反映企业在某一特定日期财务状况的会计报表。利润表,也称收益表、损益表,是反映企业在一定会计期间的经营成果的会计报表。现金流量表是反映在一定会计期间现金收入和现金支出的会计报表。附注是为了便于报表使用者理解会计报表的内容而对会计报表的编制基础、编制依据、编制原则和方法及主要项目等所做的解释。

2. 财务会计报告的编制要求

(1) 企业应当依照法律、行政法规和国家统一的会计制度关于财务会计报告的编制要求、提供对象和提供期限的规定,及时对外提供财务会计报告。

(2) 向不同的会计资料使用者提供的财务会计报告,其编制依据应当一致。

(3) 有关法律、行政法规规定财务会计报告须经注册会计师审计的,注册会计师及其所在的会计师事务所出具的审计报告应当随同财务会计报告一并提供。

(4) 对外报送的财务会计报告,应当依次编写页码,加具封面,装订成册,加盖公章。封面上应当注明:单位名称,单位地址,财务会计报告所属年度、季度、月度,送出日期,并由单位领导人、总会计师、会计机构负责人、会计主管人员签名或者盖章。

(5) 接受企业财务会计报告的组织或者个人,在企业财务会计报告未正式对外披露前,应当对其内容保密。

做一做

下列对编制财务会计报告的表述中,不正确的是(　　)。
A. 财务会计报告应当依据会计账簿记录和有关会计资料编制
B. 财务会计报告的编制要求、提供对象、提供期限应当符合法定要求
C. 向不同的会计资料使用者提供的财务会计报告,其编制依据应当一致
D. 各单位的财务会计报告在上报有关部门前必须经注册会计师审核签字
【答案】 D

六、会计档案管理

(一) 会计档案的内容

会计档案是指单位在进行会计核算等过程中接收或形成的,记录和反映经济业务事项的,具有保存价值的文字、图表等各种形式的会计资料,包括通过计算机等电子设备形成、传输和存储的电子会计档案。具体包括以下内容:

(1) 会计凭证,包括原始凭证、记账凭证。

(2) 会计账簿,包括总账、明细账、日记账、固定资产卡片及其他辅助性账簿。

(3) 财务会计报告,包括月度、季度、半年度、年度财务会计报告。

(4) 其他会计资料,包括银行存款余额调节表、银行对账单、纳税申报表、会计档案

新知:电子会计档案

移交清册、会计档案保管清册、会计档案销毁清册、会计档案鉴定意见书及其他具有保存价值的会计资料。

会计档案对于单位总结经济工作,指导单位的生产经营和事业管理,查验经济财务问题,防止贪污舞弊,研究经济发展的方针、战略都具有重要作用。因此,各单位必须加强对会计档案的管理,确保会计档案资料的安全和完整,并充分加以利用。

(二)会计档案的管理部门

财政部和国家档案局主管全国会计档案工作,共同制定全国统一的会计档案工作制度,对全国会计档案工作实行监督和指导。县级以上地方人民政府财政部门和档案行政管理部门管理本行政区域内的会计档案工作,并对本行政区域内会计档案工作实行监督和指导。

(三)会计档案的归档

单位的会计机构或会计人员所属机构(以下统称单位会计管理机构)按照归档范围和归档要求,负责定期将应当归档的会计资料整理立卷,编制会计档案保管清册。

(四)会计档案的移交

1. 单位内部会计档案移交

当年形成的会计档案,在会计年度终了后,可由单位会计管理机构临时保管1年,再移交单位档案管理机构保管。因工作需要确需推迟移交的,应当经单位档案管理机构同意。单位会计管理机构临时保管会计档案最长不超过3年。临时保管期间,会计档案的保管应当符合国家档案管理的有关规定,且出纳人员不得兼管会计档案。

单位会计管理机构在办理会计档案移交时,应当编制会计档案移交清册,并按照国家档案管理的有关规定办理移交手续。纸质会计档案移交时应当保持原卷的封装。

2. 单位之间会计档案移交

单位之间交接会计档案时,交接双方应当办理会计档案交接手续。移交会计档案的单位,应当编制会计档案移交清册,列明应当移交的会计档案名称、卷号、册数、起止年度、档案编号、应保管期限和已保管期限等内容。

交接会计档案时,交接双方应当按照会计档案移交清册所列内容逐项交接,并由交接双方的单位有关负责人负责监督。交接完毕后,交接双方经办人和监督人应当在会计档案移交清册上签名或盖章。

注意

电子会计档案移交时应当将电子会计档案及其元数据一并移交,且文件格式应当符合国家档案管理的有关规定。特殊格式的电子会计档案应当与其读取平台一并移交。

(五)会计档案的查阅、复制和借出

单位应当严格按照相关制度利用会计档案,在进行会计档案查阅、复制、借出时履行登记手续,严禁篡改和损坏。

单位保存的会计档案一般不得对外借出。确因工作需要且根据国家有关规定必须借出的,应该严格按照规定办理相关手续。

会计档案借用单位应当妥善保管和利用借入的会计档案,确保借入会计档案的安全完整,并在规定时间内归还。

单位保存的会计档案及其复制件需要携带、寄运或传输至境外的,应当按照国家有关规定执行。

(六)会计档案保管的期限

根据《会计档案管理办法》的规定,会计档案保管期限分为永久和定期两类。企业和其他组织的年度财务报告(包括文字分析)、会计档案保管清册、会计档案销毁清册和会计档案鉴定意见书等应永久保存。定期保管期限一般分为10年和30年。会计档案保管期限从会计年度终了后第一天算起。《会计档案管理办法》规定的会计档案保管期限,如表1-1、表1-2所示。

表1-1 企业和其他组织会计档案保管期限

序号	档案名称	保管期限	备注
一	会计凭证	—	—
1	原始凭证	30年	—
2	记账凭证	30年	—
二	会计账簿	—	—
3	总账	30年	—
4	明细账	30年	—
5	日记账	30年	—
6	固定资产卡片账	—	固定资产报废清理后保管5年
7	其他辅助性账簿	30年	—
三	财务会计报告	—	—
8	月度、季度、半年度财务会计报告	10年	—
9	年度财务会计报告	永久	—
四	其他会计资料	—	—
10	银行存款余额调节表	10年	—
11	银行对账单	10年	—
12	纳税申报表	10年	—

(续表)

序号	档案名称	保管期限	备注
13	会计档案移交清册	30年	—
14	会计档案保管清册	永久	—
15	会计档案销毁清册	永久	—
16	会计档案鉴定意见书	永久	—

表1-2 财政总预算、行政单位、事业单位和税收会计档案保管期限

| 序号 | 档案名称 | 保管期限 | | | 备注 |
		财政总预算	行政单位事业单位	税收会计	
一	会计凭证	—	—	—	—
1	国家金库编送的各种报表及缴库退库凭证	10年	—	10年	
2	各收入机关编送的报表	10年			
3	行政单位和事业单位的各种会计凭证	—	30年	—	包括原始凭证、记账凭证和传票汇总表
4	财政总预算拨款凭证和其他会计凭证	30年			包括拨款凭证和其他会计凭证
二	会计账簿	—	—	—	—
5	日记账		30年	30年	
6	总账	30年	30年	30年	
7	税收日记账(总账)	—		30年	
8	明细分类、分户账或登记簿	30年	30年	30年	
9	行政单位和事业单位固定资产卡片	—	—	—	固定资产报废清理后保管5年
三	财务会计报告				
10	政府综合财务报告	永久			下级财政、本级部门和单位报送的保管2年
11	部门财务报告	—	永久	—	所属单位报送的保管2年
12	财政总决算	永久	—		下级财政、本级部门和单位报送的保管2年
13	部门决算	—	永久		所属单位报送的保管2年
14	税收年报(决算)			永久	—
15	国家金库年报(决算)	10年			
16	基本建设拨、贷款年报(决算)	10年			

(续表)

序号	档案名称	保管期限			备注
		财政总预算	行政单位事业单位	税收会计	
17	行政单位和事业单位会计月、季度报表	—	10年	—	所属单位报送的保管2年
18	税收会计报表	—	—	10年	所属税务机关报送的保管2年
四	其他会计资料	—	—	—	
19	银行存款余额调节表	10年	10年		—
20	银行对账单	10年	10年	10年	—
21	会计档案移交清册	30年	30年	30年	—
22	会计档案保管清册	永久	永久	永久	
23	会计档案销毁清册	永久	永久	永久	
24	会计档案鉴定意见书	永久	永久	永久	

（七）会计档案销毁的程序

根据《会计档案管理办法》的规定，保管期满的会计档案，除特殊规定外，可以按照规定的程序予以销毁。

1. 会计档案的鉴定

单位应当定期对已到保管期限的会计档案进行鉴定，并形成会计档案鉴定意见书。经鉴定，仍需继续保存的会计档案，应当重新划定保管期限；对保管期满、确无保存价值的会计档案，可以销毁。会计档案鉴定工作应当由单位档案管理机构牵头，组织单位会计、审计、纪检监察等机构或人员共同进行。

2. 会计档案的销毁

经鉴定可以销毁的会计档案，销毁的基本程序和要求如下：

（1）单位档案管理机构编制会计档案销毁清册，列明拟销毁会计档案的名称、卷号、册数、起止年度、档案编号、应保管期限、已保管期限和销毁时间等内容。

（2）单位负责人、档案管理机构负责人、会计管理机构负责人、档案管理机构经办人、会计管理机构经办人在会计档案销毁清册上签署意见。

（3）单位档案管理机构负责组织会计档案销毁工作，并与会计管理机构共同派员监销。监销人在会计档案销毁前，应当按照会计档案销毁清册所列内容进行清点核对；在会计档案销毁后，应当在会计档案销毁清册上签名或盖章。

电子会计档案的销毁还应当符合国家有关电子档案的规定，并由单位档案管理机构、会计管理机构和信息系统管理机构共同派员监销。

3. 不得销毁的会计档案

保管期满但未结清的债权债务会计凭证和涉及其他未了事项的会计凭证不得销毁，

纸质会计档案应当单独抽出立卷,电子会计档案单独转存,保管到未了事项完结时为止。

单独抽出立卷或转存的会计档案,应当在会计档案鉴定意见书、会计档案销毁清册和会计档案保管清册中列明。

 **做一做**

会计档案保管期限分为永久和定期两类,定期保管会计档案的最长期限是( )年。

A. 5 　　　　　B. 10 　　　　　C. 15 　　　　　D. 30

【答案】 D

第四节　会计监督

会计监督是会计的基本职能之一,是我国经济监督体系的重要组成部分。目前,我国已形成了"三位一体"的会计监督体系,包括单位内部会计监督、以政府财政部门为主体的政府监督和以注册会计师为主体的社会监督。

一、单位内部会计监督

为了保护单位资产的安全完整,保证其经营活动符合国家法律、法规和内部规章要求,提高经营管理水平和效率,防止舞弊,控制风险等目的,各单位应采取有效的单位内部会计监督制度。这是单位内部为保证会计秩序、防止有关部门人员故意违法、预防单位内部管理失控的重要会计监督制度,其本质是一种内部控制制度。

(一)单位内部会计监督的概念与要求

1. 单位内部会计监督的概念

单位内部会计监督是指会计机构、会计人员依照法律的规定,通过会计手段对经济活动的合法性、合理性和有效性进行的一种监督。

《会计基础工作规范》规定:"各单位的会计机构、会计人员对本单位的经济活动进行会计监督。"这一规定明确了单位内部会计监督的主体是各单位的会计机构和会计人员,单位内部会计监督的对象是单位的经济活动。

会计机构、会计人员发现会计账簿记录与实物、款项及有关资料不相符的,按照国家统一的会计制度的规定有权自行处理的,应当及时处理;无权处理的,应当立即向单位负责人报告,请求查明原因,作出处理。

2. 单位内部会计监督的依据

单位内部会计监督的依据包括以下几个方面:

(1)财经法律、法规、规章。

(2)会计法律、法规和国家统一会计制度。

(3)各省、自治区、直辖市财政厅(局)和国务院业务主管部门根据《会计法》和国家统一会计制度制定的具体实施办法或者补充规定。

(4) 各单位根据《会计法》和国家统一会计制度制定的单位内部会计管理制度。

(5) 各单位内部的预算、财务计划、经济计划、业务计划。

3. 单位内部会计监督制度的基本要求

单位内部会计监督的内容十分广泛，涉及人、财、物等方面，各单位应当建立、健全本单位内部会计监督制度，并将其纳入本单位内部控制制度。根据《会计法》的规定，单位内部会计监督制度应当符合以下要求：

(1) 记账人员与经济业务事项和会计事项的审批人员、经办人员、财物保管人员的职责权限应当明确，并相互分离、相互制约。

(2) 重大对外投资、资产处置、资金调度和其他重要经济业务事项的决策和执行的相互监督、相互制约程序应当明确。

(3) 财产清查的范围、期限和组织程序应当明确。

(4) 对会计资料定期进行内部审计的办法和程序应当明确。

(5) 国务院财政部门规定的其他要求。

(二) 内部控制

1. 内部控制的概念与目标

对企业而言，内部控制是指由企业董事会、监事会、经理层和全体员工实施的、旨在实现控制目标的过程。对行政事业单位而言，内部控制是指单位为实现控制目标，通过制定制度、实施措施和执行程序，对经济活动的风险进行防范和管控。

企业内部控制的目标主要包括：合理保证企业经营管理合法合规、资产安全、财务报告及相关信息真实完整，提高经营效率和效果，促进企业实现发展战略。行政事业单位内部控制的目标主要包括：合理保证单位经济活动合法合规、资产安全和使用有效、财务信息真实完整，有效防范舞弊和预防腐败，提高公共服务的效率和效果。

2. 内部控制的原则

企业、行政事业单位建立与实施内部控制，均应遵循全面性原则、重要性原则、制衡性原则和适应性原则。此外，企业还应遵循成本效益原则。

(1) 全面性原则。内部控制应当贯穿决策、执行和监督的全过程，覆盖企业、行政事业单位的各种业务和事项，不存在内部控制空白点。

(2) 重要性原则。内部控制应当在全面控制的基础上，特别关注重要业务事项和高风险的领域，并采取更为严格的控制措施，确保不存在重大缺陷。

(3) 制衡性原则。内部控制应当在治理结构、机构设置及权责分配、业务流程等方面形成相互制约、相互监督，同时兼顾运营效率。

(4) 适应性原则。内部控制应当与企业经营规模、业务范围、竞争状况和风险水平等相适应，并随着情况的变化及时加以调整。行政事业单位内部控制应当符合国家有关规定和单位的实际情况，并随着外部环境的变化、单位经济活动的调整和管理要求的提高，不断修订和完善。

(5) 成本效益原则。企业内部控制应当权衡实施成本与预期效益，以适当的成本实现有效控制。

3. 内部控制的责任人

（1）企业内部控制的责任人。对企业而言，董事会负责内部控制的建立健全和有效实施。监事会对董事会建立与实施内部控制监督。经理层负责组织领导企业内部控制的日常运行。企业应当成立专门机构或者指定适当的机构具体负责组织协调内部控制的建立实施及日常工作。

（2）行政事业单位内部控制的责任人。对行政事业单位而言，单位负责人对本单位内部控制的建立健全和有效实施负责。单位应当建立适合本单位实际情况的内部控制体系并组织实施。

4. 内部控制的内容

企业建立与实施有效的内部控制，应当包括下列要素：

（1）内部环境。内部环境是指企业实施内部控制的基础，一般包括治理结构、机构设置及权责分配、内部审计机制、人力资源政策、企业文化等。

（2）风险评估。风险评估是指企业及时识别、系统分析经营活动中与实现内部控制目标相关的风险，合理确定风险应对策略。

（3）控制活动。控制活动是指企业根据风险评估结果，采用相应的控制措施，将风险控制在可承受度之内。

（4）信息与沟通。信息与沟通是指企业及时、准确地收集、传递与内部控制相关的信息，确保信息在企业内部、企业与外部之间进行有效沟通。

（5）内部监督。内部监督是指企业对内部控制建立与实施情况进行监督检查，评价内部控制的有效性，发现内部控制缺陷，并及时加以改进。

行政事业单位建立与实施内部控制的具体工作包括：梳理单位各类经济活动的业务流程，明确业务环节，系统分析经济活动风险，确定风险点，选择风险应对策略，在此基础上根据国家有关规定建立健全单位各项内部管理制度并督促相关工作人员认真执行。

5. 企业内部控制的控制措施

（1）不相容职务分离控制。要求企业全面系统地分析、梳理业务流程中所涉及的不相容职务，实施相应的分离措施，形成各司其职、各负其责、相互制约的工作机制。不相容职务是指那些如果由一个人担任，既可能发生错误舞弊行为，又可能掩盖其错误和舞弊行为的职务。不相容职务主要包括：授权批准与业务经办、业务经办与会计记录、会计记录与财产保管、业务经办与稽核检查、授权批准与监督检查等。

（2）授权审批控制。要求企业根据常规授权和特别授权的规定，明确各岗位办理业务和事项的权限范围、审批程序和相应责任。

（3）会计系统控制。要求企业严格执行国家统一的会计准则制度，加强会计基础工作，明确会计凭证、会计账簿和财务会计报告的处理程序，保证会计资料真实完整。

（4）财产保护控制。要求企业建立财产日常管理和定期清查制度，采取财产记录、实物保管、定期盘点、账实核对等措施，确保财产安全。

（5）预算控制。要求企业实施全面预算管理制度，明确各责任单位在预算管理中的职责权限,规范预算的编制、审定、下达和执行程序,强化预算约束。

(6) 运营分析控制。要求企业建立运营情况分析制度,经理层应当综合运用生产、购销、投资、筹资、财务等方面的信息,通过因素分析、对比分析、趋势分析等方法,定期开展运营情况分析,发现存在的问题,及时查明原因并加以改进。

(7) 绩效考评控制。要求企业建立和实施绩效考评制度,科学设置考核指标体系,对企业内部各责任单位和全体员工的业绩进行定期考核和客观评价,将考核结果作为确定员工薪酬以及职务晋升、评优、降级、调岗、辞退等的依据。

6. 行政事业单位内部控制的控制方法

(1) 不相容岗位相互分离。合理设置内部控制关键岗位,明确划分职责权限,实施相应的分离措施,形成相互制约、相互监督的工作机制。

(2) 内部授权审批控制。明确各岗位办理业务和事项的权限范围、审批程序和相关责任,建立重大事项集体决策和会签制度。相关工作人员应当在授权范围内行使职权、办理业务。

(3) 归口管理。根据本单位实际情况,按照权责对等的原则,采取成立联合工作小组并确定牵头部门或牵头人员等方式,对有关经济活动实行统一管理。

(4) 预算控制。强化对经济活动的预算约束,使预算管理贯穿于单位经济活动的全过程。

(5) 财产保护控制。建立资产日常管理制度和定期清查机制,采取资产记录、实物保管、定期盘点、账实核对等措施,确保资产安全完整。

(6) 会计控制。建立健全本单位财会管理制度,加强会计机构建设,提高会计人员业务水平,强化会计人员岗位责任制,规范会计基础工作,加强会计档案管理,明确会计凭证、会计账簿和财务会计报告处理程序。

(7) 单据控制。要求单位根据国家有关规定和单位的经济活动业务流程,在内部管理制度中明确界定各项经济活动所涉及的表单和票据,要求相关工作人员按照规定填制、审核、归档、保管单据。

(8) 信息内部公开。建立健全经济活动相关信息内部公开制度,根据国家有关规定和单位的实际情况,确定信息内部公开的内容、范围、方式和程序。

(三) 内部审计

1. 内部审计的概念

内部审计是指单位内部的一种独立客观的监督和评价活动,它通过单位内部独立的审计机构和审计人员审查和评价本部门、本单位财务收支和其他经营活动以及内部控制的适当性、合法性和有效性来促进单位目标的实现。

2. 内部审计的内容及特点

内部审计的内容是一个不断发展变化的范畴,主要包括财务审计、经营审计、经济责任审计、管理审计和风险管理等。

内部审计的审计机构和审计人员都设在本单位内部,审计的内容更侧重于经营过程是否有效、各项制度是否得到遵守与执行。但是,内部审计结果的客观性和公正性较低,以建议性意见为主。

3. 内部审计的作用

内部审计在单位内部会计监督制度中的重要作用主要体现在以下三个方面:

(1) 预防保护作用。内部审计通过对企业经济活动及其经营管理制度的监督检查,对照国家的法律、法规和企业的规章制度,按照审计工作规范,预防企业的违法乱纪行为,维护企业的经济秩序。同时,内部审计的经常性监督、检查,可以有效及时地发现问题,指出管理中的漏洞,并提出意见和建议,以促进或提醒有关部门加强管理,保护财产物资的安全完整并实现其保值、增值。

(2) 服务促进作用。内部审计通过对经济活动全过程的审查,对有关经济指标的对比分析,揭示差异,分析差异形成的因素,评价经营业绩,总结经济活动的规律,从中揭示未被充分利用的人、财、物的内部潜力,并提出改进措施,可以极大地促进经济效益的提高。

(3) 评价鉴证作用。内部审计通过查明各责任者是否完成了应负经济责任的各项指标,这些指标是否真实可靠,有无不利于国家经济建设和企业发展的长远利益的短期行为等,既可以对责任者的工作进行正确评价,也可以揭示责任人与整个部门、单位的正当权益,有利于维护有关各方的合法经济权益。

二、会计工作的政府监督

(一) 会计工作的政府监督的概念

会计工作的政府监督主要是指财政部门代表国家对单位和单位中相关人员的会计行为实施的监督检查,以及对发现的违法会计行为实施的行政处罚,是一种外部监督。根据《会计法》的规定,县级以上地方各级人民政府财政部门是会计工作的政府监督主体,对本行政区域内各单位的会计工作行使监督权,并依法对违法会计行为实施行政处罚。

此外,审计、税务、金融管理等部门应当依照有关法律、行政法规规定的职责,对有关单位的会计资料实施监督检查,并出具检查结论。

注意

审计、税务、金融管理等部门虽然也履行一定的会计监督检查职责,但与财政部门相比,在监督检查的目的、范围等方面都有明显不同。财政部门有权对所有单位的会计行为、会计资料进行监督,而且对于违反《会计法》行为的单位和相关人员,有权作出相应行政处罚,但是其他部门只能在其法定职权范围内对有关单位的会计资料进行监督检查。

财政部门实施会计监督,可以在被检查单位的业务场所进行;必要时,经财政部门负责人批准,也可以将被检查单位以前会计年度的会计凭证、会计账簿、财务会计报告和其他资料调回财政部门检查,但须由组织检查的财政部门向被检查单位开具调用会计资料清单,并在3个月内完整归还。

(二)财政部门会计监督检查的主要内容

根据《会计法》的规定,财政部门可以依法对各单位的下列情况实施监督。

1. 对单位依法设置会计账簿的检查

财政部门可以依法对各单位设置会计账簿的下列情况实施监督:

(1) 按照法律、行政法规和国家统一的会计制度的规定,应当设置会计账簿的单位是否设置账簿。

(2) 是否存在伪造、变造会计账簿的行为。

(3) 设置会计账簿的单位,其设置的账簿是否符合法律、行政法规和国家统一的会计制度的要求。

(4) 单位是否存在账外私设账簿等违法行为。

2. 对单位会计资料真实性、完整性的检查

财政部门对单位会计资料真实性、完整性的检查,具体包括:

(1) 应当依法办理会计手续、进行会计核算的经济业务事项是否如实在会计凭证、会计账簿、财务会计报告和其他会计资料上反映。

(2) 填制的会计凭证、登记的会计账簿、编制的财务会计报告与实际发生的经济业务事项是否相符。

(3) 财务会计报告的内容是否符合相关法律、行政法规、国家统一的会计制度的规定。

(4) 其他会计资料是否真实完整。

(5) 使用的会计电算化软件及其生成的会计资料是否符合法律、行政法规和国家统一的会计制度的规定等。

3. 对单位会计核算情况的检查

财政部门对单位会计核算情况的检查是指检查会计核算是否符合《会计法》和国家统一的会计制度的规定,具体包括:

(1) 采用的会计年度、使用的记账本位币和会计记录的文字是否符合有关规定。

(2) 填制或取得的原始凭证、编制的记账凭证、登记的会计账簿是否符合有关规定。

(3) 财务会计报告的编制程序、报送对象和报送期限是否符合有关规定。

(4) 会计处理方法的采用和变更是否符合有关规定。

(5) 是否按照相关规定建立并实施内部会计监督制度。

(6) 会计档案的建立、保管、销毁是否符合有关规定。

(7) 会计核算是否有其他违法会计行为等。

4. 对单位会计人员专业能力、遵守职业道德和任职资格的检查

财政部门对单位会计人员专业能力、遵守职业道德和任职资格的检查,具体包括:

(1) 从事会计工作的人员是否具备专业能力、遵守职业道德。

(2) 担任单位会计机构负责人(会计主管人员)的任职资格。

5. 对会计师事务所出具的审计报告的程序和内容的检查

对会计师事务所出具的审计报告的程序和内容的检查具体包括:国务院财政部门

和省、自治区、直辖市人民政府财政部门，依法对注册会计师、会计师事务所和注册会计师协会进行监督、指导。财政部门对会计师事务所出具审计报告的程序和内容进行监督。

(三) 财政部门会计监督检查的形式

(1) 对单位遵守《会计法》、会计行政法规和国家统一的会计制度情况进行全面检查。
(2) 对单位会计基础工作、会计人员从业情况进行专项检查或者抽查。
(3) 对有检举线索或者在财政管理工作中发现有违法嫌疑的单位进行重点检查。
(4) 对经注册会计师审计的财务会计报告进行定期抽查。
(5) 对会计师事务所出具的审计报告进行抽查。
(6) 依法实施其他形式的会计监督检查。

三、会计工作的社会监督

(一) 会计工作的社会监督的概念

会计工作的社会监督主要是指由注册会计师及其所在的会计师事务所依法对委托单位的经济活动进行的审计、鉴证的一种监督制度。此外，单位和个人检举违反《会计法》和国家统一的会计制度规定的行为，也属于会计工作的社会监督的范畴。根据《会计法》的规定，任何单位和个人对违反该法和国家统一的会计制度规定的行为，有权检举。收到检举的部门有权处理的，应当依法按照职责分工及时处理；无权处理的，应当及时移送有权处理的部门处理。收到检举的部门、负责处理的部门应当为检举人保密，不得将检举人姓名和检举材料转给被检举单位和被检举人个人。

(二) 注册会计师审计与内部审计的关系

注册会计师审计是指注册会计师接受委托对被审计单位的会计报表及相关资料进行独立审查，并出具审计意见的行为，其实质是确立或解除被审计单位的受托经济责任。内部审计是一种独立客观的保证工作与咨询活动，它以系统的、专业的方法对风险管理、控制及治理过程的有效性进行评价和改善，从而帮助组织实现其目标，是由被审计单位内部机构或人员，对其内部控制的有效性、财务信息的真实性和完整性以及经营活动的效率和效果等开展的一种评价活动。

注册会计师审计与内部审计之间既有联系又有区别。其联系包括以下几个方面：
(1) 两者都是我国现代审计体系的重要组成部分。
(2) 两者都关注内部控制的健全性和有效性。
(3) 注册会计师审计可能涉及对内部审计成果的利用等。

注册会计师审计与内部审计之间的区别，主要体现在以下几个方面：
(1) 审计独立性不同。注册会计师审计为需要可靠信息的第三方提供服务，不受被审计单位管理层的领导和制约，独立性较强；内部审计为组织内部服务，接受总经理或董事会的领导,独立性较弱。

(2) 审计方式不同。注册会计师审计是受被审计单位委托审计,注册会计师遵循的是注册会计师审计准则;内部审计由本单位组织审计,内部审计人员遵循的是内部审计准则,具有较大灵活性。

(3) 审计的职责和作用不同。注册会计师审计需要对投资者、债权人及其他利益相关者负责,对外出具的审计报告具有鉴证作用。因此,注册会计师审计侧重会计信息的质量和合规性,目标是对财务报表的合法性、公允性作出评价;内部审计侧重有效性、经济性、合规性,目标是评价和改善风险管理、控制和改善治理流程的有效性,帮助企业实现其目标。内部审计的结果只对本部门、本单位负责,只作为本部门、本单位改进经营管理的参考,不对外公开。

(4) 接受审计的自愿程度不同。注册会计师审计是以独立的第三方对被审计单位进行的审计,委托人可自由选择会计师事务所;内部审计是代表总经理或董事会实施的组织内部监督,是内部控制的重要组成部分,单位内部的组织必须接受内部审计人员的监督。

(三) 注册会计师及会计师事务所的业务范围

根据《注册会计师法》的规定,注册会计师是依法取得注册会计师证书并接受委托从事审计和会计咨询、服务业务的执业人员。注册会计师依法承办以下两方面的业务。

(1) 审计业务,具体包括:①审查企业财务会计报告,出具审计报告;②验证企业资本,出具验资报告;③办理企业合并、分立、清算事宜中的审计业务,出具有关报告;④法律、行政法规规定的其他审计业务。

(2) 承办会计咨询、服务业务,主要包括:①设计会计制度,担任会计顾问,提供会计、管理咨询;②代理纳税申报,提供税务咨询;③代理申请工商登记,拟订合同、章程和其他业务文件;④办理投资评估、资产评估和项目可行性研究中的有关业务;⑤培训会计、审计和财务管理人员;⑥其他会计咨询、服务。

(四) 财政部门对社会监督的再监督

国务院财政部门和省、自治区、直辖市人民政府财政部门除了对企业依法实施监督之外,还依法对注册会计师、会计师事务所和注册会计师协会进行监督、指导,这是对社会监督的一种再监督。

1. 财政部门再监督的范围

根据《会计师事务所执业许可和监督管理办法》第45条规定,省级以上财政部门依法对下列事项实施监督检查:

(1) 会计师事务所及其分所持续符合执业许可条件的情况。
(2) 会计师事务所备案事项的报备情况。
(3) 会计师事务所和注册会计师的执业情况。
(4) 会计师事务所的风险管理和执业质量控制制度建立与执行情况。
(5) 会计师事务所对分所实施实质性统一管理的情况。

(6) 法律、行政法规规定的其他监督检查事项。

2. 财政部门再监督的重点内容

根据《会计师事务所执业许可和监督管理办法》第 50 条规定，省级以上财政部门应当将发生以下情形的会计师事务所列为重点检查对象，实施严格监管：

(1) 审计收费明显低于成本的。
(2) 会计师事务所对分所实施实质性统一管理薄弱的。
(3) 以向委托人或者被审计单位有关人员、中间人支付回扣、协作费、劳务费、信息费、咨询费等不正当方式承揽业务的。
(4) 有不良执业记录的。
(5) 被实名投诉或者举报的。
(6) 业务报告数量明显超出服务能力的。
(7) 被非注册会计师实际控制的。
(8) 需要实施严格监管的其他情形。

（五）社会监督的相关问题

为规范会计行为，保证会计资料的质量，确实发挥注册会计师审计业务的公平、公正、公开，《会计法》增加了对注册会计师审计业务的规定，对委托人、注册会计师和会计师事务所的行为进行了规范。

(1) 委托单位应当向会计师事务所如实提供会计凭证、会计账簿、财务会计报告和其他会计资料以及有关情况。
(2) 任何单位或者个人不得以任何方式要求或者示意注册会计师及其所在的会计师事务所出具不实或者不当的审计报告。

四、单位内部会计监督与政府监督、社会监督的关系

（一）单位内部会计监督与政府监督、社会监督的联系

单位内部会计监督与政府监督、社会监督的联系主要体现在以下几个方面：
(1) 单位内部会计监督是政府监督、社会监督有效进行的基础。
(2) 政府监督、社会监督是对单位内部会计监督的一种再监督。
(3) 政府监督是社会监督有效进行的重要保证。

（二）单位内部会计监督与政府监督、社会监督的区别

1. 监督的主体不同

单位内部会计监督的主体是单位的会计机构、会计人员；政府监督的主体主要是财政部门、审计部门、税务部门、金融管理部门和国家规定的其他有关部门也可以实施监督；社会监督的主体是社会审计组织和广大社会公众。

2. 监督的性质不同

单位内部会计监督是单位内部的一种自我约束机制；政府监督是政府有关部门依

照有关法律、法规对会计主体的会计行为进行的管理和监督；社会监督则是通过审计、鉴证职能的发挥及单位、个人的检举来实施的。

3. 监督的时间不同

单位内部会计监督可以是事前监督，也可以是事中和事后监督；而政府监督和社会监督则主要是事后监督。

4. 监督的内容不同

单位内部会计监督不仅包括对不合法的收支予以制止、纠正和检举等内容，而且还包括为加强经济管理、提高经济效益服务的内容；政府监督的内容主要是监督会计主体的行为是否合法；社会监督主要是指会计师事务所对被监督单位财务会计报告的真实性发表意见，以提高被监督单位财务会计报告的公信力。

第五节　会计机构与会计人员

案例分析06

一、会计机构的设置

（一）办理会计事务的组织方式

《会计法》第34条规定：各单位应当根据会计业务的需要，依法采取下列一种方式组织本单位的会计工作：①设置会计机构；②在有关机构中设置会计岗位并指定会计主管人员；③委托经批准设立从事会计代理记账业务的中介机构代理记账；④国务院财政部门规定的其他方式。

1. 单独设置会计机构

单独设置会计机构是指单位依法设置独立负责会计事务的内部机构，负责会计核算工作，实行会计监督，拟定本单位办理会计事务的具体办法，参与拟订经济计划、业务计划，考核、分析预算、财务计划的实行情况，办理其他会计事务等。会计机构内部应当建立稽核制度。一般而言，一个单位是否需要设置会计机构，一般取决于以下三个方面的因素：

（1）单位规模的大小。从有效发挥会计职能作用的角度看，实行企业化管理的事业单位、大、中型企业应当设置会计机构；业务较多的行政单位、社会团体和其他组织也应设置会计机构，而对那些规模很小的企业、业务和人员都不多的行政单位等，可以不单独设置会计机构，将会计业务并入其他职能部门，或者委托代理记账。

（2）经济业务和财务收支的繁简。大、中型单位的经济业务复杂多样，在会计机构和会计人员的设置上应考虑全面、合理、有效的原则，但是也不能忽视单位经济业务的性质和财务收支的繁简问题。有些单位的规模相对较小，但其经济业务复杂多样，财务收支频繁，也要设置相应的会计机构和会计人员。

（3）经营管理的要求。经营管理上对会计机构和会计人员的设置要求是最基本的，如果没有经营管理上对会计机构和会计人员的要求，也就不存在单位对会计的要求了。单位设置会计机构和会计人员的目的，就是适应单位在经营管理上的需要。随着科学技术的进步,单位会计机构和会计人员的要求与手工会计核算相比有了很大的不同。数据的及时性、准确性以及全面性比任何其他时候对会计机构和会计人员的要求都高。因此,如何设置会计机构和会计人员是单位会计设置中的重要课题。

2. 有关机构中设置会计岗位

不设置会计机构的应设置会计岗位并指定会计主管人员,会计主管人员是负责组织管理会计事务、行使会计机构负责人职权的负责人。一个单位如何配备会计机构负责人,主要应考虑单位的实际需要,不能使用"一刀切"的做法,要求完全统一标准。实际上,凡是设置了会计机构的单位,都配备了会计机构负责人。《会计法》规定,应在会计人员中指定会计主管人员,目的是强化责任制度,防止出现会计工作无人负责的局面。

3. 实行代理记账

《会计基础工作规范》第8条规定:没有设置会计机构或者配备会计人员的单位,应当根据《代理记账管理办法》的规定,委托会计师事务所或者持有代理记账许可证书的代理记账机构进行代理记账。此项规定适用于不具备设置会计机构和不设置会计岗位的小型经济组织。

4. 国务院财政部门规定的其他方式

其他方式根据国务院财政部门的有关规定,此处不详述。

(二) 会计机构负责人(会计主管人员)的任职资格

会计机构负责人(会计主管人员)是在一个单位内部具体负责会计工作的中层领导人员。在一个单位内部,对于单独设置会计机构的单位,该负责人就是会计机构负责人;不设置会计机构的应设置会计岗位并指定会计主管人员,会计主管人员就是该负责人。负责组织管理会计事务、行使会计机构负责人职权的负责人就是会计机构负责人。它不同于通常所说的"会计主管""主管会计"和"主办会计"。

会计机构负责人(会计主管人员)在单位负责人的领导下,负责组织、管理本单位所有会计工作,其工作水平的高低、质量的好坏,直接关系到整个单位会计工作的水平和质量。因此,其任职资格除要求具备一般会计人员应具备的条件外,还应具备专业技术资格、工作经历等条件。《会计法》第36条第二款规定:担任单位会计机构负责人(会计主管人员)的,应当具备会计师以上专业技术职务资格或者从事会计工作3年以上经历。这是对单位会计机构负责人(会计主管人员)任职资格作出的特别规定。

(三) 代理记账

代理记账是指从事代理记账业务的社会中介机构接受委托人的委托办理会计业务。委托人是指委托代理记账机构办理会计业务的单位。代理记账机构是指从事代理记账业务的中介机构。

1. 代理记账机构的设立条件

申请设立除会计师事务所以外的代理记账机构,应当经所在地的县级以上人民政府财政部门(以下简称审批机关)批准,并领取由财政部统一规定样式的代理记账许可证书。申请人应当自取得代理记账许可证书之日起20日内通过企业信用信息公示系统向社会公示。代理记账机构设立分支机构的,分支机构应当及时向其所在地的审批机关办理备案登记。具体审批机关由省、自治区、直辖市、计划单列市人民政府财政部门确定。

设立代理记账机构,除国家法律、行政法规另有规定外,应当符合下列条件:

(1) 为依法设立的企业。

(2) 专职从业人员不少于3名。

(3) 主管代理记账业务的负责人具有会计师以上专业技术职务资格或者从事会计工作不少于3年,且为专职从业人员。

(4) 有健全的代理记账业务内部规范。

会计师事务所及其分所可以依法从事代理记账业务。

2. 代理记账机构的业务范围

代理记账机构可以根据委托人的委托,办理下列业务:

(1) 根据委托人提供的原始凭证和其他资料,按照国家统一会计制度的规定,进行会计核算,包括审核原始凭证、填制记账凭证、登记会计账簿和编制财务会计报告等。

(2) 对外提供财务会计报告。代理记账机构为委托人编制的财务会计报告,经代理记账机构负责人和委托人签名并盖章后,按照有关法律、行政法规和国家统一的会计制度的规定对外提供。

(3) 向税务机关提供税务资料。

(4) 委托人委托的其他会计业务。

新知:全国代理记账行业监管服务平台

3. 委托代理记账的委托人的义务

(1) 对本单位发生的经济业务事项,应当填制或者取得符合国家统一的会计制度规定的原始凭证。

(2) 应当配备专人负责日常货币收支和保管。

(3) 及时向代理记账机构提供真实、完整的原始凭证和其他相关资料。

(4) 对于代理记账机构退回的,要求按照国家统一会计制度的规定进行更正、补充的原始凭证,应当及时予以更正、补充。

4. 代理记账机构及其从业人员的义务

(1) 遵守有关法律、法规和国家统一的会计制度的规定,按照委托合同办理代理记账业务。

(2) 对在执行业务中知悉的商业秘密予以保密。

(3) 对委托人要求其作出不当的会计处理,提供不实的会计资料,以及其他不符合法律、法规和国家统一的会计制度行为的,予以拒绝。

(4) 对委托人提出的有关会计处理相关问题予以解释。

二、会计工作岗位设置

(一) 会计工作岗位的概念

会计工作岗位是指单位会计机构内部根据业务分工而设置的从事会计工作、办理会计事项的具体职位。在会计机构内部设置会计工作岗位,是建立岗位责任制的前提,是提高会计工作效率和质量的重要保证。

(二) 会计工作岗位设置的要求

1. 按需设岗

各单位应根据会计业务的需要设置会计工作岗位。通常，业务活动规模大、业务过程复杂、经济业务量较多和管理较严格的单位，会计机构会相应较大，会计机构内部的分工会相应较细，会计人员和岗位也相应较多；相反，业务活动规模小、业务过程简单、经济业务量较少和管理要求不高的单位，会计机构会相应较小，会计机构内部的分工会相应较粗，会计人员和岗位也相应较少。因此，会计岗位可以一人一岗、一人多岗或者一岗多人。

2. 符合内部牵制制度的要求

会计机构内部牵制制度在国际上也称为会计责任分离，实质上是我国传统的"钱账分管"制度。内部牵制制度，是指凡是涉及款项和财务收付、结算及登记的任何一项工作，必须由两人或两人以上分工办理，以起到相互制约作用的一种工作制度。

根据规定，会计工作岗位可以一人一岗、一人多岗或一岗多人，但出纳人员不得兼任稽核、会计档案保管和收入、支出、费用、债权债务账目的登记工作；出纳以外的人员不得经营现金、有价证券和票据。出纳人员是各单位专门从事货币资金收付业务的会计人员，根据复式记账的原则，每发生一笔货币资金收付业务，都要登记收入、费用或者债权债务等有关账簿，如果这些账簿登记工作都由出纳人员一人承担，将会给贪污舞弊行为以可乘之机。同样，为防止利用抽换单据、涂改记录等手段进行舞弊，稽核、会计档案保管工作也不能由出纳人员担任。

3. 建立岗位责任制

会计岗位责任制是指明确各项具体会计工作的职责范围、具体内容和要求，并落实到每个会计工作岗位或会计人员的一种会计工作责任制度。会计岗位责任制可以有效地保证单位会计人员履行会计岗位职责，提高工作效率。

4. 建立轮岗制度

会计人员轮岗不仅是会计工作本身的需要，也是加强会计人员队伍建设的需要。定期、不定期地轮换会计人员的工作岗位，有利于会计人员全面熟悉单位的会计业务，不断提高业务的素质和水平，同时，也有利于增强会计人员之间的团结合作意识，进一步完善单位内部的会计控制制度。

(三) 主要会计工作岗位

根据《会计基础工作规范》和有关制度的规定，会计工作岗位一般分为：总会计师（或行使总会计师职权）岗位；会计机构负责人（会计主管人员）岗位；出纳岗位；稽核岗位；资本、基金核算岗位；收入、支出、债权债务核算岗位；职工薪酬、成本费用、财务成果核算岗位；财产物资的收发、增减核算岗位；总账岗位；对外财务会计报告编制岗位；会计机构内档案管理；其他会计工作岗位。

对于会计档案管理岗位，在会计档案正式移交之前，属于会计岗位；正式移交档案管理部门之后,不再属于会计岗位。档案管理部门的人员管理会计档案,不属于会计岗位。医院门诊收费员、住院处收费员、药房收费员、药品库房记账员、商场收款(银)员所从事的工作,均不属于会计岗位。单位内部审计、社会审计、政府审计工作也不属于会计岗位。

(四)总会计师

总会计师是组织领导本单位的财务管理、成本管理、预算管理、会计核算和会计监督等方面的工作,参与本单位重要经济问题分析和决策的单位行政领导人员。总会计师协助单位主要行政领导人员工作,直接对单位主要行政领导人负责。所以,总会计师不是一种专业技术职务,也不是会计机构的负责人或会计主管人员,而是一种行政职务。

1. 总会计师的设置

《会计法》第34条第2款规定:国有的和国有资本占控股地位或者主导地位的大、中型企业必须设置总会计师。但是并没有限制其他单位设置总会计师,其他单位可根据业务需要,视情况自行决定是否设置总会计师。为了保障总会计师的职权,根据《总会计师条例》规定,凡设置总会计师的单位,在单位行政领导成员中,不设与总会计师职权重叠的副职。

2. 总会计师的任职资格

根据《总会计师条例》的规定,总会计师必须具备下列条件:

(1)坚持社会主义方向,积极为社会主义建设和改革开放服务。

(2)坚持原则,廉洁奉公。

(3)取得会计师任职资格后,主管一个单位或者单位内一个重要方面的财务会计工作时间不少于3年。

(4)有较高的理论政策水平,熟悉国家财经法律、法规、方针、政策和制度,掌握现代化管理的有关知识。

(5)具备本行业的基本业务知识,熟悉行业情况,有较强的组织领导能力。

(6)身体健康,能胜任本职工作。

3. 总会计师的职权

(1)对违反国家财经法律、法规、方针、政策、制度和有可能在经济上造成损失、浪费的行为,有权制止或者纠正;制止或者纠正无效时,提请单位主要行政领导人处理。

(2)有权组织本单位各职能部门、直属基层组织的经济核算、财务会计和成本管理方面的工作。

(3)主管审批财务收支工作。除一般的财务收支可以由总会计师授权的会计机构负责人或者其他指定人员审批外,重大的财务收支,须经总会计师审批或者由总会计师报单位主要行政领导人批准。

(4)预算、财务收支计划、成本和费用计划、信贷计划、财务专题报告、会计决算报表,须经总会计师签署。

(5)会计人员的任用、晋升、调动、奖惩,应当事先征求总会计师的意见。会计机构负责人或者会计主管人员的人选,应当由总会计师进行业务考核,依照有关规定审批。

三、会计工作交接

会计人员工作交接是会计工作中的一项重要内容。由于会计工作的特殊性,会计人员调动工作或离职时,需要与接管人员办清交接手续,这是会计人员应尽的职责,也是做好会计工作的要求。

会计工作人员调动工作和离职是正常的现象,但是单位的生产经营活动是一项连续的组织活动,不能因会计人员的工作调动或离职使会计工作中断。做好会计交接工作,可以使会计工作前后衔接,保证会计工作连续进行。同时,做好会计交接工作,还可以防止因会计人员的更换出现账目不清、财务混乱等现象。做好会计交接工作,也是落实岗位责任的有效措施。

(一)交接的范围和责任

(1) 会计人员工作调动或者因故离职,必须将本人所经管的会计工作全部移交给接替人员。移交人员对所移交的会计凭证、会计账簿、会计报表和其他有关资料的合法性、真实性承担法律责任。接替人员应当认真接管移交工作,并继续办理移交的未了事项。没有办清交接手续的,不得调动或者离职。如事后发现仍应由原移交人员承担法律责任,原移交人员不应以会计资料已移交而推脱责任。

(2) 会计人员临时离职或者因病不能工作且需要接替或者代理的,会计机构负责人(会计主管人员)或者单位领导人必须指定有关人员接替或者代理,并办理交接手续。

(3) 临时离职或者因病不能工作的会计人员恢复工作的,应当与接替或者代理人员办理交接手续。

(4) 移交人员因病或者其他特殊原因不能亲自办理移交的,经单位领导人批准,可由移交人员委托他人代办移交,但委托人应当承担对所移交的会计凭证、会计账簿、会计报表和其他有关资料的合法性、真实性的法律责任。

(5) 单位撤销时,必须留有必要的会计人员,会同有关人员办理清理工作,编制决算。未移交前,不得离职。接收单位和移交日期由主管部门确定。单位合并、分立的,其会计工作交接手续比照上述有关规定办理。

案例分析08

(二)交接程序

1. 提出交接申请

会计人员在向单位或者有关机关提出调动工作或者离职的申请时,应当同时向会计机构提出会计交接申请,以便会计机构早作安排,安排其他会计人员接替。

2. 交接前的准备工作

会计人员在办理会计工作交接前,必须及时做好以下准备工作:

(1) 已经受理的经济业务尚未填制会计凭证的应当填制完毕。

(2) 尚未登记的账目应当登记完毕,结出余额,并在最后一笔余额后加盖经办人印章。

(3) 整理好应该移交的各项资料,对未了事项和遗留问题要写出书面说明材料。

(4) 编制移交清册,列明应该移交的会计凭证、会计账簿、财务会计报告、公章、现金、有价证券、支票簿、发票、文件、其他会计资料和物品等内容;实行会计电算化的单位,从事该项工作的移交人员应在移交清册上列明会计软件及密码、数据盘、磁带等内容。

(5) 会计机构负责人(会计主管人员)移交时,应将财务会计工作、重大财务收支问题和会计人员等情况向接替人员介绍清楚。

3. 监交

(1) 会计人员办理交接手续,必须有监交人负责监交。一般会计人员办理交接手续,由会计机构负责人(会计主管人员)监交。

(2) 会计机构负责人(会计主管人员)办理交接手续,由单位负责人监交,必要时主管单位可以派人会同监交。

4. 移交点收

移交人员在办理移交时,要按移交清册逐项移交,接管人员应认真按照移交清册逐项点收,具体要求如下:

(1) 现金要根据会计账簿记录余额进行当面点交,不得短缺,接替人员发现不一致或"白条抵库"现象时,移交人员在规定期限内负责查清处理。

(2) 有价证券的数量要与会计账簿记录一致,有价证券面额与发行价不一致时,按照会计账簿余额交接。

(3) 会计凭证、会计账簿、财务会计报告和其他会计资料必须完整无缺,不得遗漏。如有短缺,必须查清原因,并在移交清册中加以说明,由移交人负责。

(4) 银行存款账户余额要与银行对账单核对相符,如有未达账项,应编制银行存款余额调节表调节相符;各种财产物资和债权债务的明细账户余额,要与总账有关账户的余额核对相符;对重要实物要实地盘点,对余额较大的往来账户要与往来单位、个人核对。

(5) 移交人员经管的公章、收据、空白支票、发票、科目印章及其他物品等必须交接清楚。

(6) 实行会计电算化的单位,交接双方应在电子计算机上对有关数据进行实际操作,确认有关数字正确无误后,方可交接。

四、会计专业技术资格与职务

(一)会计专业技术资格

会计专业技术资格分为初级资格、中级资格和高级资格三个级别。初级、中级会计资格的取得实行全国统一考试制度;高级会计师资格实行考试与评审相结合制度;正高级会计师资格实行评审制度。初级资格考试科目包括《初级会计实务》和《经济法基础》;中级资格考试科目包括《中级会计实务》《财务管理》和《经济法》。凡申请参加高级会计师资格评审的人员,须经考试合格后,方可参加评审,其考试科目为《高级会计实务》,参加考试并达到国家合格标准的人员,由全国会计专业技术资格考试办公室核发高级会计师资格考试成绩合格证,该证在全国范围内3年有效。

1. 会计专业技术资格证书的管理

通过会计专业技术资格考试合格者,省级人事部门颁发由人事部统一印制,人事部、财政部用印的会计专业技术资格证书,该证书在全国范围内有效。对伪造学历、资历证明,或者在考试期间有违纪行为的,由会计专业技术资格管理机构吊销会计专业技术资格,由发证机关收回会计专业技术资格证书,2年内不得再参加会计专业技术资格考试。

2. 会计专业技术资格考试报名条件

1)基本条件

报名参加会计资格考试的人员,应具备下列基本条件:

(1)遵守《中华人民共和国会计法》和国家统一的会计制度等法律法规。
(2)具备良好的职业道德,无严重违反财经纪律的行为。
(3)热爱会计工作,具备相应的会计专业知识和业务技能。

2)其他条件

报名参加初级资格考试的人员,除具备基本条件外,还必须具备高中毕业(含高中、中专、职高和技校)及以上学历。报名参加中级资格考试的人员,除具备基本条件外,还必须具备下列条件之一:

(1)具备大学专科学历,从事会计工作满5年。
(2)具备大学本科学历或学士学位,从事会计工作满4年。
(3)具备第二学士学位或研究生班毕业,从事会计工作满2年。
(4)具备硕士学位,从事会计工作满1年。
(5)具备博士学位。
(6)通过全国统一考试,取得经济、统计、审计专业技术中级资格。

(二)会计专业职务

会计专业职务是会计人员从事业务工作的技术等级。根据人力资源和社会保障部、财政部发布的《关于深化会计人员职称制度改革的指导意见》,会计人员职称层级分为初级、中级、副高级和正高级。初级职称只设助理级,高级职称分设副高级和正高级,形成初级、中级、高级层次清晰、相互衔接、体系完整的会计人员职称体系。初级、中级、副高级和正高级职称名称依次为助理会计师、会计师、高级会计师和正高级会计师。

五、会计专业技术人员继续教育

1. 继续教育参加人员

根据《会计专业技术人员继续教育规定》,国家机关、企业、事业单位以及社会团体等组织(以下称单位)具有会计专业技术资格的人员,或不具有会计专业技术资格但从事会计工作的人员(以下简称会计专业技术人员),享有参加继续教育的权利和接受继续教育的义务。

2. 继续教育科目

继续教育内容包括公需科目和专业科目。

(1)公需科目包括专业技术人员应当普遍掌握的法律法规、理论政策、职业道德、技术信息等基本知识。

(2)专业科目包括会计专业技术人员从事会计工作应当掌握的财务会计、管理会计、财务管理、内部控制与风险管理、会计信息化、会计职业道德、财税金融、会计法律法规等相关专业知识。

3. 学分要求

会计专业技术人员参加继续教育实行学分制管理,每年参加继续教育取得的学分不少于90学分。其中,专业科目一般不少于总学分的2/3。

4. 单位责任

(1)用人单位应当保障专业技术人员参加继续教育的权利。

(2)用人单位应当建立本单位会计专业技术人员继续教育与使用、晋升相衔接的激励机制,将参加继续教育情况作为会计专业技术人员考核评价、岗位聘用的重要依据。

第六节 法律责任

一、法律责任概述

法律责任是指违反法律规定的行为应当承担的法律后果,也就是对违法者的制裁。法律责任通常包括民事责任、行政责任和刑事责任。为了保证《会计法》的有效实施,惩治会计违法行为,《会计法》规定了两种法律责任:一种是行政责任;另一种是刑事责任。

(一)行政责任

行政责任是指行政法律关系主体在国家行政管理活动中因违反了行政法律规范,不履行行政上的义务而应承担的法律责任。行政责任主要有行政处罚和行政处分两种方式。

1. 行政处罚

行政处罚是指特定的行政主体基于一般行政管理职权,对其认为违反行政法上的强制性义务、违反行政管理程序的行政管理相对人所实施的一种行政制裁措施。《中华人民共和国行政处罚法》(以下简称《行政处罚法》)对行政处罚的种类和实施作出了如下规定:

(1)行政处罚主要包括:罚款;责令限期改正;暂扣或吊销营业执照;行政拘留;不得从事会计工作等。

(2)行政处罚由违法行为发生地县级以上地方人民政府具有行政处罚权的行政机关管辖。

(3)对当事人的同一个违法行为,不得给予两次以上罚款的行政处罚。同一个违法行为违反多个法律规范应当给予罚款处罚的,按照罚款数额高的规定处罚。

(4)行政机关在作出处罚决定之前,应当告知当事人作出处罚决定的事实、理由、依据及当事人依法享有的有关权利;当事人有权陈述和申辩。

(5)行政处罚决定依法作出后,当事人应当在行政处罚决定的期限内,予以履行。

2. 行政处分

行政处分是对国家工作人员故意或者过失侵犯行政相对人的合法权益所实施的法律制裁。行政处分的对象仅限于直接负责的国家工作人员。行政处分的形式主要有:①警告;②记过;③记大过;④降级;⑤撤职;⑥开除。

(二)刑事责任

刑事责任是指犯罪人因实施犯罪行为应当承担的法律责任。刑事责任是触犯《中华人民共和国刑法》(以下简称《刑法》)的犯罪人所应承受的由国家审判机关给予的制裁后果,包括刑罚处理方法和非刑罚处理方法。

1. 刑罚

(1)主刑。主刑是对犯罪分子适用的主要刑罚方法,只能独立适用,不能附加适用,对犯罪分子只能判处一种主刑。主刑分为管制、拘役、有期徒刑、无期徒刑和死刑。

(2)附加刑。附加刑是既可独立适用又可以附加适用的刑罚方法。也就是说,对同一犯罪行为既可以在主刑之后判处一个或两个以上的附加刑,也可以独立判处一个或两个以上的附加刑。附加刑分为罚金、剥夺政治权利和没收财产。对犯罪的外国人,也可以独立或附加适用驱逐出境。

2. 非刑罚处理方法

根据《刑法》的规定,对犯罪分子还可以采用非刑罚的处理方法,即对犯罪分子判处刑罚以外的其他方法,主要包括:由于犯罪行为而使被害人遭受经济损失的,对犯罪分子除刑事处罚外,判处赔偿经济损失;对于犯罪情节轻微不需要判处刑罚的,根据情况予以训诫或责令具结悔过、赔礼道歉、赔偿损失,或由主管部门给予行政处罚或行政处分。

二、违反会计制度规定的法律责任

(一)违反会计制度规定应承担法律责任的行为

违反会计制度规定应承担法律责任的行为,包括以下几个方面:

(1)不依法设置会计账簿的。这是指违反《会计法》和国家统一的会计制度的规定,应当设置会计账簿的单位不设置会计账簿或者未按规定的种类、形式及要求设置会计账簿的行为。

(2)私设会计账簿的。这是指不在依法设置的会计账簿上对经济业务事项进行统一会计核算,而另外私自设置会计账簿进行会计核算的行为,即俗称的"两本账""账外账"。

(3)未按照规定填制、取得原始凭证或者填制、取得的原始凭证不符合规定的。

(4)以未经审核的会计凭证为依据登记会计账簿或者登记会计账簿不符合规定的。

(5)随意变更会计处理方法的。

(6) 向不同的会计资料使用者提供的财务会计报告编制依据不一致的。

(7) 未按照规定使用会计记录文字或者记账本位币的。

(8) 未按照规定保管会计资料,致使会计资料毁损、灭失的。

(9) 未按照规定建立并实施单位内部会计监督制度或者拒绝依法实施的监督或者不如实提供有关会计资料及有关情况的。

(10) 任用会计人员不符合《会计法》规定的。

(二) 违反会计制度规定行为应承担的法律责任

根据《会计法》的规定,上述违法行为应当承担以下法律责任:

(1) 责令限期改正,给予警告、通报批评。所谓责令限期改正,是指要求违法行为人在一定期限内停止违法行为,并将其违法行为恢复到合法状态。县级以上人民政府财政部门有权责令违法行为人限期改正,给予警告、通报批评。

(2) 罚款。县级以上人民政府财政部门对单位可以并处 20 万元以下的罚款,情节严重的,可以并处 20 万元以上 100 万元以下的罚款;对其直接负责的主管人员和其他直接责任人员可以处 5 万元以下的罚款,情节严重的,可以处 5 万元以上 50 万元以下的罚款。

(3) 不得从事会计工作。会计人员有上述所列行为之一,情节严重的,5 年内不得从事会计工作。

(4) 给予处分。对上述行为直接负责的主管人员和其他直接责任人员中属于公职人员的,应当依法给予处分。

(5) 上述行为构成犯罪的,依法追究刑事责任。

做一做

不依法设置会计账簿的行为包括(　　)。

A. 应当设置会计账簿的单位不设置会计账簿

B. 未按规定的种类设置会计账簿

C. 私设会计账簿

D. 未按规定的形式设置会计账簿

【答案】 ABD

三、其他会计违法行为的法律责任

(一) 伪造、变造会计凭证、会计账簿,编制虚假财务会计报告,隐匿或者故意销毁依法应当保存的会计凭证、会计账簿、财务会计报告的法律责任

案例分析 10

1. 行为特征

(1) 伪造会计凭证的行为,是指以虚假的经济业务或者资金往来为前提,编制虚假的会计凭证的行为。

(2) 变造会计凭证的行为,是指采取涂改、挖补以及其他方法改变会计凭证真实内容的行为。

(3) 伪造会计账簿的行为,是指违反《会计法》和国家统一会计制度的规定,根据伪造或者变造的虚假会计凭证登记会计账簿,或者不按要求登记账簿,或者对内对外采用不同的确认标准、计量方法等手段编造虚假的会计账簿的行为。

(4) 变造会计账簿的行为,是指采取涂改、挖补或者其他手段改变会计账簿的真实内容的行为。

(5) 编制虚假财务会计报告的行为,是指违反《会计法》和国家统一会计制度的规定,根据伪造或变造的虚假会计账簿记录编制财务会计报告,或者凭空捏造虚假的财务会计报告及对财务会计报告擅自进行没有依据的修改的行为。

2. 刑事责任

对于伪造、变造会计凭证、会计账簿,编制虚假财务会计报告,隐匿或者故意销毁依法应当保存的会计凭证、会计账簿、财务会计报告的行为,《刑法》明确为犯罪的,主要有以下四种情况:

(1) 根据《刑法》第 201 条规定,纳税人采取伪造、变造、隐匿、擅自销毁账簿、记账凭证,在账簿上多列支出或者不列、少列收入,经税务机关通知申报而拒不申报或者进行虚假的纳税申报的手段,不缴或者少缴应纳税款,偷税数额占应纳税额的 10% 以上不满 30% 并且偷税数额在 1 万元以上不满 10 万元的,或者因偷税被税务机关给予二次行政处罚又偷税的,处 3 年以下有期徒刑或者拘役,并处偷税数额 1 倍以上 5 倍以下罚金;偷税数额占应纳税额的 30% 以上并且偷税数额在 10 万元以上的,处 3 年以上 7 年以下有期徒刑,并处偷税数额 1 倍以上 5 倍以下罚金。扣缴义务人采取前款所列手段,不缴或者少缴已扣、已收税款,数额占应缴税额的 10% 以上并且数额在 1 万元以上的,依照前款的规定处罚。对多次犯有前两款行为,未经处理的,按照累计数额计算。

(2) 根据《刑法》第 161 条的规定,依法负有信息披露义务的公司、企业向股东和社会公众提供虚假的或隐瞒重要事实的财务会计报告,或者对依法应当披露的其他重要信息不按照规定披露,严重损害股东或其他人利益的,或者有其他重要情节的,对其直接负责的主管人员和其他直接责任人员,处 5 年以下有期徒刑或拘役,并处或单处罚金。

(3) 根据《刑法》第 229 条的规定,承担资产评估、验资、验证、会计、审计和法律服务等职责的中介组织的人员故意提供虚假证明文件(包括虚假的财务会计报告),情节严重的,处 5 年以下有期徒刑或拘役,并处罚金。上述人员索取他人财物或非法收受他人财物,犯提供虚假证明文件罪的,处 5 年以上 10 年以下有期徒刑或拘役,并处罚金。

(4) 根据《刑法》第 162 条第 2 款的规定,隐匿或者故意销毁依法应当保存的会计凭证、会计账簿、财务会计报告,情节严重的,处 5 年以下有期徒刑或拘役,并处或单处 2 万元以上 20 万元以下罚金。单位犯前款罪的,对单位判处罚金,并对其直接负责的主管人员和其他责任人员,依照前款的规定进行处罚。

3. 行政责任

上述行为尚不构成犯罪的,由县级以上人民政府财政部门按照《会计法》的规定处理。

（1）责令限期改正,给予警告、通报批评,没收违法所得。

（2）违法所得20万元以上的,对单位可以并处违法所得1倍以上10倍以下的罚款,没有违法所得或者违法所得不足20万元的,可以并处20万元以上200万元以下的罚款。

（3）对其直接负责的主管人员和其他直接责任人员可以处10万元以上50万元以下的罚款,情节严重的,可以处50万元以上200万元以下的罚款。

（4）上述违法行为人属于公职人员的,还应当依法给予处分。

（5）上述违法行为中的会计人员,5年内不得从事会计工作。

（二）授意、指使、强令会计机构、会计人员及其他人员伪造、变造会计凭证、会计账簿,编制虚假财务会计报告或者隐匿、故意销毁依法应当保存的会计凭证、会计账簿、财务会计报告的法律责任

1. 行为特征

所谓授意,是指暗示他人按其意思行事;所谓指使,是指通过明示方式,指示他人按其意思行事;所谓强令,是指明知其命令是违反法律的,而强迫他人执行其命令的行为。

2. 刑事责任

根据《刑法》的有关规定,授意、指使、强令会计机构、会计人员及其他人员伪造、变造会计凭证、会计账簿,编制虚假财务会计报告或隐匿、故意销毁依法应当保存的会计凭证、会计账簿、财务会计报告的,应当作为伪造、变造会计凭证、会计账簿,编制虚假财务会计报告或隐匿、故意销毁依法应当保存的会计凭证、会计账簿、财务会计报告的共同犯罪,定罪处罚。

所谓共同犯罪,是指两人以上共同故意犯罪。共同犯罪应当具备三个条件:第一,几个犯罪人有共同故意,即几个犯罪人都明知自己的行为会发生危害社会的结果,仍希望或放任这种结果的发生,同时,几个犯罪人都认识到自己和其他行为人在共同进行某一犯罪活动。第二,几个犯罪人必须有共同的犯罪行为,即犯罪人各自的犯罪行为都是在他们的共同故意支配下,围绕共同的犯罪对象,实现共同的犯罪目的而实施的,各个共同犯罪人所实施的犯罪行为都同危害结果具有因果关系。第三,共同犯罪具有共同的犯罪客体,即共同犯罪人的犯罪行为必须指向同一犯罪客体。

因此,对授意、指使、强令他人伪造、变造会计凭证、会计账簿,编制虚假财务会计报告或隐匿、故意销毁依法应当保存的会计凭证、会计账簿、财务会计报告的,应当依照《会计法》的规定和《刑法》的有关规定,根据行为人在共同犯罪中所起的作用,定罪处罚。

3. 行政责任

上述行为尚不构成犯罪的,由县级以上人民政府财政部门按照《会计法》的规定处理。

(1) 给予警告、通报批评，可以并处 20 万元以上 100 万元以下的罚款；情节严重的，可以并处 100 万元以上 500 万元以下的罚款。

(2) 上述违法行为人属于公职人员的，还应当依法给予处分。

(三) 单位负责人对依法履行职责、抵制违反《会计法》规定行为的会计人员实行打击报复的法律责任及对受打击报复的会计人员的补救措施

1. 行为特征

打击报复，是指单位负责人对依法履行职责、抵制违反《会计法》规定行为的会计人员，通过降级、撤职、调离工作岗位、解聘或者开除等方式进行打击报复。

2. 刑事责任

根据《刑法》第 255 条规定，公司、企业、事业单位、机关、团体的领导人对依法履行职责、抵制违反《会计法》规定行为的会计人员实行打击报复，情节恶劣的，构成打击报复会计人员罪。根据《刑法》规定，对犯打击报复会计人员罪的，处 3 年以下有期徒刑或拘役。

3. 行政责任

单位负责人对依法履行职责、抵制违反《会计法》规定行为的会计人员实行打击报复，情节轻微，危害性不大，不构成犯罪的，依法给予处分。

4. 对受打击报复的会计人员的补救措施

(1) 恢复其名誉。受打击报复的会计人员的名誉受到损害的，其所在单位或上级单位及有关部门应当要求打击报复者向遭受打击报复的会计人员赔礼道歉，并澄清事实，消除影响，恢复名誉。

(2) 恢复原有职位、级别。会计人员受到打击报复，被调离工作岗位、解聘或开除的，应当在征得会计人员同意的前提下，恢复其工作；被撤职的，应当恢复其原有职务；被降级的应当恢复其原有级别。

四、其他法律责任

(1) 违反《会计法》规定，但具有《中华人民共和国行政处罚法》规定的从轻、减轻或者不予处罚情形的，依照其规定从轻、减轻或者不予处罚。

(2) 因违反《会计法》规定受到处罚的，按照国家有关规定记入信用记录。

(3) 违反《会计法》规定，同时违反其他法律规定的，由有关部门在各自职权范围内依法进行处罚。

本章小结

本章在阐述会计法律制度的概念与构成等基本法律知识后，从会计工作管理体制、会计核算、会计监督、会计机构与会计人员、法律责任等方面进行了详细的讲解。会计工作管理体制介绍了管理会计工作的不同方面和不同层次。会计核算与会计监督的内容与基础会计课程有所重合，但更偏重于会计法律制度的要求，而不是具体的会计处理

方法。会计机构与会计人员共同完成具体的会计工作,因此对其资质,会计法律也作出了具体的要求。会计法律制度具有强制性,违反会计法律制度需要承担一定的责任。

 **课后训练**

一、单项选择题

1. 下列各项中,属于会计部门规章的是(　　)。
   A.《会计法》　　　　　　　　B.《企业财务会计报告条例》
   C.《总会计师条例》　　　　　D.《企业会计制度》
2. 根据《会计法》的规定,行使会计工作管理职能的政府部门是(　　)。
   A. 税务部门　　　　　　　　B. 财政部门
   C. 审计部门　　　　　　　　D. 证券监管部门
3. 财政部门管理会计工作最基本的职能是(　　)。
   A. 制定国家统一的会计准则制度　　B. 会计市场管理
   C. 会计专业人才评价　　　　　　　D. 会计监督检查
4. 下列有关会计核算内容的说法中,不正确的是(　　)。
   A. 我国是以公历年度为会计年度
   B. 业务收支以人民币以外的货币为主的单位,可以选定其中一种货币为记账本位币,用于记账和编制财务会计报告
   C. 对外开出的原始凭证,必须加盖本单位公章
   D. 各单位的对账工作每年至少进行一次
5. 单位在审核原始凭证时,发现外来原始凭证的金额有错误,应由(　　)。
   A. 接受凭证单位更正并加盖公章　　B. 原出具凭证单位更正并加盖公章
   C. 原出具凭证单位重开　　　　　　D. 经办人员更正并报领导审批
6. 对记载不准确、不完整的原始凭证,会计人员应当(　　)。
   A. 拒绝接受,并报告领导,要求查明原因
   B. 应予以销毁,并报告领导,要求查明原因
   C. 予以退回,并要求经办人员按规定进行更正、补充
   D. 拒绝接受,且不能让经办人员进行更正、补充
7. 根据《会计法》的规定,对故意销毁依法应当保存的会计凭证、会计账簿、财务会计报告,尚不构成犯罪的,县级以上财政部门对直接负责的主管人员和其他直接责任人员所处的罚款金额最低为(　　)万元。
   A. 1　　　　　B. 3　　　　　C. 5　　　　　D. 10
8. (　　)是指财政部门代表国家对单位和单位中的相关人员的会计行为实施的监督检查,及对发现违法会计行为实施行政处罚,是一种外部监督。
   A. 群众监督　　B. 社会监督　　C. 单位内部监督　　D. 政府监督
9. 会计机构负责人必须具备的条件之一是(　　)。
   A. 取得助理会计师专业技术职务资格　　B. 从事会计工作3年以上

C. 具有经济师专业技术职务资格 D. 具有高级会计师专业技术职务资格

10. 会计档案的保管期限从( )算起。
A. 会计档案形成时 B. 会计档案装订时
C. 会计年度终了后的第一天 D. 会计档案经审计后

11. 在某事业单位中,根据回避制度的规定,会计主管人员张某的直系亲属不得担任本单位的( )。
A. 会计机构负责人 B. 库管
C. 出纳 D. 稽核

12. 下列各项中,属于中级会计专业职务的是( )。
A. 助理会计师 B. 会计师 C. 注册会计师 D. 总会计师

13. 财政部门对有线索的违法行为进行检查,通常采用的形式是( )。
A. 定期检查 B. 重点检查 C. 全面检查 D. 专项检查

14. 一般会计人员办理会计工作交接手续时负责监交的人员一般是( )。
A. 其他会计人员 B. 会计机构负责人
C. 单位负责人 D. 主管单位有关人员

15. 下列不属于会计档案的是( )。
A. 会计档案移交清册 B. 会计档案保管清册
C. 财务会计报告 D. 年度工作计划

二、多项选择题

1. 会计机构、会计人员在审核原始凭证时,对不真实、不合法的原始凭证应当( )。
A. 有权不予受理
B. 向单位负责人报告
C. 请求查明原因,追究有关当事人的责任
D. 予以退回,要求更正、补充

2. 下列有关记账本位币的基本规定的说法中,正确的有( )。
A. 业务收支以人民币以外的货币为主的单位,可以选人民币以外的货币作为记账本位币
B. 以人民币以外的货币为主的单位,在编制财务会计报告时,可以以人民币以外的货币反映
C. 业务收支以人民币以外的货币为主的单位,必须选人民币作为记账本位币
D. 以人民币以外的货币为主的单位,在编制财务会计报告时,应当折算为人民币反映

3. 下列属于内部会计监督制度的基本要求的有( )。
A. 重大经济事项的决策和执行程序应当明确
B. 建立会计档案管理制度
C. 对会计资料定期进行内部审计的办法和程序应当明确
D. 会计事项相关人员的职责权限应当明确

4. 一个单位是否设置会计机构,主要取决于( )等因素。

A. 是否有合格的人员担任会计机构负责人
B. 单位规模的大小
C. 经济业务和财务收支的繁简
D. 经营管理的要求

5. 下列说法中,不符合《会计法》规定的有(　　)。
A. 原始凭证和记账凭证都必须由会计人员填制
B. 记账凭证应当根据经过审核的原始凭证及有关资料编制
C. 对不真实、不合法的原始凭证,会计人员应予以退回,并要求相关人员作出补充或更正
D. 所有记账凭证都必须附有原始凭证并注明原始凭证的张数

6. 会计专业技术资格分为(　　)。
A. 初级资格
B. 中级资格
C. 高级资格
D. 正高级资格

7. 在下列各项中,属于会计专业技术资格考试报名基本条件的有(　　)。
A. 遵守会计和其他财经法律、法规
B. 具有良好的道德品质
C. 年龄在60岁以下
D. 履行岗位职责,热爱本职工作

8. 会计档案一般分为(　　)。
A. 会计凭证类
B. 会计账簿类
C. 财务会计报告类
D. 其他会计资料类

9. 会计机构负责人、会计主管人员办理交接由(　　)监交。
A. 单位负责人
B. 主管单位可派人会同
C. 本单位其他部门负责人
D. 主管会计工作的副经理

10. 下列各项中,属于情节严重的,5年内不得从事会计工作的行为有(　　)。
A. 填制、取得原始凭证不符合规定的行为
B. 未按规定使用会计记录文字的行为
C. 在依法实施的会计监督中不如实提供会计资料的行为
D. 无故不参加会计人员继续教育的行为

三、判断题

1. 会计人员对本单位的会计工作和会计资料的真实性、完整性负责。(　　)
2. 主刑只能独立适用,附加刑既可以独立适用又可以附加适用。(　　)
3. 保管期满但未结清的债权债务原始凭证,经会计主管人员批准后可以销毁。
(　　)
4. 向不同的会计资料使用者提供的财务会计报告,其编制依据可以不同。(　　)
5. 会计人员对不真实、不合法的原始凭证,有权不予受理。(　　)
6. 出纳人员可以兼管稽核、债权债务账目登记和会计档案保管工作。(　　)
7. 《企业财务会计报告条例》规定,会计期间分为年度、半年度、季度和月度,以满

足单位经营管理和投资者对会计资料的需要。（ ）

8. 单位保存的会计档案一般不得对外借出，确因工作需要且根据国家有关规定必须借出的，应当严格按照规定办理相关手续。（ ）

9. 会计人员工作交接时，因接替人员交接时的工作疏忽而没有发现所接会计资料在真实性、完整性方面的问题，如事后发现，接替人员应对会计资料的真实性、完整性负法律责任。（ ）

10. 对会计人员进行打击报复的，除对单位负责人依法进行处罚外，还应当采取必要的补救措施，如恢复会计人员名誉、原有职位、级别。（ ）

第二章 结算法律制度

结算法律制度
- 一、现金结算
  - 1. 现金结算的概念与特点
  - 2. 现金结算的渠道
  - 3. 现金结算的范围
  - 4. 现金使用的限额
  - 5. 现金收支的基本要求
  - 6. 建立健全现金核算与内部控制
- 二、支付结算概述
  - 1. 支付结算的概念和特征
  - 2. 支付结算的主要法律依据
  - 3. 支付结算的基本原则
  - 4. 办理支付结算的要求
- 三、银行结算账户
  - 1. 银行结算账户的概念和分类
  - 2. 银行结算账户的开立、变更和撤销
  - 3. 基本存款账户
  - 4. 一般存款账户
  - 5. 专用存款账户
  - 6. 临时存款账户
  - 7. 个人银行结算账户
  - 8. 异地银行结算账户
  - 9. 银行结算账户的管理
  - 10. 违反银行账户管理法律制度的法律责任
- 四、票据结算方式
  - 1. 票据结算概述
  - 2. 支票
  - 3. 商业汇票
  - 4. 银行汇票
  - 5. 银行本票
- 五、银行卡
  - 1. 银行卡的概念与分类
  - 2. 银行卡账户与交易
- 六、其他结算方式
  - 1. 汇兑
  - 2. 委托收款
  - 3. 托收承付
  - 4. 国内信用证
- 七、网上支付
  - 1. 网上银行
  - 2. 第三方支付

学习目标

1. 了解支付结算的概念、原则
2. 掌握办理支付结算的基本要求
3. 掌握现金的使用范围和现金管理的基本要求
4. 掌握银行结算账户的种类、概念、使用范围和开户要求
5. 熟悉银行结算账户的开立、变更和撤销
6. 了解违反银行账户管理法律制度的法律责任
7. 掌握票据的概念、种类、当事人、票据行为、票据权利、票据的记载事项、票据签章和挂失止付与补救措施的有关内容
8. 掌握支票、本票、汇票、银行卡、汇兑、委托收款、网上支付和托收承付、国内信用证等结算方式的规定
9. 了解银行卡的分类、计息、收费、申领、注销和挂失
10. 熟悉银行卡账户与交易、资金来源
11. 了解网上银行的概念、分类与功能

第一节 现金结算

一、现金结算的概念与特点

（一）现金结算的概念

现金结算是指在商品交易、劳务供应等经济往来中，直接使用现金进行应收应付款结算的一种行为。在我国，现金结算主要适用于单位与个人之间的款项收付，以及单位之间的转账结算起点金额以下的零星小额收付。

（二）现金结算的特点

和转账结算相比，现金结算具有以下特点：

（1）直接便利。在现金结算方式下，买卖双方一手交钱，一手交货，当面钱货两清，无须通过中介，因而对买卖双方来说是最为直接和便利的。在劳务供应、信贷存放和资金调拨方面，现金结算也是最为直接和便利的，因而广泛地被社会大众所接受。

（2）不安全性。由于现金使用极为广泛和便利，因而便成为不法分子觊觎的最主要目标，很容易被偷盗、贪污、挪用。在现实经济生活中，大多数经济犯罪活动都和现金有关。

（3）不易宏观控制。由于现金结算大部分不通过银行进行，因而国家很难对其进行控制。过多的现金结算会使流通中的现钞过多,从而容易造成通货膨胀,增大物价上涨的压力。

(4) 费用较高。使用现金结算,各单位虽然可以减少银行的手续费用,但其清点、运送、保管的费用很大。对于整个国家来说,过多的现金结算会增大国家印制、保管、运送现金和回收废旧现钞等工作的费用和损失,浪费人力、物力和财力。因此,国家实行现金管理,限制现金结算的范围。

二、现金结算的渠道

现金结算主要有两种渠道:一种是付款人直接将现金支付给收款人,不通过银行等中介机构;另一种是付款人委托银行、非银行金融机构或非金融机构将现金支付给收款人。

三、现金结算的范围

根据《现金管理暂行条例》第 3 条、第 4 条的规定,开户单位之间的经济往来,除按该条例规定的范围可以使用现金外,应当通过开户银行进行转账结算。各级中国人民银行应当严格履行金融主管机关的职责,负责对开户银行的现金管理进行监督和稽核。开户银行依照该条例和中国人民银行的规定,负责现金管理的具体实施,对开户单位收支、使用现金进行监督管理。

开户单位可以在下列范围内使用现金:

(1) 职工工资、津贴。
(2) 个人劳务报酬。
(3) 根据国家规定颁发给个人的科学技术、文化艺术、体育等各项奖金。
(4) 各种劳保、福利费用以及国家规定的对个人的其他支出。
(5) 向个人收购农副产品和其他物资的价款。
(6) 出差人员必须随身携带的差旅费。
(7) 结算起点(1 000 元)以下的零星支出。
(8) 中国人民银行确定需要支付现金的其他支出。

上述结算起点(1 000 元)需要调整的,由中国人民银行确定,报国务院备案。除第(5)、第(6)项外,开户单位支付给个人的款项,超过现金限额的部分,应当以支票或者银行本票支付;确需全额支付现金的,经开户银行审核后,予以支付现金。

四、现金使用的限额

现金使用的限额是指为了保证开户单位日常零星开支的需要,允许单位留存现金的最高数额。开户银行应当根据实际需要,核定开户单位 3 天至 5 天的日常零星开支所需的库存现金限额。边远地区和交通不便地区的开户单位的库存现金限额,可以多于 5 天,但不得超过 15 天的日常零星开支。

凡在银行开户的独立核算单位,都要按规定核定库存现金限额;对没有在银行单独开立账户的附属单位也要实行现金管理,必须保留的现金,也要核定限额,其限额包括在开户单位的库存限额之内;商业和服务行业的找零备用现金也要根据营业额核定限

图解:支持现金支付标识

额,但不包括在开户单位的库存现金限额之内。

五、现金收支的基本要求

(1) 开户单位现金收入应当于当日送存开户银行;当日送存确有困难的,由开户银行确定送存时间。

(2) 开户单位支付现金,可以从本单位库存现金限额中支付或者从开户银行提取,不得从本单位的现金收入中直接支付(即不得"坐支"现金)。因特殊情况需要坐支现金的,应当事先报经开户银行审查批准,由开户银行核定坐支范围和限额。坐支单位应当定期向开户银行报送坐支金额和使用情况。

(3) 开户单位在规定的现金使用范围内从开户银行提取现金,应当写明用途,由本单位财会部门负责人签字盖章,经开户银行审核后,予以支付现金。

(4) 因采购地点不固定,交通不便,生产或市场急需,抢险救灾及其他特殊情况必须使用现金的,开户单位应当向开户银行申请,由本单位财会部门负责人签字盖章,经开户银行审核后,予以支付现金。

(5) 开户单位应当建立健全现金账目,逐笔记载现金支付。账目应当日清月结,账款相符。

六、建立健全现金核算与内部控制

(一) 建立良好的现金内部控制

案例分析11

各单位应按照规范的要求,建立良好的现金内部控制,以保证现金收支记录及时、准确、完整。一般而言,一个良好的现金内部控制应该做到以下几个方面:①现金收支与记账的岗位分离;②现金收支要有合理、合法的凭据;③全部收入及时准确入账,并且支出要有核准手续;④控制现金坐支,当日收入现金应及时送存银行;⑤按月盘点现金,以做到账实相符;⑥加强对现金收支业务的内部审计。

(二) 加强货币资金业务岗位分工、授权管理

尽管由于各单位的性质、所处行业、规模及内部控制健全程度等不同,而使得其与现金相关的内部控制内容有所不同,但岗位分工及授权批准是应当共同遵循的。

1. 货币资金业务岗位分工管理

(1) 单位应当建立货币资金业务的岗位责任制,明确相关部门和岗位的职责权限,确保办理货币资金业务的不相容岗位相互分离、制约和监督。

(2) 出纳人员不得兼任稽核、会计档案保管和收入、支出、费用、债权债务账目的登记工作。

(3) 单位不得由一人办理货币资金业务的全过程。单位办理货币资金业务,应当配备合格的人员,并根据单位具体情况进行岗位轮换。

2. 货币资金的授权管理

(1) 单位应当对货币资金业务建立严格的授权批准制度,明确审批人对货币资金

业务的授权批准方式、权限、程序、责任和相关控制措施,规定经办人办理货币资金业务的职责范围和工作要求。

(2) 审批人应当根据货币资金授权批准制度的规定,在授权范围内进行审批,不得超越审批权限。

(3) 经办人应当在职责范围内,按照审批人的批准意见办理货币资金业务。对于审批人超越授权范围审批的货币资金业务,经办人员有权拒绝办理,并及时向审批人的上级授权部门报告。

(4) 严禁未经授权的机构或人员办理货币资金业务或直接接触货币资金。

(5) 单位对于重要货币资金支付业务,应当实行集体决策和审批,并建立责任追究制度,防范贪污、侵占、挪用货币资金等行为。

(三) 按照规定的程序办理货币资金支付业务

(1) 支付申请。单位有关部门或个人用款时,应当提前向审批人提交货币资金支付申请,注明款项的用途、金额、预算和支付方式等内容,并附有效经济合同或相关证明。

(2) 支付审批。审批人根据其职责、权限和相应程序对支付申请进行审批。对不符合规定的货币资金支付申请,审批人应当拒绝批准。

(3) 支付复核。复核人应当对批准后的货币资金支付申请进行复核,复核货币资金支付申请的批准范围、权限、程序是否正确,手续及相关单证是否齐备,金额计算是否准确,支付方式、支付单是否妥当等。复核无误后,交由出纳人员办理支付手续。

(4) 办理支付。出纳人员应当根据复核无误的支付申请,按规定办理货币资金支付手续,及时登记现金和银行存款日记账。

第二节　支付结算概述

一、支付结算的概念和特征

(一) 支付结算的概念

支付结算是指单位、个人在社会经济活动中使用票据、银行卡和汇兑、托收承付、委托收款等结算方式进行货币给付及其资金清算的行为,其主要功能是完成资金从一方当事人向另一方当事人的转移。

我国的支付结算服务组织主要有中国人民银行、银行业金融机构(以下简称银行)、特许清算机构、非金融支付机构(以下简称支付机构)等。

中国人民银行负责建设运行支付清算系统,向银行、特许清算机构、支付机构提供账户、清算等服务;银行面向广大单位和个人提供账户、支付工具、结算等服务;特许清算机构主要向其成员机构提供银行卡、电子商业汇票等特定领域的清算服务;支付机构主要为个人和中小微企业提供网络支付、银行卡收单和多用途预付卡发行与受理等支付服务。

（二）支付结算的特征

1. 支付结算必须通过中国人民银行批准的金融机构进行

支付结算包括票据、银行卡和汇兑、托收承付、委托收款等结算行为，而此结算行为必须通过中国人民银行批准的金融机构才能进行。未经中国人民银行批准的非银行金融机构和其他单位不得不作为中介机构经营支付结算业务。但法律、行政法规另有规定的除外。

2. 支付结算是一种要式行为

所谓要式行为，是指法律规定必须按照一定形式进行的行为。如果该行为不符合法定的形式要件，即为无效。票据和结算凭证是办理支付结算的工具。单位、个人和银行办理支付结算，必须使用按中国人民银行统一规定印制的票据凭证和统一规定的结算凭证，未使用按中国人民银行统一规定印制的票据，票据无效；未使用中国人民银行统一规定格式的结算凭证，银行不予受理。

3. 支付结算的发生取决于委托人的意志

银行在支付结算中充当主要中介机构的角色，因此，银行只要以善意且符合规定的正常操作程序审查，对伪造、变造的票据和结算凭证上的签章以及需要交验的个人有效身份证件，未发现异常而支付金额的，对出票人或付款人不再承担受委托付款的责任，对持票人或收款人不再承担付款的责任。与此同时，当事人对在银行的存款有支配权。

4. 实行统一领导、分级管理

支付结算是一项政策性强、与当事人利益息息相关的活动，因此，必须对其实行统一领导。中国人民银行总行负责制定统一的支付结算制度，组织、协调、管理、监督全国的支付结算工作，调解、处理银行之间的支付结算纠纷；中国人民银行各分行根据统一的支付结算制度制定实施细则，报总行备案。根据需要可以制定单项支付结算办法，报经中国人民银行总行批准后执行；中国人民银行分、支行负责组织、协调、管理、监督本辖区内的支付结算工作，调解、处理本辖区内银行之间的支付结算纠纷；政策性银行、商业银行总行可根据统一的支付结算制度，结合本行情况，制定具体管理实施办法，报经中国人民银行总行批准后执行，并负责组织、管理、协调本行内分支机构之间的支付结算纠纷。

5. 支付结算必须依法进行

银行以及单位（含个体工商户）和个人办理支付结算必须遵守国家的法律、行政法规和本办法的各项规定，不得损害社会公共利益。因此，支付结算的当事人必须严格依法进行支付结算活动。

二、支付结算的主要法律依据

如前所述，支付结算包括票据、银行卡、汇兑、托收承付、委托收款和电子支付等结算方式，因此，凡是与支付结算的各种结算方式有关的法律、行政法规以及部门规章和地方性规定都是支付结算的法律依据。此外，中国人民银行不定时颁布的有关支付结算的政策性文件也是当事人进行支付结算活动必须遵守的规定。

为了规范支付结算工作,我国制定了一系列支付结算方面的法律制度,主要包括《票据法》《票据管理实施办法》《支付结算办法》等。

三、支付结算的基本原则

(一)恪守信用,履约付款

各单位之间与个人之间发生交易往来,通过银行办理结算时,应根据各自的具体条件,自行协商一致,完全建立在自觉自愿、相互信任的基础上。该原则要求结算当事人必须按照双方约定的民事法律关系内容依法承担义务和行使权利,严格遵守信用,履行付款义务,特别是应当按照约定的付款金额和付款日期进行支付。这一原则对履行付款义务的当事人具有约束力,是维护合同秩序、保障当事人经济利益的重要保证。

(二)谁的钱进谁的账,由谁支配

银行在办理结算时,必须按照存款人的委托,将款项支付给其指定的收款人;对存款人的资金,除国家法律另有规定外,必须由其自由支配,银行不代扣款项。这一原则主要在于维护存款人对存款资金的所有权或经营权,保证其对资金支配的自主权,既保护了存款人的合法权益,又加强了银行办理结算的责任。

(三)银行不垫款

银行在办理结算时,只负责办理结算当事人之间的款项划拨,不承担垫付任何款项的责任。这一原则主要在于划清银行资金与存款人资金的界限,保护银行资金的所有权或经营权的安全,并促使单位和个人直接对自己的债权债务负责。

上述三个原则既单独发挥作用,也构成一个有机的整体,分别从不同角度强调了付款人、收款人和银行在结算过程中的权利和义务,从而切实保证了结算活动的正常进行。

四、办理支付结算的要求

(一)办理支付结算的基本要求

1. 办理支付结算,必须使用按中国人民银行统一规定印制的票据和结算凭证

单位、个人和银行办理支付结算,必须使用按中国人民银行统一规定印制的票据和结算凭证。未使用按中国人民银行统一规定印制的票据,票据无效;未使用中国人民银行统一规定格式的结算凭证,银行不予受理。

2. 办理支付结算必须按统一的规定开立和使用账户

在银行开立存款账户的单位和个人办理支付结算,账户内需有足够的资金保证支付。银行依法为单位、个人在银行开立的存款账户中的存款保密,维护其资金的自主支配权。除国家法律、行政法规另有规定外,银行不得为任何单位或个人查询账户情况,不得为任何单位或个人冻结、扣划款项,不得停止单位、个人存款正常支付。

3. 填写票据和结算凭证应当全面规范，做到要素齐全，数字正确，字迹清晰，不错不漏，防止涂改

票据和结算凭证金额以中文大写和阿拉伯数字同时记载，两者必须一致。两者不一致的票据无效；两者不一致的结算凭证，银行不予受理。少数民族地区和外国驻华使领馆根据实际需要，金额大写可以使用少数民族文字或外国文字记载。

4. 票据和结算凭证上的签章和其他记载事项必须真实，不得伪造、变造

所谓"伪造"，是指无权限人假冒他人或虚构他人名义签章的行为。所谓"变造"，是指无权更改票据内容的人对票据上签章以外的记载事项加以改变的行为。变造票据的方法多是在合法票据的基础上对票据加以剪接、挖补、覆盖、涂改，从而非法改变票据的记载事项。

伪造、变造票据属于欺诈行为，应追究刑事责任。票据上有伪造、变造签章的，不影响票据上其他当事人真实签章的效力。

票据和结算凭证上的签章，为签名、盖章或签名加盖章。单位、银行在票据上的签章和单位在结算凭证上的签章，为该单位、银行的盖章加其法定代表人或其授权的代理人的签名或盖章。个人在票据和结算凭证上的签章，为个人本名的签名或盖章。

（二）支付结算凭证填写的要求

银行、单位和个人填写的各种票据和结算凭证是办理支付结算和现金收付的重要依据，直接关系到支付结算的准确、及时和安全。票据和结算凭证是银行、单位和个人凭以记账的会计凭证，是记载经济业务和明确经济责任的一种书面证明。因此，填写票据和结算凭证，必须做到标准化、规范化，根据《正确填写票据和结算凭证的基本规定》的规定，具体应符合以下基本要求。

（1）中文大写金额数字应用正楷或行书填写，如壹、贰、叁、肆、伍、陆、柒、捌、玖、拾、佰、仟、万、亿、元、角、分、零、整（正）等字样，不得用一、二（两）、三、四、五、六、七、八、九、十、廿、毛、另（或0）填写，不得自造简化字。如果金额数字书写中使用繁体字，也应受理。

（2）中文大写金额数字写到"元"为止的，在"元"之后，应写"整"（或"正"）字；在"角"之后可以不写"整"（或"正"）字；大写金额数字有"分"的，"分"后面不写"整"（或"正"）字。

（3）中文大写金额数字前应表明"人民币"字样，大写金额数字应紧接"人民币"字样填写，不得留有空白。大写金额数字前未印"人民币"字样的，应加填"人民币"三字。在票据和结算凭证大写金额栏内不得预印固定的"仟、佰、拾、万、仟、佰、拾、元、角、分"字样。

（4）阿拉伯小写金额数字中有"0"时，中文大写应按照汉语语言规律、金额数字构成和防止涂改的要求进行书写。

 示例

①阿拉伯数字中间有"0"时，中文大写金额要写"零"字。如￥1 409.50，应写成人

民币壹仟肆佰零玖元伍角整（正）或人民币壹仟肆佰零玖元伍角。②阿拉伯数字中间有几个"0"时，中文大写金额中间可以只写一个"零"字。如￥6 007.14，应写成人民币陆仟零柒元壹角肆分。③阿拉伯金额数字万位或元位是"0"，或数字中间连续有几个"0"，万位、元位也是"0"，但千位、角位不是"0"时，中文大写金额可以只写一个"零"字，也可以不写"零"字。如￥1 680.32，应写成人民币壹仟陆佰捌拾元零叁角贰分，或写成人民币壹仟陆佰捌拾元叁角贰分；又如￥107 000.53，应写成人民币壹拾万柒仟元零伍角叁分，或写成人民币壹拾万零柒仟元伍角叁分。④阿拉伯金额数字角位是"0"，而分位不是"0"时，中文大写金额"元"后面应写"零"字。如￥16 409.02，应写成人民币壹万陆仟肆佰零玖元零贰分；又如￥325.04，应写成人民币叁佰贰拾伍元零肆分。

（5）阿拉伯小写金额数字前面，均应填写人民币符号"￥"。阿拉伯小写金额数字要认真填写，不得连写。

（6）票据的出票日期必须使用中文大写。为防止变造票据的出票日期，在填写月、日时，月为壹、贰和拾，日为壹至玖和壹拾、贰拾、叁拾的，应在其前加"零"；日为拾壹至拾玖的，应在其前面加"壹"。票据出票日期使用小写填写的，银行不予受理。大写日期未按要求规范填写的，银行可予受理，但由此造成损失的，由出票人自行承担。

示例

2月12日，应写成零贰月壹拾贰日；10月20日，应写成零壹拾月零贰拾日。

票据和结算凭证的金额、出票或签发日期、收款人名称不得更改，更改的票据无效；更改的结算凭证，银行不予受理。对票据和结算凭证上的其他记载事项，原记载人可以更改，更改时应当由原记载人在更改处签章证明。

第三节　银行结算账户

一、银行结算账户的概念和种类

（一）银行结算账户的概念

银行结算账户，是指存款人在经办银行开立的办理资金收付结算的人民币活期存款账户。其中，存款人，是指在中国境内开立银行结算账户的机关、团体、部队、企业、事业单位、其他组织（以下统称单位）、个体工商户和自然人；银行，是指在中国境内经中国人民银行批准经营支付结算业务的政策性银行、商业银行（含外资独资银行、中外合资银行、外国银行分行）、城市信用合作社、农村信用合作社。

（二）银行结算账户的种类

银行结算账户按其存款人不同分为单位银行结算账户和个人银行结算账户。

(1) 存款人以单位名称开立的银行结算账户为单位银行结算账户。单位银行结算账户按用途不同分为基本存款账户、一般存款账户、专用存款账户和临时存款账户。个体工商户凭营业执照以字号或经营者姓名开立的银行结算账户纳入单位银行结算账户管理。

(2) 存款人凭个人身份证件以自然人名称开立的银行结算账户为个人银行结算账户。邮政储蓄机构办理银行卡业务开立的账户纳入个人银行结算账户管理。

财政部门为实行财政国库集中支付的预算单位在商业银行开设的零余额账户按基本存款账户或专用存款账户管理。预算单位未开立基本存款账户,或者原基本存款账户在国库集中支付改革后已按照财政部门的要求撤销的,经同级财政部门批准,预算单位零余额账户作为基本存款账户管理。除上述情况外,预算单位零余额账户作为专用存款账户管理。

二、银行结算账户的开立、变更和撤销

(一) 银行结算账户的开立

存款人应在注册地或住所地开立银行结算账户。符合异地(跨省、市、县)开户条件的,也可以在异地开立银行结算账户。开立银行结算账户应遵循存款人自主原则,除国家法律、行政法规和国务院规定外,任何单位和个人不得强令存款人到指定银行开立银行结算账户。

对开立核准类账户的,中国人民银行当地分支行应于2个工作日内对开户银行报送的核准类账户的开户资料的合规性予以审核。符合开户条件的,予以核准,颁发基本(或临时或专用)存款账户开户许可证;不符合开户条件的,应在开户申请书上签署意见,连同有关证明文件一并退回报送银行,由报送银行转送存款人。

(二) 银行结算账户的变更

变更,是指存款人的账户信息资料发生变化或改变。根据账户管理的要求,存款人变更账户名称、单位的法定代表人或主要负责人、地址等其他开户资料后,应及时向开户银行办理变更手续,填写变更银行结算账户申请书。属于申请变更单位银行结算账户的,应加盖单位公章和法定代表人(单位负责人)或其授权代理人的签名或者盖章;属于申请变更个人银行结算账户的,应加盖其个人签章。

存款人更改名称,但不改变开户银行及账号的,应于5个工作日内向开户银行提出银行结算账户的变更申请,并出具有关部门的证明文件。

单位的法定代表人或主要负责人、住址以及其他开户资料发生变更时,应于5个工作日内书面通知开户银行并提供有关证明。

(三) 银行结算账户的撤销

撤销,是指存款人因开户资格或其他原因终止银行结算账户使用的行为。存款人申请撤销银行结算账户时,应填写撤销银行结算账户申请书。属于申请撤销单位银行

结算账户的,应加盖单位公章和法定代表人(单位负责人)或其授权代理人的签名或者盖章;属于申请撤销个人银行结算账户的,应加其个人签章。银行在收到存款人撤销银行结算账户的申请后,对于符合销户条件的,应在2个工作日内办理撤销手续。

存款人撤销银行结算账户,必须与开户银行核对银行结算账户存款余额,交回各种重要空白票据及结算凭证,银行核对无误后方可办理销户手续。

有下列情形之一的,存款人应向开户银行提出撤销银行结算账户的申请:①被撤并、解散、宣告破产或关闭的;②注销、被吊销营业执照的;③因迁址需要变更开户银行的;④其他原因需要撤销银行结算账户的。

存款人有以上第①项、第②项情形的,应于5个工作日内向开户银行提出撤销银行结算账户的申请。撤销银行结算账户时,应先撤销一般存款账户、专用存款账户、临时存款账户,将账户资金转入基本存款账户后,方可办理基本存款账户的撤销。银行得知存款人有第①项、第②项情形的,存款人超过规定期限未主动办理撤销银行结算账户手续的,银行有权停止其银行结算账户的对外支付。存款人因以上第③项、第④项情形撤销基本存款账户后,需要重新开立基本存款账户的,应在撤销其原基本存款账户后10日内申请重新开立基本存款账户。

存款人尚未清偿其开户银行债务的,不得申请撤销该银行结算账户。对于按照账户管理规定应撤销而未办理销户手续的单位银行结算账户,银行通知该单位银行结算账户的存款人自发出通知之日起30日内办理销户手续,逾期视同自愿销户,未划转款项列入久悬未取专户管理。存款人撤销核准类银行结算账户时,应交回开户许可证。

三、各类银行结算账户的开立和适用

(一) 基本存款账户

案例分析12

1. 基本存款账户的概念

基本存款账户是存款人因办理日常转账结算和现金收付需要开立的银行结算账户。下列存款人可以申请开立基本存款账户:

(1) 企业法人。

(2) 非法人企业。

(3) 机关、事业单位。

(4) 团级(含)以上军队、武警部队及分散执勤的支(分)队。

(5) 社会团体。

(6) 民办非企业组织。

(7) 异地常设机构。

(8) 外国驻华机构。

(9) 个体工商户。

(10) 居民委员会、村民委员会、社区委员会。

(11) 单位设立的独立核算的附属机构,包括食堂、招待所、幼儿园。

(12) 其他组织(如业主委员会、村民小组等)。

2. 开户证明文件

存款人申请开立基本存款账户,应向银行出具下列证明文件:

(1) 企业法人,应出具企业法人营业执照正本。

(2) 非法人企业,应出具企业营业执照正本。

(3) 机关和实行预算管理的事业单位,应出具政府人事部门或编制委员会的批文或登记证书和财政部门同意其开户的证明;非预算管理的事业单位,应出具政府人事部门或编制委员会的批文或登记证书。

(4) 军队、武警团级(含)以上单位以及有关边防、分散执勤的支(分)队,应出具军队军级以上单位财务部门、武警总队财务部门的开户证明。

(5) 社会团体,应出具社会团体登记证书,宗教组织还应出具宗教事务管理部门的批文或证明。

(6) 民办非企业组织,应出具民办非企业登记证书。

(7) 外地常设机构,应出具其驻在地政府主管部门的批文。

(8) 外国驻华机构,应出具国家有关主管部门的批文或证明;外资企业驻华代表处、办事处,应出具国家登记机关颁发的登记证。

(9) 个体工商户,应出具个体工商户营业执照正本。

(10) 居民委员会、村民委员会、社区委员会,应出具其主管部门的批文或证明。

(11) 独立核算的附属机构,应出具其主管部门的基本存款账户开户登记证和批文。

(12) 其他组织,应出具政府主管部门的批文或证明。

3. 基本存款账户的使用

基本存款账户是存款人的主办账户,一个单位只能开立一个基本存款账户;存款人的日常经营活动的资金收付及其工资、奖金和现金支取,应通过基本存款账户办理。

(二) 一般存款账户

1. 一般存款账户的概念

一般存款账户,是指存款人因借款或其他结算的需要,在基本存款账户开户银行以外的银行营业机构开立的银行结算账户。

2. 开户证明文件

存款人申请开立一般存款账户,应向银行出具其开立基本存款账户规定的证明文件、基本存款账户开户登记证和下列证明文件:

(1) 存款人因向银行借款需要,应出具借款合同。

(2) 存款人因其他结算需要,应出具有关证明。

3. 一般存款账户的使用

一般存款账户用于办理存款人借款转存、借款归还和其他结算的资金收付。该账户可以办理现金缴存,但不得办理现金支取。

（三）专用存款账户

1. 专用存款账户的概念

专用存款账户，是指存款人按照法律、行政法规和规章，对有特定用途资金进行专项管理和使用而开立的银行结算账户。

2. 专用存款账户的适用范围

专用存款账户用于办理各项专用资金的收付，主要适用于：

（1）基本建设资金和更新改造资金。
（2）财政预算外资金。
（3）粮、棉、油收购资金。
（4）证券交易结算资金。
（5）期货交易保证金。
（6）信托基金。
（7）政策性房地产开发资金。
（8）单位银行卡备用金。
（9）住房基金。
（10）社会保障基金。
（11）收入汇缴资金和业务支出资金。
（12）党、团、工会设在单位的组织机构经费。
（13）其他需要专项管理和使用的资金。

3. 开户证明文件

存款人申请开立专用存款账户，应向银行出具其开立基本存款账户规定的证明文件、基本存款账户开户登记证和下列证明文件：

（1）基本建设资金、更新改造资金、政策性房地产开发资金、住房基金、社会保障基金，应出具主管部门批文。
（2）粮、棉、油收购资金，应出具主管部门批文。
（3）单位银行卡备用金，应按照中国人民银行批准的银行卡章程的规定出具有关证明和资料。
（4）证券交易结算资金，应出具证券公司或证券管理部门的证明。
（5）期货交易保证金，应出具期货公司或期货管理部门的证明。
（6）收入汇缴资金和业务支出资金，应出具基本存款账户存款人有关的证明。
（7）党、团、工会设在单位的组织机构经费，应出具该单位或有关部门的批文或证明。
（8）其他按规定需要专项管理和使用的资金，应出具有关法规、规章或政府部门的有关文件。

合格境外机构投资者（QFII）在境内从事证券投资开立的人民币特殊账户和人民币结算资金账户纳入专用存款账户管理。在开立专用账户时，除出具开立基本户所需资料外，申请开立人民币特殊账户的应出具国家外汇管理部门的批复文件；申请开立人民币结算资金账户时,应出具证券管理部门的证券投资业务许可证。

4. 专用存款账户的使用

（1）单位银行卡账户的资金必须由基本存款账户转账存入。该账户不得办理现金收付业务。

（2）证券交易结算资金、期货交易保证金和信托基金不得支取现金。

（3）基本建设资金、更新改造资金、政策性房地产开发资金需要支取现金的,应在开户时报中国人民银行当地分支行批准。

（4）粮、棉、油收购资金,社会保障基金,住房基金和党、团、工会经费支取现金应按照国家现金管理的规定办理。

（5）收入汇缴账户除向其基本存款账户或者预算外资金财政专用存款账户划缴款项外,只收不付,不得支取现金。

（6）业务支出账户除从其基本存款账户拨入款项外,只付不收,其现金支出必须按照国家现金管理的规定办理。

（四）预算单位零余额账户

预算单位使用财政性资金,应当按照规定的程序和要求,向财政部门提出设立零余额账户的申请,财政部门同意预算单位开设零余额账户后通知代理银行。

代理银行根据《人民币银行结算账户管理办法》的规定,具体办理开设预算单位零余额账户业务,并将所开账户的开户银行名称、账号等详细情况书面报告财政部门和中国人民银行,并由财政部门通知一级预算单位。

预算单位根据财政部门的开户通知,具体办理预留印鉴手续。印鉴卡内容如有变动,预算单位应及时通过一级预算单位向财政部门提出变更申请,办理印鉴卡更换手续。

一个基层预算单位原则上只能开设一个零余额账户。预算单位零余额账户用于财政授权支付,可以办理转账、提取现金等结算业务,可以向本单位按账户管理规定保留的相应账户划拨工会经费、住房公积金及提租补贴,以及财政部门批准的特殊款项,不得违反规定向本单位其他账户和上级主管单位及所属下级单位账户划拨资金。

（五）临时存款账户

1. 临时存款账户的概念

临时存款账户,是指存款人因临时需要并在规定期限内使用而开立的银行结算账户。

2. 临时存款账户的适用范围

临时存款账户主要适用于:

（1）设立临时机构,如工程指挥部、筹备领导小组、摄制组等。

（2）异地临时经营活动,如建筑施工及安装单位等在异地的临时经营活动。

（3）注册验资、增资。

(4) 军队、武警单位承担基本建设或者异地执行作战、演习、抢险救灾、应对突发事件等临时任务。

3. 开户证明文件

存款人申请开立临时存款账户，应向银行出具下列相关证明文件：

(1) 临时机构，应出具其驻在地主管部门同意设立临时机构的批文。

(2) 异地建筑施工及安装单位，应出具其营业执照正本或其隶属单位的营业执照正本，以及施工及安装地建设主管部门核发的许可证或建筑施工及安装合同。外国及我国港、澳、台地区建筑施工及安装单位，应出具行业主管部门核发的资质准入证明。

(3) 异地从事临时经营活动的单位，应出具其营业执照正本以及临时经营地市场监督管理部门的批文。

(4) 境内单位在异地从事临时活动的，应出具政府有关部门批准其从事该项活动的证明文件。

(5) 境外(含港、澳、台地区)机构在境内从事经营活动的，应出具政府有关部门批准其从事该项活动的证明文件。

(6) 军队、武警单位因执行作战、演习、抢险救灾、应对突发事件等任务需要开立银行账户时，开户银行应当凭军队、武警团级以上单位后勤(联勤)部门出具的批件或证明，先予开户并同时启用，后补办相关手续。

(7) 注册验资资金，应出具市场监督管理部门核发的企业名称预先核准通知书或有关部门的批文。

(8) 增资验资资金，应出具股东会或董事会决议等证明文件。

上述(2)(3)(4)(8)项还应出具基本存款账户开户许可证，外国及我国港、澳、台地区建筑施工及安装单位除外。

4. 临时存款账户的使用

临时存款账户用于办理临时机构以及存款人临时经营活动发生的资金收付。临时存款账户支取现金，应按照国家现金管理的规定办理。注册验资的临时存款账户在验资期间只收不付。临时存款账户的有效期最长不得超过 2 年。

(六) 个人银行结算账户

1. 个人银行结算账户的概念

个人银行结算账户是自然人因投资、消费、结算等需要而凭个人身份证件以自然人名称开立的银行结算账户。

个人银行账户分为Ⅰ类银行账户、Ⅱ类银行账户和Ⅲ类银行账户(简称为Ⅰ类户、Ⅱ类户和Ⅲ类户)。

银行可以通过Ⅰ类户为存款人提供存款、购买投资理财产品等金融产品、转账、消费和缴费支付、支取现金等服务。

银行可以通过Ⅱ类户为存款人提供存款、购买投资理财产品等金融产品、限定金额的消费和缴费支付、限额向非绑定账户转出资金等服务。

银行可以通过Ⅲ类户为存款人提供限定金额的消费和缴费支付、限额向非绑定账户转出资金等业务,经确认身份的,还可以办理非绑定账户资金转入等服务。

经银行柜面、自助设备加以银行工作人员现场面对面确认身份的,Ⅱ类户还可以办理存取现金、非绑定账户资金转入业务。

经银行柜面、自助设备加以银行工作人员现场面对面确认身份的,Ⅲ类户还可以办理非绑定账户资金转入业务。

2. 个人银行结算账户的开户方式

(1) 柜面开户。通过柜面受理银行账户开户申请的,银行可为开户申请人开立Ⅰ类户、Ⅱ类户或Ⅲ类户。个人开立Ⅱ类户、Ⅲ类户,可以绑定Ⅰ类户或者信用卡账户进行身份验证,不得绑定非银行支付机构开立的支付账户进行身份验证。在银行柜面开立的,则无须绑定Ⅰ类账户或者信用卡账户进行身份验证。

(2) 自助机具开户。通过远程视频柜员机和智能柜员机等自助机具受理银行账户开户申请,银行工作人员现场核验开户申请人身份信息的,银行可为其开立Ⅰ类户;银行工作人员未现场核验开户申请人身份信息的,银行可为其开立Ⅱ类户或Ⅲ类户。

(3) 电子渠道开户。通过网上银行和手机银行等电子渠道受理银行账户开户申请的,银行可为开户申请人开立Ⅱ类户或Ⅲ类户。

(4) 代理开户。开户申请人开立个人银行账户或者办理其他个人银行账户业务,原则上应当由开户申请人本人亲自办理;符合条件的,可以由他人代理办理。他人代理开立个人银行账户的,银行应要求代理人出具代理人、被代理人的有效身份证件以及合法的委托书等。银行认为有必要的,应要求代理人出具证明代理关系的公证书。

所在单位代理开户的情形包括:①存款人开立代发工资、教育、社会保障(如社保、医保、军保)、公共管理(如公共事业、拆迁、捐助、助农扶农)等特殊用途个人银行账户时,可由所在单位代理办理。②单位代理个人开立银行账户的,应提供单位证明材料、被代理人有效身份证件的复印件或影印件。③单位代理开立的个人银行账户,在被代理人持本人有效身份证件到开户银行办理身份确认、密码设(重)置等激活手续前,该银行账户只收不付。

3. 开户证明文件

根据个人银行账户实名制的要求,存款人申请开立个人银行账户时,应向银行出具本人有效身份证件,银行通过有效身份证件仍无法准确判断开户申请人身份的,应要求其出具辅助身份证明材料。

有效身份证件包括:①在中华人民共和国境内已登记常住户口的中国公民为居民身份证;不满16周岁的,可以使用居民身份证或户口簿。②香港、澳门特别行政区居民为港澳居民往来内地通行证。③台湾地区居民为台湾居民来往大陆通行证。④国外的中国公民为中国护照。⑤外国公民为护照或者外国人永久居留证(外国边民,按照边贸结算的有关规定办理)。⑥法律、行政法规规定的其他身份证明文件。

辅助身份证明材料包括但不限于:①中国公民为户口簿、护照、机动车驾驶证、居住证、社会保障卡、军人和武装警察身份证件、公安机关出具的户籍证明、工作证;②香港、澳门特别行政区居民为香港、澳门特别行政区居民身份证;③台湾地区居民为在台湾居住的有效身份证明；④定居国外的中国公民为定居国外的证明文件；⑤外国公民为外国居民身份证、使领馆人员身份证件或者机动车驾驶证等其他带有照片的身份证件；⑥完税证明、水电煤缴费单等税费凭证。

军人、武装警察尚未领取居民身份证的，除出具军人和武装警察身份证件外，还应出具军人保障卡或所在单位开具的尚未领取居民身份证的证明材料。

4. 个人银行结算账户的使用

个人银行结算账户用于办理个人转账收付和现金存取。下列款项可以转入个人银行结算账户：①工资、奖金收入；②稿费、演出费等劳务收入；③债券、期货、信托等投资的本金和收益；④个人债权或产权转让收益；⑤个人贷款转存；⑥证券交易结算资金和期货交易保证金；⑦继承、赠与款项；⑧保险理赔、保费退还等款项；⑨纳税退还；⑩农、副、矿产品销售收入；⑪其他合法款项。

 **注意**

（1）单位从其银行结算账户支付给个人银行结算账户的款项，每笔超过 5 万元的，应向其开户银行提供下列付款依据：①代发工资协议和收款人清单；②奖励证明；③新闻出版、演出主办等单位与收款人签订的劳务合同或支付给个人款项的证明；④证券公司、期货公司、信托投资公司、奖券发行公司或承销部门支付或退还给自然人款项的证明；⑤债权或产权转让协议；⑥借款合同；⑦保险公司的证明；⑧税收征管部门的证明；⑨农、副、矿产品购销合同；⑩其他合法款项的证明。

（2）从单位银行结算账户支付给个人银行结算账户的款项应纳税的，税收代扣单位付款时应向其开户银行提供完税证明。

（3）个人持出票人为单位的支票向开户银行委托收款，将款项转入其个人银行结算账户的或者个人持申请人为单位的银行汇票和银行本票向开户银行提示付款，将款项转入其个人银行结算账户的，个人应当提供前述有关收款依据。存款人应对其提供的收款依据或付款依据的真实性、合法性负责。

（4）单位银行结算账户支付给个人银行结算账户的款项单笔超过 5 万元人民币时，付款单位若在付款用途栏或备注栏注明事由，可不再另行出具付款依据，但付款单位应对支付款项事由的真实性、合法性负责。

（七）异地银行结算账户

1. 异地银行结算账户的概念

异地银行结算账户，是指存款人符合法定条件，根据需要在其注册地或住所地行政区域之外开立相应的银行结算账户。

2. 异地银行结算账户的适用范围

存款人有下列情形之一的，可以在异地开立有关银行结算账户：

（1）营业执照注册地与经营地不在同一行政区域(跨省、市、县)，需要开立基本存款账户的。

（2）办理异地借款和其他结算需要开立一般存款账户的。

(3) 存款人因附属的非独立核算单位或派出机构发生的收入汇缴或业务支出需要开立专用存款账户的。

(4) 异地临时经营活动需要开立临时存款账户的。

(5) 自然人根据需要在异地开立个人银行结算账户的。

3. 开立异地银行结算账户所需的证明文件

开立异地银行结算账户除出具开立基本存款账户、一般存款账户、专用存款账户和临时存款账户规定的有关证明文件外，还应出具下列相应的证明文件：

(1) 异地借款的存款人在异地开立一般存款账户的，应出具在异地取得贷款的借款合同。

(2) 因经营需要在异地办理收入汇缴和业务支出的存款人在异地开立专用存款账户的，应出具隶属单位的证明。

存款人需要异地开立个人银行结算账户，应出具在所在地开立账户所需的证明文件。

四、银行结算账户的管理

(一) 银行结算账户的实名制管理

存款人应以实名开立银行结算账户，并对其出具的开户（变更、撤销）申请资料实质内容的真实性负责，法律、行政法规另有规定的除外。

存款人应按照账户管理规定使用银行结算账户办理结算业务，不得出租、出借银行结算账户，不得利用银行结算账户套取银行信用或进行洗钱活动。

(二) 银行结算账户变更事项的管理

存款人申请临时存款账户展期，变更、撤销单位银行结算账户时，可由法定代表人或单位负责人直接办理，也可授权他人办理。由法定代表人或单位负责人直接办理的，除出具相应的证明文件外，还应出具法定代表人或单位负责人的身份证件；授权他人办理的，除出具相应的证明文件外，还应出具法定代表人或单位负责人的身份证件及其出具的授权书，以及被授权人的身份证件。非企业单位补（换）发开户许可证时，也应按以上规定办理。

(三) 存款人预留银行签章的管理

(1) 单位遗失预留公章或财务专用章的，应向开户银行出具书面申请、营业执照等相关证明文件；更换预留公章或财务专用章时，应向开户银行出具书面申请、原预留公章或财务专用章等相关证明文件。单位存款人申请更换预留公章或财务专用章但无法提供原预留公章或财务专用章的，应向开户银行出具原印鉴卡片、营业执照正本、司法部门的证明等相关证明文件。单位存款人申请变更预留公章或财务专用章，可由法定代表人或单位负责人直接办理，也可授权他人办理。由法定代表人或单位负责人直接办理的，除出具相应的证明文件外，还应出具法定代表人或单位负责人的身份证件；授权他人办理的,除出具相应的证明文件外,还应出具法定代表人或单位负责人的身份证件及其出具的授权书,以及被授权人的身份证件。

(2) 个人遗失或更换预留个人印章或更换签字人时,应向开户银行出具经签名确认的书面申请,以及原预留印章或签字人的个人身份证件。银行应留存相应的复印件,并凭此办理预留银行签章的变更。单位存款人申请更换预留个人签章,可由法定代表人或单位负责人直接办理,也可授权他人办理。由法定代表人或单位负责人直接办理的,应出具加盖该单位公章的书面申请以及法定代表人或单位负责人的身份证件。授权他人办理的,应出具加盖该单位公章的书面申请、法定代表人或单位负责人的身份证件及其出具的授权书、被授权人的身份证件。无法出具法定代表人或单位负责人的身份证件的,应出具加盖该单位公章的书面申请、该单位出具的授权书以及被授权人的身份证件。

(四)银行结算账户的对账管理

银行结算账户的存款人应与银行按规定核对账务。存款人收到对账单或对账信息后,应及时核对账务并在规定期限内向银行发出对账回单或确认信息。

第四节 票据结算方式

一、票据结算概述

(一)票据的概念与种类

票据的概念有广义和狭义之分。广义的票据包括各种有价证券和凭证,如股票、国库券、企业债券、发票和提单等;狭义的票据仅指《中华人民共和国票据法》(以下简称《票据法》)上规定的票据。

新知:电子票据

根据《票据法》的规定,票据是指由出票人依法签发的、约定自己或委托付款人在见票时或指定的日期向收款人或持票人无条件支付一定金额并可转让的有价证券,包括汇票、银行本票和支票。

(二)票据的特征与功能

1. 票据的特征

票据作为一种有价证券,具有有价证券的一般特征,但它又是区别于其他有价证券的一类独立的有价证券。与其他有价证券相比,票据主要有以下特征:

(1) 票据是债权证券。票据关系实质为一种债权债务关系,票据持票人可以就票据上所记载的金额向特定票据债务人行使请求权。

(2) 票据为设权证券。票据并非是证明已存在的权利,而是创设票据权利。

(3) 票据为文义证券。票据上的权利与义务,必须严格按照票据上记载的文义而定,不得以票据以外的任何事由来主张票据权利。

(4) 票据是无因证券。票据权利人只要持有票据,就享有票据权利,持票人只要向票据债务人提示票据就可行使票据权利,而不必证明票据取得的原因是否有效或有瑕疵。票据关系一般不受原因关系的影响。

(5) 票据是要式证券。票据的制作、记载事项必须具备法定形式,才能产生票据效力。《票据法》对票据上应记载的事项有明确的规定,出票人必须依法签发相关票据,如果欠缺必须记载事项,票据即归于无效。

2. 票据的功能

(1) 支付功能。票据代替现金作为支付工具,可以避免清点现钞时可能产生的错误,并可以节省清点现钞的时间。

(2) 汇兑功能。票据可以代替货币在不同的地方之间运送,方便异地之间的支付。

(3) 信用功能。票据当事人可以凭借某人的信誉,将未来可以取得的金钱,作为现在的金钱来用。

(4) 结算功能。票据的结算功能即债务抵销能力。简单的结算是互有债务的双方当事人各签发一张本票,待两张本票都到期日相互抵销债务。若有差额,由一方以现金支付。

(5) 融资功能。票据的融资功能即融通资金或调度资金。票据的融资功能是通过票据的贴现、转贴现和再贴现实现的。

(三) 票据行为

《票据法》规定的票据行为是指票据当事人以发生票据债务为目的、以在票据上签名或盖章为权利义务成立要件的法律行为,包括出票、背书、承兑和保证四种。

(1) 出票是指出票人签发票据并将其交付给收款人的行为。出票包括两个行为:一是出票人依照《票据法》的规定作成票据,即在原始票据上记载法定事项并签章;二是交付票据,即将作成的票据交付给他人占用,两者缺一不可。

出票人在票据上的签章不符合《票据法》等规定的,票据无效;承兑人、保证人在票据上的签章不符合《票据法》等规定的,其签章无效,但不影响其他符合规定签章的效力;背书人在票据上的签章不符合《票据法》等规定的,其签章无效,但不影响其前手符合规定签章的效力。

(2) 背书是指收款人或持票人为将票据权利转让给他人或将一定的票据权利授予他人行使,而在票据背面或粘单上记载有关事项并签章的行为。背书按照目的不同分为转让背书和非转让背书。转让背书是以持票人将票据权利转让给他人为目的;非转让背书是将一定的票据权利授予他人行使,包括委托收款背书和质押背书。

(3) 承兑是指汇票付款人承诺在汇票到期日支付汇票金额并签章的行为。

(4) 保证是指票据债务人以外的人,为担保特定债务人履行票据债务而在票据上记载有关事项并签章的行为。

(四) 票据的当事人

票据的当事人是指票据法律关系中享有票据权利、承担票据义务的当事人,也称票据法律关系主体。票据当事人可分为基本当事人和非基本当事人。

1. 票据基本当事人

票据基本当事人是在票据作成和交付时就已存在的当事人,是构成票据法律关系的必要主体,包括出票人、收款人和付款人。

(1) 出票人,是指依法定方式签发票据并将票据交付给收款人的人。

(2) 收款人,是指票据到期后有权收取票据所载金额的人,又称票据权利人。

(3) 付款人,是指由出票人委托付款或自行承担付款责任的人。①汇票的付款人有两种:商业承兑汇票的付款人是合同中应给付款项的一方当事人,也是该汇票的承兑人;银行承兑汇票的付款人是承兑银行,但是其款项来源还是与该票据有关的合同中应付款方的存款。②支票的付款人是出票人的开户银行。③本票的付款人就是出票人。

2. 票据非基本当事人

票据非基本当事人,是在票据作成并交付后,通过一定的票据行为加入票据关系而享有一定权利、义务的当事人,包括承兑人、背书人、被背书人和保证人。

(1) 承兑人,是指接受汇票出票人的付款委托同意承担支付票款义务的人。

(2) 背书人,是指在转让票据时,在票据背面签字或盖章并将该票据交付给受让人的票据收款人或持有人。

(3) 被背书人,是指被记名受让票据或接受票据转让的人。

(4) 保证人,是指为票据债务提供担保的人,由票据债务人以外的第三人担当。

除基本当事人外,非基本当事人是否存在,取决于相应票据行为是否发生。

(五) 票据权利与责任

票据权利与责任是指票据法律关系主体所享有的权利和应承担的责任,是票据法律关系的重要内容。

案例分析 13

1. 票据权利

1) 票据权利的概念

票据权利是指票据持票人向票据债务人请求支付票据金额的权利,包括付款请求权和追索权。

付款请求权是指持票人向汇票的承兑人、本票的出票人、支票的付款人出示票据要求付款的权利,是第一顺序权利,又称主要票据权利。行使付款请求权的持票人可以是票据收款人或最后的被背书人。

票据追索权是指票据当事人行使付款请求权遭到拒绝或其他法定原因存在时,向其前手请求偿还票据金额及其他法定费用的权利,是第二顺序权利,又称偿还请求权利。行使追索权的当事人除票据收款人和最后被背书人外,还可能是代为清偿票据债务的保证人和背书人。

2) 票据权利的取得

票据的签发、取得和转让,应当遵循诚实信用的原则,具有真实的交易关系和债权债务关系。票据的取得,必须给付对价,即应当给付票据双方当事人认可的相对应的代价。但也有例外的情形,因税收、继承、赠与可以依法无偿取得票据的,不受给付对价的限制,但是所享有的票据权利不得优于其前手的权利。

3) 票据权利的行使与保全

票据权利的行使,是指持票人请求票据的付款人支付票据金额的行为。例如,行使付款请求权以获得票款,行使追索权以请求偿还法定的金额和费用等。票据权利的保全是指持票人为了防止票据权利丧失而采取的措施。例如,《票据法》规定,按照规定的期限提示承兑、要求承兑人或付款人提供拒绝承兑或拒绝付款的证明以保全追索权等。由于票据具有流通性,法律对票据责任的兑现场所和时间有所规定,即持票人对票据债务人行使票据权利,或者保全票据权利,应当在票据当事人的营业场所和营业时间内进行,票据当事人无营业场所的,应当在其住所进行。

4) 票据权利的抗辩

抗辩,是指票据债务人根据《票据法》规定,对票据债权人拒绝履行义务的行为。票据债务人可以在下列情况下对持票人行使抗辩权:

(1) 以欺诈、偷盗或者胁迫等手段取得票据的,或者明知有前列情形,出于恶意取得票据的。

(2) 因重大过失取得票据的。

(3) 明知票据债务人与出票人或者与持票人的前手之间存在抗辩事由而取得票据的。

(4) 与票据债务人有直接债权债务关系且不履行约定义务的。

(5) 其他依法不得享有票据权利的。

5) 票据权利的时效

票据权利时效是指票据权利在时效期间内不行使,便会引起票据权利丧失。《票据法》规定,票据权利在下列期限内不行使而消灭:

(1) 持票人对票据的出票人和承兑人的权利,自票据到期日起 2 年,见票即付的汇票、本票,自出票日起 2 年。

(2) 持票人对支票出票人的权利,自出票日起 6 个月。

(3) 持票人对前手的追索权,自被拒绝承兑或者被拒绝付款之日起 6 个月。

(4) 持票人对前手的再追索权,自清偿日或者被提起诉讼之日起 3 个月。

2. 票据责任

票据责任是指票据债务人向持票人支付票据金额的义务。它是基于债务人特定的票据行为(如出票、背书、承兑等)而应承担的义务,不具有制裁性质,主要包括付款义务和偿还义务。实务中,票据债务人承担票据义务一般有以下四种情况:

(1) 汇票承兑人因承兑而应承担付款义务。

(2) 本票出票人因出票而承担自己付款的义务。

(3) 支票付款人在与出票人有资金关系时承担付款义务。

(4) 汇票、本票、支票的背书人,汇票、本票的出票人、保证人,在票据不获承兑或不获付款时的付款清偿义务。

(六) 票据签章

票据签章,是指票据有关当事人在票据上签名、盖章或签名加盖章的行为。票据签章是票据行为生效的重要条件,也是票据行为表现形式中必须记载的事项。如果票据缺少当事人的签章,将会导致票据无效或该项票据行为无效。

票据上的签章因票据行为的性质不同,签章当事人也不相同。具体来说,票据签发时,由出票人签章;票据转让时,由背书人签章;票据承兑时,由承兑人签章;票据保证时,由保证人签章;持票人行使票据权利时,由持票人签章。

一般来讲,出票人在票据上的签章不符合法律规定的,票据无效;背书人在票据上的签章不符合法律规定的,其签章无效,但不影响其前手符合规定签章的效力;承兑人、保证人在票据上的签章不符合法律规定的,其签章无效,但不影响其他符合规定的签章的效力。

(七)票据记载事项

票据记载事项,是指依法在票据上记载票据相关内容的行为。票据记载事项可分为绝对记载事项、相对记载事项和非法定记载事项等。

(1)绝对记载事项,是指《票据法》明文规定必须记载的,如不记载,票据即为无效的事项。各类票据共同必须绝对记载的内容包括:①票据的种类;②确定的金额;③收款人名称;④出票日期;⑤出票人签章。

(2)相对记载事项,是指《票据法》规定应该记载而未记载,但适用法律的有关规定而不使票据失效的事项,如汇票上未记载付款日期的,为见票即付;汇票上未记载付款地的,付款人的营业场所、住所或经常居住地为付款地等属于相对记载事项。

(3)非法定记载事项,是指《票据法》不强制当事人必须记载而允许当事人自行选择,不记载时不影响票据效力的事项。按照记载时是否产生票据效力,分为任意记载事项和不产生票据效力记载事项。任意记载事项,记载时则产生票据效力的事项,如出票人在汇票记载"不得转让"字样的,汇票不得转让。不产生票据效力记载事项,如签发票据的原因或用途、该票据项下交易的合同号码等。

(八)票据丧失的补救

票据丧失是指票据因灭失、遗失和被盗等原因而使票据权利人脱离其对票据的占有。票据丧失后可以采取挂失止付、公示催告和普通诉讼三种形式进行补救。

(1)挂失止付,是指失票人将丧失票据的情况通知付款人,由接收通知的付款人审查后暂停支付的一种方式。只有确定付款人或代理付款人的票据丧失时才可进行挂失止付,具体包括:已承兑的商业汇票、支票、填明"现金"字样和代理付款人的银行汇票以及填明"现金"字样的银行本票四种。挂失止付并不是票据丧失后采取的必经措施,而只是一种暂时的预防措施,最终要通过申请公示催告或提起普通诉讼来补救票据权利。

(2)公示催告,是指在票据丧失后由失票人向人民法院提出申请,请求人民法院以公告方式通知不确定的利害关系人限期申报权利,逾期未申报者,则权利失效,而由法院通过除权判决宣告所丧失的票据无效的一种制度或程序。根据《票据法》的规定,失票人应当在通知挂失止付后的3日内,也可以在票据丧失后,依法向票据支付地人民法院申请公示催告,或者向人民法院提起诉讼。人民法院决定受理申请,应当同时通知支付人停止支付,并在3日内发出公告,催促利害关系人申报权利。公示催告的期间,由人民法院根据情况决定,但不得少于60日。申请公示催告的主体必须是可以背书转让的票据的最后持票人,失票人不知道票据的下落,利害关系人也不明确。

(3) 普通诉讼,是指以失票人为原告,以承兑人或者出票人为被告,请求人民法院判令付款人向失票人付款的诉讼活动。

二、支票

(一) 支票的概念及适用范围

支票是指出票人签发的、委托办理支票存款业务的银行或其他金融机构在见票时无条件支付确定的金额给收款人或持票人的票据。

支票的基本当事人包括出票人、付款人和收款人。支票的出票人为在经中国人民银行当地分支行批准办理支票业务的银行机构开立可以使用支票的存款账户的单位和个人。付款人是出票人的开户银行;持票人是票据上填明的收款人,也可以是经背书转让后的被背书人。

单位和个人的各种款项结算,均可以使用支票。支票可以在全国范围内互通使用。

支票与汇票和本票相比,有三个特点:

(1) 以银行等金融机构作为付款人。
(2) 见票即付。
(3) 支票可以背书转让,但用于支取现金的支票不能背书转让。

(二) 支票的种类

《票据法》按照支付票款方式,将支票分为普通支票、现金支票和转账支票。

(1) 普通支票。支票上未印有"现金"或"转账"字样的为普通支票,普通支票既可以用于支取现金,也可以用于转账。在普通支票左上角划两条平行线的,为划线支票,划线支票只能用于转账,不得支取现金。

(2) 现金支票。支票上印有"现金"字样的为现金支票,现金支票只能用于支取现金,不能用于转账。

(3) 转账支票。支票上印有"转账"字样的为转账支票,转账支票只能用于转账,不能支取现金。

(三) 支票的出票

1. 出票的概念

支票的出票是指出票人委托银行无条件向持票人支付一定金额的票据行为。简言之,签发支票并交付的行为即为出票。

2. 支票的记载事项

1) 支票的绝对记载事项

签发支票必须记载下列事项：

(1) 表明"支票"的字样。

(2) 无条件支付的委托。这是支票的支付文句，我国现行使用的支票记载支付的文句，一般是支票上已印好的"上列款项请从我账户内支付"的字样。

(3) 确定的金额。

(4) 付款人名称。

(5) 出票日期。

(6) 出票人签章。

为了发挥支票灵活便利的特点，《票据法》规定了支票的金额和收款人名称两个记载事项可以由出票人授权补记，未补记之前不得背书转让和提示付款。

2) 支票的相对记载事项

支票的相对记载事项包括两项内容：

(1) 付款地。支票上未记载付款地的，付款人的营业场所为付款地。

(2) 出票地。支票上未记载出票地的，出票人的营业场所、住所或者经常居住地为出票地。

此外，支票上可以记载非法定记载事项，但此事项并不发生支票上的效力。

3. 出票的效力

出票人作成支票并交付之后，对出票人产生相应的法律效力。出票人必须按照签发的支票金额承担保证向该持票人付款的责任。这一责任包括两项：一是出票人必须在付款人处存有足够可处分的资金，以保证支票票款的支付；二是当付款人对支票拒绝付款或者超过支票付款提示期限的，出票人应向持票人承担付款责任。

（四）支票的付款

《票据法》规定，支票限于见票即付，不得另行记载付款日期。另行记载付款日期的，该记载无效。

案例分析 14

1. 提示付款期限

支票为见票即付的票据，但是为了防止持票人久不提示支票，给出票人在管理上造成不便，以及防止空头支票的出现，《票据法》规定了持票人的提示期间。支票的持票人应当自出票日起 10 日内提示付款；异地使用的支票，其提示付款的期限由中国人民银行另行规定。

超过提示付款期限的，付款人可以不予付款；付款人不予付款的，出票人仍应当对持票人承担票据责任。持票人超过提示付款期限的，并不丧失对出票人的追索权，出票人仍应当对持票人承担支付票款的责任。

2. 付款责任

持票人在提示期间内向付款人提示票据，付款人在对支票进行审查之后，如未发现有不符规定之处，即应向持票人付款。出票人在付款人处的存款足以支付支票金额时，付款人应当在当日足额付款。

3. 付款责任的解除

付款人依法支付支票金额的,对出票人不再承担受委托付款的责任,对持票人不再承担付款的责任。但是,付款人以恶意或有重大过失付款的除外。此处所指的恶意或有重大过失付款,是指付款人在收到持票人提示的支票时,明知持票人不是真正的票据权利人,支票的背书及其他签章系属伪造,或者付款人不按照正常的操作程序审查票据等情形。在此情况下,付款人不能解除付款责任,由此造成损失的,由付款人承担赔偿责任。

(五) 支票的办理要求

1. 签发支票的要求

(1) 签发支票应使用碳素墨水或墨汁填写,中国人民银行另有规定的除外。

(2) 签发现金支票和用于支取现金的普通支票,必须符合国家现金管理的规定。

(3) 支票的出票人签发支票的金额不得超过付款时在付款人处实有的存款金额。禁止签发空头支票。

(4) 支票的出票人预留银行签章是银行审核支票付款的依据。银行也可以与出票人约定使用支付密码,作为银行审核支付支票金额的条件。

(5) 出票人不得签发与其预留银行签章不符的支票;使用支付密码的,出票人不得签发支付密码错误的支票。

(6) 出票人签发空头支票、签章与预留银行签章不符的支票,不以骗取财物为目的的,银行应予以退票,并按票面金额处以 5% 但不低于 1 000 元的罚款;持票人有权要求出票人赔偿支票金额 2% 的赔偿金。对屡次签发的,银行应停止其签发支票。

2. 兑付支票的要求

(1) 持票人可以委托开户银行收款或直接向付款人提示付款。用于支取现金的支票仅限于收款人向付款人提示付款。

(2) 持票人委托开户银行收款时,应作委托收款背书,在支票背面背书人签章栏签章,记载"委托收款"字样、背书日期,在被背书人栏记载开户银行名称,并将支票和填制的进账单送交开户银行。

(3) 持票人持用于转账的支票向付款人提示付款时,应在支票背面背书人签章栏签章,并将支票和填制的进账单送交出票人开户银行。

收款人持用于支取现金的支票向付款人提示付款时,应在支票背面"收款人签章"处签章,持票人为个人的,还需交验本人身份证件,并在支票背面注明证件名称、号码及发证机关。

三、商业汇票

汇票是出票人签发的、委托付款人在见票时或者指定日期无条件支付确定的金额给收款人或者持票人的票据。汇票通常可以按以下标准进行划分:

(1) 根据出票人的不同,汇票可以分为银行汇票和商业汇票。银行汇票是指银行签发的汇票;商业汇票则是银行之外的企事业单位、机关、团体等签发的汇票。

(2) 根据付款期限的不同,汇票可分为即期汇票和远期汇票。银行汇票是即期汇票;商业汇票是远期汇票。

(一) 商业汇票的概念和种类

商业汇票是出票人签发的,委托付款人在指定日期无条件支付确定的金额给收款人或持票人的票据。商业汇票的付款期限,最长不得超过 6 个月。

商业汇票按承兑人不同,分为商业承兑汇票和银行承兑汇票。商业承兑汇票由银行以外的付款人承兑;银行承兑汇票由银行承兑。商业汇票的付款人为承兑人。

(二) 商业汇票的出票

1. 商业汇票的出票人

(1) 商业承兑汇票的出票人必须具备下列条件:①为在银行开立存款账户的法人及其他组织;②与付款人具有真实的委托付款关系;③具有支付汇票金额的可靠资金来源。

(2) 银行承兑汇票的出票人必须具备下列条件:①在承兑银行开立存款账户的法人及其他组织;②与承兑银行具有真实的委托付款关系;③资信状况良好,具有支付汇票金额的可靠资金来源。

在银行开立存款账户的法人及其他组织之间具有真实的交易关系或债权债务关系的款项结算,才能使用商业汇票。个人不能使用商业汇票。

出票人不得签发无对价的商业汇票,用以骗取银行或其他票据当事人的资金。银行承兑汇票的出票人于汇票到期日未能足额交存票款时,承兑银行除凭票向持票人无条件付款外,对出票人尚未支付的汇票金额按照每天5‰的利率计收利息。

2. 商业汇票的记载事项

(1) 商业汇票的绝对记载事项包括:①表明"商业承兑汇票"或"银行承兑汇票"的字样;②无条件支付的委托;③确定的金额;④付款人的名称;⑤收款人名称;⑥出票日期;⑦出票人签章。签发商业汇票必须记载上述事项,欠缺记载上述事项之一的,商业汇票无效。

(2) 商业汇票的相对记载事项是商业汇票上应记载的内容,《票据法》规定,汇票上记载付款日期、付款地、出票地等事项的,应当清楚、明确。但是,相对记载事项未在汇票上记载的,并不影响汇票本身的效力,汇票仍然有效,未记载的事项可以通过法律的直接规定来推定:①汇票上未记载付款日期的,为见票即付;②汇票上未记载付款地的,付款人的营业场所、住所或者经常居住地为付款地;③汇票上未记载出票地的,出票人的营业场所、住所或者经常居住地为出票地。

此外,汇票上可以记载非法定记载事项,但这些事项不具有汇票上的效力。

3. 商业汇票出票的效力

出票是以创设票据权利为目的的票据行为,因此,出票人依照《票据法》完成出票行为后,即产生票据上的效力。这一效力表现为创设票据权利和引起票据债务的发生,这种权利与义务因汇票当事人地位的不同而不相同。

（1）对收款人的效力。收款人取得汇票后,即取得票据权利,一方面,就票据金额享有付款请求权;另一方面,在该请求权不能满足时,即享有追索权。同时,收款人享有依法转让票据的权利。

（2）对付款人的效力。出票行为是单方行为,付款人并不因此而有付款义务。只是基于出票人的付款委托使其具有承兑人的地位,在其对汇票进行承兑后,即成为汇票上的主债务人。

（3）对出票人的效力。出票人签发汇票后,即承担保证该汇票承兑和付款的责任。出票人在汇票得不到承兑或者付款时,应当向持票人清偿法律规定的金额和费用。也就是说,收款人在向付款人行使票据权利而得不到满足时,出票人必须就此承担票据责任。从法律上讲,该责任是一种担保责任,即担保汇票的承兑和付款。担保汇票的承兑是指汇票到期日前不获承兑时,收款人或持票人可以请求出票人偿还票据金额、利息和有关费用。担保汇票的付款是指汇票到期时,付款人虽已承兑但拒绝付款的,出票人必须承担清偿责任。

（三）商业汇票的承兑

承兑是指汇票的付款人承诺在汇票到期日支付票面金额的行为。承兑是商业汇票特有的制度,本票和支票都没有承兑。汇票是一种出票人委托他人付款的委付证券,但是出票人的出票行为完成之后,由于其是一种单方法律行为,故对付款人并不因此而产生约束力,只有在付款人表示愿意向收款人或持票人支付汇票金额后,持票人才可于汇票到期日向付款人行使付款请求权,承兑就是这样一种明确付款人的付款责任,确定持票人票据权利的制度。商业承兑汇票可以由付款人签发并承兑,也可以由收款人签发交由付款人承兑。银行承兑汇票应由承兑银行开立存款账户的存款人签发。

1. 承兑的程序

承兑的程序主要包括两个方面:一是提示承兑;二是承兑成立。

1）提示承兑

提示承兑是指持票人向付款人出示汇票,并要求付款人承诺付款的行为。因汇票付款日期的形式不同,提示承兑的期限也有所不同。

（1）定日付款或出票后定期付款的商业汇票,持票人应当在汇票到期日前向付款人提示承兑。上述两类汇票的提示承兑期限实际是指从出票人出票日起至汇票到期日止,在此期间,持票人应当向付款人提示承兑,否则,则丧失对其前手的追索权。

（2）见票后定期付款的汇票,持票人应当自出票日起1个月内向付款人提示承兑。见票后定期付款汇票的付款日期,是以见票日为起算日期来确定的。汇票不经提示承兑,就无法确定见票日,也就无法确定付款日期,从而持票人便无法行使票据权利,因此,该种汇票属于必须提示承兑的汇票。汇票持票人未按照规定期限提示承兑的,持票人丧失对其前手的追索权。

（3）见票即付汇票无须提示承兑。这种汇票主要包括两种:一是汇票上明确记载"见票即付"的汇票;二是汇票上没有记载付款日期,根据法律规定直接视为见票即付的汇票。

2）承兑成立

（1）承兑时间。付款人对向其提示承兑的汇票，应当自收到提示承兑的汇票之日起 3 日内承兑或者拒绝承兑。一般来说，如果付款人在 3 日内不作承兑与否表示的，则应视为拒绝承兑。持票人可请求其作出拒绝承兑证明，向其前手行使追索权。

（2）接受承兑。付款人收到持票人提示承兑的汇票时，应当向持票人签发收到汇票的回单。回单上应当记明汇票提示的承兑日期并签章。这个手续办理完毕，则意味着接受承兑。

（3）承兑格式。付款人承兑汇票的，应当在汇票正面记载"承兑"字样和承兑日期并签章；见票后定期付款的汇票，应当在承兑时记载付款日期。汇票上未记载承兑日期的，以 3 日承兑期的最后 1 日为承兑日期。这就要求，付款人办理承兑手续时，应在汇票上记载承兑的事项，包括承兑文句、承兑日期、承兑人签章。在这三个记载事项中，承兑文句和承兑人签章是绝对记载事项，缺一不可，否则承兑行为无效；而承兑日期属于相对记载事项，如欠缺不影响承兑行为之效力，推定为以付款人 3 日的承兑考虑时间的最后 1 日为承兑日期。上列应记载事项必须记载于汇票的正面，而不能记载于汇票的背面或粘单上，当然更不能以口头形式或电报、传真等书面方式来表示。在实务中，上列应记载事项一般已全部印在正式的标准格式上，因而只需付款人填写即可。

（4）退回已承兑的汇票。付款人依承兑格式填写完毕应记载事项后，并不意味着承兑生效，只有当其将已承兑汇票退回持票人时才产生承兑的效力。

2. 承兑的效力

承兑生效后，即对付款人产生相应的效力。付款人承兑汇票后，应当承担到期付款的责任。这一到期付款的责任是一种绝对责任，主要表现在：①承兑人于汇票到期日必须向持票人无条件地支付汇票上的金额，否则其必须承担迟延付款责任；②承兑人必须对汇票上的一切权利人承担责任，该权利人包括付款请求权利人和追索权利人；③承兑人不得以其与出票人之间的资金关系来对抗持票人，拒绝支付汇票金额；④承兑人的票据责任不因持票人未在法定期限提示付款而解除。

3. 承兑不得附有条件

付款承兑商业汇票，不得附有条件；承兑附有条件的，视为拒绝承兑，持票人可请求其作出拒绝承兑的证明，向其前手行使追索权。

银行承兑汇票的承兑银行，应按票面金额的一定比例向出票人收取手续费，银行承兑汇票手续费为市场调节价。

（四）商业汇票的付款

商业汇票的付款是指付款人依据票据文义支付票据金额，以消灭票据关系的行为。商业汇票的付款人为承兑人，其付款地为承兑人所在地。

商业汇票的付款期限，最长不得超过 6 个月。定日付款的汇票付款期限自出票日起计算，并在汇票上记载具体的到期日；出票后定期付款的汇票付款期限自出票日起按月计算并在汇票上记载;见票后定期付款的汇票付款期限自承兑或拒绝承兑日起按月计算,并在汇票上记载。

1. 付款的提示

付款提示是指持票人向付款人或承兑人出示票据,请求付款的行为。持票人只有在法定期限内为付款提示的,才产生法律效力。

《票据法》规定,持票人应当按照下列法定期限提示付款:①见票即付的汇票,自出票日起1个月内向付款人提示付款;②定日付款、出票后定期付款或者见票后定期付款的汇票,自到期日起10日内向承兑人提示付款。

持票人应在提示付款期限内向开户银行委托收款或直接向付款人提示付款。持票人未按照前款规定期限提示付款的,在作出说明后,承兑人或者付款人仍应当继续对持票人承担付款责任。

2. 支付票款

支付票款是指持票人向付款人或承兑人进行付款提示后,付款人无条件地在当日按票据金额足额支付给持票人的行为。如果付款人或承兑人不能当日足额支付票款的,应承担迟延付款的责任。

在支付票款的过程中,持票人必须向付款人履行一定的手续。持票人获得付款的,应当在汇票上签收,并将汇票交给付款人。持票人委托银行收款的,受委托的银行将代收的汇票金额转账收入持票人账户,视同签收。持票人委托的收款银行的责任,限于按照汇票上记载事项将汇票金额转入持票人账户。付款人及其代理付款人付款时,应当审查汇票背书的连续,并审查提示付款人的合法身份证明或者有效证件。付款人及其代理付款人以恶意或者有重大过失付款的,应当自行承担责任。对定日付款、出票后定期付款或者见票后定期付款的汇票,付款人在到期日前付款的,由付款人自行承担所产生的责任。汇票金额为外币的,按照付款日的市场汇价,以人民币支付。汇票当事人对汇票支付的货币种类另有约定的,从其约定。

3. 付款的效力

根据《票据法》规定,付款人依法足额付款后,全体汇票债务人的责任解除。但是,如果付款人存在瑕疵,即未尽审查义务而对不符合法定形式的票据付款,或者存在恶意或重大过失而付款的,付款人的义务不能免除,其他债务人也不能免除责任。

案例分析15

(五)商业汇票的背书

商业汇票的背书是指以转让商业汇票的权利或者将一定的商业汇票权利授予他人行使为目的,按照法律规定在票据背面或粘单上记载有关事项并签章的票据行为。背书按照目的不同分为转让背书和非转让背书。转让背书是以持票人将票据权利转让给他人为目的;非转让背书是将一定的票据权利授予他人行使。

1. 背书形式

背书是一种要式行为,因此必须符合法定的形式,即其必须作成背书并交付,才能有效成立。背书应记载的事项包括以下内容:

(1)背书签章和背书日期的记载。背书由背书人签章并记载背书日期。背书未记载日期的，视为在汇票到期日前背书。背书人签章属于绝对记载事项，如不记载，则背书行为无效。

（2）被背书人名称的记载。汇票以背书转让或者以背书将一定的汇票权利授予他人行使时，必须记载被背书人名称。如果背书人未记载被背书人名称便将票据交付他人的，持票人在票据被背书人栏内记载自己的名称与背书人记载具有同等法律效力。

（3）禁止背书的记载。出票人在汇票上记载"不得转让"字样的，汇票不得转让。如果收款人或持票人将出票人作禁止背书的汇票转让的，该转让不发生票据法上的效力，出票人和承兑人对受让人不承担票据责任。

背书人在汇票上记载"不得转让"字样，其后手再背书转让的，原背书人对后手的被背书人不承担保证责任。这是指背书人之后手将记载有禁止背书的汇票转让，原背书人对依次取得汇票的一切当事人，包括以后的被背书人、背书人、最后持票人等，将不承担票据责任，其只对直接的被背书人承担责任。

（4）背书时粘单的使用。票据凭证不能满足背书人记载事项的需要，可以加附粘单，黏附于票据凭证上。第一位使用粘单的背书人必须将粘单黏接在票据上，并且在汇票和粘单的黏接处签章，否则该粘单记载的内容即为无效。

（5）背书不得记载的内容。背书不得记载的内容有两项：一是附有条件的背书；二是部分背书。背书不得附有条件，背书附有条件的，所附条件不具有汇票上的效力；部分背书是指背书人在背书时，将汇票金额的一部分或者将汇票金额分别转让给两人以上的背书。将汇票金额的一部分转让的背书或将汇票金额分别转让给两人以上的背书都是无效的。

2. 背书连续

背书连续是指在票据转让中，转让汇票的背书人与受让汇票的被背书人在汇票上的签章依次前后衔接。如果背书不连续的，付款人可以拒绝向持票人付款，否则付款人自行承担责任。

背书连续主要是指背书形式上的连续，如果背书在实质上不连续，如有伪造签章等，付款人仍应对持票人付款。但是，如果付款人明知持票人不是真正的票据权利人，则不得向持票人付款，否则应自行承担责任。如果非经背书转让，而以其他合法方法取得汇票，如因税收、继承、赠与等方式取得票据的，只要取得票据的人依法举证，表明其合法取得票据的，证明其汇票权利，就能享有票据权利。

3. 法定禁止背书

法定禁止背书是指根据《票据法》的规定而禁止背书转让的情形。根据《票据法》的规定，法定禁止背书的情形有三种：

（1）被拒绝承兑的汇票。
（2）被拒绝付款的汇票。
（3）超过付款提示期限的汇票。

由于法律规定在某些情况下，汇票不得背书转让，因此，如果背书人将此类汇票以背书方式转让的，应当承担法律责任。

4. 背书的效力

背书人以背书转让汇票后，便承担保证其后手所持汇票承兑和付款的责任。背书人在汇票得不到承兑或者付款时，应当向持票人清偿《票据法》规定的汇票金额、利息和费用。

（六）商业汇票的保证

票据保证是指票据债务人以外的第三人，以担保特定债务人履行票据债务为目的，而在票据上所为的一种附属票据行为。保证的作用在于加强持票人票据权利的实现，确保票据付款义务的履行，促进票据流通。

1. 保证的当事人

保证的当事人为保证人与被保证人。保证人是指票据债务人以外的，为票据债务的履行提供担保而参与票据关系中的第三人。已成为票据债务人的，不得再充当票据上的保证人。

2. 保证的格式

办理保证手续时，保证人必须在汇票或粘单上记载下列事项：

（1）表明"保证"的字样。
（2）保证人的名称和住所。
（3）被保证人的名称。
（4）保证日期。
（5）保证人签章。

其中，保证文句和保证人签章两项是绝对记载事项，被保证人的名称、保证日期和保证人的名称和住所是相对记载事项。未记载被保证人名称的，已承兑的汇票，承兑人为被保证人；未承兑的汇票，出票人为被保证人。未记载保证日期的，出票日期为保证日期。未记载保证人住所的，保证人的营业场所或者住所为保证人住所。

保证不得附有条件；附有条件的，不影响对汇票的保证责任。这表明，保证是无条件的，如果保证附有条件的，所附条件无效，保证本身仍然具有效力，保证人应向持票人承担保证责任。

3. 保证的效力

（1）保证人的责任。《票据法》规定："保证人对合法取得汇票的持票人所享有的汇票权利，承担保证责任。但是，被保证人的债务因汇票记载事项欠缺而无效的除外。"这表明，被保证的汇票，保证人应当与被保证人对持票人承担连带责任。汇票到期后得不到付款的，持票人有权向保证人请求付款，保证人应当足额付款。

（2）共同保证人的责任。共同保证是指保证人为两人以上的保证。《票据法》规定："保证人为两人以上的，保证人之间承担连带责任。"根据这一规定，在共同保证的情况下，持票人可以不分先后向保证人中的一人或者数人或者全体就全部票据金额及有关费用行使票据权利，共同保证人不得拒绝。

（3）保证人的追索权。保证人清偿汇票债务后，可以行使持票人对被保证人及其前手的追索权。

四、银行汇票

(一)银行汇票的概念和适用范围

银行汇票是出票银行签发的,由其在见票时按照实际结算金额无条件支付给收款人或者持票人的票据。单位和个人在同城、异地或同一票据交换区域的各种款项结算,均可使用银行汇票。银行汇票可以用于转账,填明"现金"字样的银行汇票也可以用于支取现金。

银行汇票一式四联:第一联为银行汇票(卡片),在承兑行支付票款时用作付出传票;第二联为银行汇票,与第三联银行汇票(解讫通知)一并由汇款人自带,在兑付行兑付汇票后此联作联行往来账付出传票;第三联为银行汇票(解讫通知),在兑付行兑付后随报单寄到签发行,由签发行作余款收入传票;第四联为银行汇票(多余款收账通知),并在签发行结清后交汇款人。

(二)银行汇票的记载事项

1. 银行汇票的绝对记载事项

根据《支付结算办法》规定,签发银行汇票必须记载下列事项,如果欠缺记载,银行汇票无效:①表明"银行汇票"的字样;②无条件支付的承诺;③出票金额;④付款人名称;⑤收款人名称;⑥出票日期;⑦出票人签章。

注意

在实践中,银行汇票记载的金额有汇票金额和实际结算金额。汇票金额是指出票时汇票上应该记载的确定金额;实际结算金额是指不超过汇票金额,而另外记载的具体结算的金额。汇票上记载有实际结算金额的,以实际结算金额为汇票金额。实际结算金额只能小于或等于汇票金额,未填明实际结算金额和多余金额或实际结算金额超过出票金额的,银行不予受理。

2. 银行汇票的相对记载事项

银行汇票的相对记载事项如下:①汇票上未记载付款日期的,为见票即付;②汇票上未记载付款地的,付款人的营业场所、住所或者经常居住地为付款地;③汇票上未记载出票地的,出票人的营业场所、住所或者经常居住地为出票地。

(三)银行汇票的基本规定

(1)银行汇票可以用于转账,填明"现金"字样的银行汇票也可以提取现金。

(2)银行汇票的付款人为银行汇票的出票银行,银行汇票的付款地为代理付款人或出票人所在地。

(3)银行汇票的出票人在票据上的签章,应为经中国人民银行批准使用的该银行汇票专用章加其法定代表人或其授权代理人的签名或者盖章。

(4)银行汇票属见票即付的汇票,自出票日起1个月内向付款人提示付款。持票人超过付款期限提示付款的,代理付款人不予受理。

(5) 银行汇票可以背书转让,但填明"现金"字样的银行汇票不得背书转让。银行汇票的背书转让以不超过出票金额的实际结算金额为准。未填写实际结算金额或实际结算金额超过出票金额的银行汇票不得背书转让。

(6) 填明"现金"字样和代理付款人的银行汇票丧失,可以由失票人通知付款人或者代理付款人挂失止付。

(7) 银行汇票丧失,失票人可以凭人民法院出具的其享有票据权利的证明,向出票银行请求付款或退款。

(四) 申办银行汇票的基本程序和规定

银行汇票申办时需要注意以下几点:

(1) 申请人使用银行汇票,应向出票银行填写"银行汇票申请书",填明收款人名称、汇票金额、申请人名称、申请日期等事项并签章,其签章为预留银行的印鉴。申请人或收款人为单位的,不得在"银行汇票申请书"上填明"现金"字样。

案例分析16

(2) 出票银行受理银行汇票申请书,收妥款项后签发银行汇票,并用压数机压印出票金额,将银行汇票和解讫通知一并交给申请人。

(3) 签发转账银行汇票,不得填写代理付款人名称,但由中国人民银行代理兑付银行汇票的商业银行,向设有分支机构地区签发转账银行汇票的除外;申请人或收款人为单位的,银行不得为其签发现金银行汇票。

(4) 申请人应将银行汇票和解讫通知一并交付给汇票上记明的收款人。

(5) 银行汇票的实际结算金额低于出票金额的,其多余金额由出票银行退交申请人。

(6) 申请人因银行汇票超过付款提示期限或其他原因要求退款时,应将银行汇票和解讫通知同时提交到出票银行,并提供本人身份证件或单位证明。申请人缺少解讫通知要求退款的,出票银行应于银行汇票提示付款期满1个月后办理。

(五) 兑付银行汇票的基本程序和规定

银行汇票兑付时需要注意以下几点:

(1) 收款人受理银行汇票时,应审查下列事项:①银行汇票和解讫通知是否齐全,汇票号码和记载的内容是否一致;②收款人是否确为本单位或本人;③银行汇票是否在提示付款期限内;④必须记载的事项是否齐全;⑤出票人签章是否符合规定,是否有压数机压印的出票金额,并与大写出票金额一致;⑥出票金额、出票日期、收款人名称是否更改,更改的其他记载事项是否有原记载人签章证明。被背书人受理银行汇票时,除审查上述收款人应审查的事项外,还应审查银行汇票是否记载实际结算金额、有无更改、其金额是否超过出票金额;背书是否连续,背书人签章是否符合规定,背书使用的粘单是否按规定签章;背书人为个人的,应验证其个人身份证件。

(2) 收款人对申请人交付的银行汇票审查无误后,应在出票金额以内,根据实际需要的款项办理结算,并将实际结算金额和多余金额准确、清晰地填入银行汇票和解讫通知的有关栏内。未填明实际结算金额和多余金额或实际结算金额超过出票金额的,银行不予受理。银行汇票的实际结算金额不得更改,更改实际结算金额的银行汇票无效。

(3) 持票人向银行提示付款时,必须同时提交银行汇票和解讫通知,缺少任何一联,银行不予受理。在银行开立存款账户的持票人向开户银行提示付款时,应在汇票背面"持票人向银行提示付款签章"处签章,签章须与预留银行签章相同,并将银行汇票和解讫通知、进账单送交开户银行。银行审查无误后办理转账。

(4) 持票人超过提示付款期限向代理付款银行提示付款不获付款的,必须在票据权利时效内向出票银行作出说明,并提供本人身份证件或单位证明,持银行汇票和解讫通知向出票银行请求付款。

五、银行本票

(一) 银行本票的概念

银行本票是银行签发的,承诺自己在见票时无条件支付确定的金额给收款人或者持票人的票据。我国票据法规定的本票是指银行本票。

(二) 银行本票的适用范围

单位和个人在同一票据交换区域需要支付各项款项,均可以使用银行本票。银行本票可以用于转账,注明"现金"字样的银行本票可以用于支取现金。申请人或收款人为单位的,不得申请签发现金银行本票。

(三) 银行本票的记载事项

(1) 签发银行本票必须记载下列事项:①表明"本票"的字样;②无条件支付的承诺;③确定的金额;④收款人名称;⑤出票日期;⑥出票人签章。欠缺记载上列六项内容之一的,银行本票无效。

(2) 银行本票的相对记载事项包括两项内容:①付款地。银行本票上未记载付款地的,出票人的营业场所为付款地;②出票地。银行本票上未记载出票地的,出票人的营业场所为出票地。

(四) 银行本票的提示付款期限

本票的提示付款期限自出票日起最长不得超过2个月。持票人超过期限提示付款的,代理付款人不予受理。

本票的持票人未按照规定期限提示见票的,丧失对出票人以外的前手的追索权。

第五节 银 行 卡

一、银行卡的概念与分类

(一) 银行卡的概念

银行卡是指经批准由商业银行向社会发行的,具有消费信用、转账结算、存取现金等全部或部分功能的信用支付工具。

(二) 银行卡的分类

1. 按照发行主体是否在境内,银行卡可分为境内卡和境外卡

境内卡是指由境内商业银行发行的,既可以在境内使用,又可以在境外使用的银行卡。境外卡是指由境外设立的外资金融机构或外资非金融机构发行的,可以在境内使用的银行卡。

2. 按照是否给予持卡人授信额度,银行卡可分为信用卡和借记卡

信用卡可以分为贷记卡和准贷记卡。贷记卡是指发卡银行给予持卡人一定的信用额度,持卡人可在信用额度内先消费后还款的信用卡;准贷记卡是指持卡人必须先按发卡银行要求交存一定金额备用金,当备用金余额不足支付时,可在发卡银行规定的信用额度内透支的信用卡。

3. 按照币种不同,银行卡可分为人民币卡、外币卡和双币种卡

人民币卡是指存款、信用额度均为人民币,并且应当以人民币偿还的银行卡。外币卡是指存款、信用额度均为外币,并且应当以外币偿还的银行卡。双币种卡是指存款、信用额度同时有人民币和外币两个账户的银行卡。

4. 按照信息载体的不同分为磁条卡和芯片卡

磁条卡是以液体磁性材料或磁条为信息载体,将液体磁性材料涂覆在卡片上(如存折)或将宽约 614 mm 的磁条压贴在卡片上(如常见的银联卡)。芯片卡容量大,其工作原理类似于微型计算机,能够同时具备多种功能。芯片卡又分为纯芯片卡和磁条芯片复合卡,现在正以其高安全性和多功能应用成为全球银行卡的发展趋势。

二、银行卡账户与交易

(一) 银行卡交易的基本规定

(1) 单位人民币卡可办理商品交易和劳务供应款项的结算,但不得透支。单位卡不得支取现金。

(2) 发卡银行应当依照法律规定遵守信用卡业务风险控制指标。同一持卡人单笔透支发生额个人卡不得超过 2 万元(含等值外币),单位卡不得超过 5 万元(含等值外币)。同一账户月透支余额个人卡不得超过 5 万元(含等值外币),单位卡不得超过发卡银行对该单位综合授信额度的 3%。无综合授信额度可参照的单位,其月透支余额不得超过 10 万元(含等值外币)。

(3) 持卡人透支消费享受免息还款期和最低还款额待遇的条件和标准等,由发卡机构自主确定。

(4) 发卡银行通过下列途径追偿透支款项和诈骗款项:①扣减持卡人保证金、依法处理抵押物和质押物;②向保证人追索透支款项;③通过司法机关的诉讼程序进行追偿。

（二）银行卡的资金来源

单位卡账户的资金，一律从其基本存款账户转账转入，不得交存现金，不得将销货收入的款项存入其账户。

个人卡账户的资金以其持有的现金存入和工资性款项以及属于个人的劳务报酬收入转账存入。严禁将单位的款项存入个人卡账户。

信用卡备用金存款利息，按照中国人民银行规定的活期存款利率及计息办法计算。

（三）银行卡的计息和收费

1. 计息

（1）发卡银行对准贷记卡及借记卡（不含储值卡）账户内的存款按照中国人民银行规定的同期同档次存款利率及计息办法计付利息。

（2）发卡银行对贷记卡账户的存款、储值卡（含IC卡的电子钱包）内的币值不计付利息。

（3）贷记卡持卡人非现金交易享受如下优惠条件：①免息还款期限。银行记账日至发卡银行规定的到期日之间为免息还款期。持卡人在到期还款日前偿还所使用的全部银行款项即可享受免息还款期待遇，无须支付非现金交易的利息。②最低还款额待遇。持卡人在到期日前偿还所使用的全部银行款项有困难的，可按发卡行规定的最低还款额还款。

贷记卡选择最低还款或超过批准的信用额度用卡，不得享受免息还款期待遇。贷记卡支取现金、准贷记卡透支，不享受免息还款期和最低还款额待遇。

（4）利率标准。对信用卡透支利率实行上限和下限管理，透支利率上限为日利率5‰，透支利率下限为日利率的5‰的0.7倍。

2. 收单服务费

收单服务费是指商业银行办理银行卡收单业务向商户收取结算手续费。收单机构收取的收单服务费实行市场调节价，由收单机构与商户协商确定具体费率。国家鼓励收单机构积极开展业务创新，根据商户需求提供个性化、差异化增值服务，并按照市场化原则，综合考虑双方合作需要和业务开展状况，与商户协商确定合理的服务收费。

3. 违约金和服务费用

对信用卡持卡人违约逾期未还款的行为，发卡机构应与持卡人通过协议约定是否收取违约金，以及相关收取方式和标准。发卡机构对向持卡人收取的违约金和年费、取现手续费、货币兑换费等服务费用不得计收利息。

4. 信用卡预借现金业务

信用卡预借现金业务包括现金提取、现金转账和现金充值。其中，现金提取是指持卡人通过柜面和自动柜员机（ATM）等自助机具，以现钞形式获得信用卡预借现金额度内资金；现金转账是指持卡人将信用卡预借现金额度内资金划转到本人银行结算账户；

现金充值是指持卡人将信用卡预借现金额度内资金划转到本人在非银行支付机构开立的支付账户。

5. 非本人授权交易的处理

持卡人提出伪卡交易和账户盗用等非本人授权交易时，发卡机构应及时引导持卡人留存证据，按照相关规则进行差错争议处理，并定期向持卡人反馈处理进度。

（四）银行卡的申领、注销和挂失

1. 银行卡的申领

凡在中国境内金融机构开立基本存款账户的单位均可申领单位卡。单位卡可申领若干张，持卡人资格由申领单位法定代表人或其委托的代理人书面指定和注销。

具有完全民事行为能力的公民可申领个人卡。个人卡的主卡人可为其配偶及年满18周岁的亲属申领附属卡，申领的附属卡最多不得超过2张。

单位或个人申领信用卡，应按规定填制申请表，连同有关资料一并送交发卡银行。符合条件并按银行要求交存一定金额的备用金后，银行为申领人开立信用卡存款账户，并发给信用卡。

发卡银行应当认真审查信用卡申请人的资信程度，并据此要求其提供担保，具体可采用保证、抵押或质押等方式。

2. 银行卡的注销

持卡人不需要继续使用信用卡时，应持信用卡主动到发卡银行办理销户。销户时单位卡账户余额转入其基本存款账户，不得提取现金。个人卡账户可以转账结清，也可以提取现金。持卡人透支之后，在还清透支本息后，在下列情况下，可以办理销户：

（1）信用卡有效期满45天后，持卡人不更换新卡的。
（2）信用卡挂失满45天后，没有附属卡又不更换新卡的。
（3）信用卡被列入止付名单，发卡银行已收回其信用卡45天的。
（4）持卡人死亡，发卡银行已收回其信用卡45天的。
（5）持卡人要求销户或担保人撤销担保，并已交回全部信用卡45天的。
（6）信用卡账户2年（含）以上未发生交易的。
（7）持卡人违反其他规定，发卡银行认为应该取消其资格的。

发卡机构调整信用卡利率标准的，应至少提前45天通知持卡人。持卡人有权在新利率标准生效之日前选择销户，并按照已签订的协议偿还相关款项。

3. 销户时，账户余额的处理

销户时，单位卡账户余额转入其基本存款账户，不得提取现金；个人卡账户可以转账结清，也可以提取现金。

4. 银行卡的挂失

持卡人丢失银行卡，应立即持本人身份证件或其他有效证明，并按规定提供有关说明，向发卡银行或代办银行申请挂失。

第六节　其他结算方式

一、汇兑

（一）汇兑的概念和分类

汇兑是汇款人委托银行将其款项支付给收款人的结算方式。汇兑分为信汇和电汇两种方式，由汇款人选择使用。信汇是汇款人向银行提出申请，同时交存一定金额及手续费，汇出行将信汇委托书以邮寄方式寄给汇入行，授权汇入行向收款人解付一定金额的一种汇兑结算方式。电汇是汇款人将一定款项交存汇款银行，汇款银行通过电报或电传传给目的地的分行或代理行（汇入行），指示汇入行向收款人支付一定金额的一种汇款方式。单位和个人各种款项的结算，均可使用汇兑结算方式。汇兑一般用于异地间的结算。

（二）办理汇兑的程序

1. 签发汇兑凭证

汇兑凭证上必须记载下列事项：

(1) 标明"信汇"和"电汇"的字样。
(2) 无条件支付的委托。
(3) 确定的金额。
(4) 收款人名称。
(5) 汇款人名称。
(6) 汇入地点、汇入行名称。
(7) 汇出地点与汇出行名称。
(8) 委托日期。
(9) 汇款人签章。

汇兑凭证上缺少上述任何一项记载，银行不予受理。汇兑凭证记载的汇款人与收款人名称，其在银行开立存款账户的，必须记载其账号，否则银行不予受理。委托日期是指汇款人向汇出银行提交汇兑凭证的当日。

汇款人和收款人均为个人，需要在汇入银行支取现金的，应在信汇、电汇凭证的"汇款金额"大写栏，先填写"现金"字样，后填写汇款金额。

2. 银行受理

对汇款人签发的汇兑凭证，汇出银行经审核无误后，应及时向汇入银行办理汇款，并向汇款人签发汇款回单。汇款回单只能用作汇出银行受理汇款的依据，不能作为该笔汇款已转入收款人账户的证明。

3. 汇入处理

汇入银行对开立存款账户的收款人，应将汇入款项直接转入收款人账户，并向其发出收账通知。收账通知是银行将款项确已收入收款人账户的凭据。

未在银行开立存款账户的收款人，凭信汇、电汇的取款通知向汇入银行支取款项，并须交验其本人身份证件，在信汇、电汇凭证上注明证件名称、号码及发证机关，在"收款人签章"处签章。银行审核无误后，以收款人的姓名开立应解汇款及临时存款账户，该账户只付不收，付完清户，不计利息。

（三）汇兑的撤销和退汇

1. 汇兑的撤销

汇款人可以对汇出银行尚未汇出的款项申请撤销。申请撤销时，应出具正式函件或本人身份证件及原信汇、电汇回单，汇出银行查明确未汇出款项的，收回原信汇、电汇回单后，方可办理撤销手续。

2. 汇兑的退汇

汇款人可以对汇出银行已经汇出的款项申请退汇。对在汇入银行开立存款账户的收款人，由汇款人与收款人自行联系退汇；对未在汇入银行开立存款账户的收款人，汇款人应出具正式函件或本人身份证件及原信汇、电汇回单，由汇出银行通知汇入银行，并经汇入银行核实汇款确未支付后，将款项汇回汇出银行，由汇出银行办理退汇。

汇入银行对于收款人拒绝接受的汇款，应即办理退汇。汇入银行对于向收款人发出的取款通知，经过 2 个月无法交付的汇款，应主动办理退汇。

二、委托收款

（一）委托收款的概念

委托收款是收款人委托银行向付款人收取款项的结算方式。根据委托收款结算款项的划回方式，分邮寄和电报两种，由收款人选用。

单位和个人凭已承兑商业汇票、债券、存单等付款人债务证明办理款项的结算，均可以使用委托收款结算方式。委托收款在同城、异地均可以使用，其结算款项的划回方式分为邮寄和电报两种，由收款人选用。邮寄是以邮寄方式由收款人开户银行向付款人开户银行转送委托收款凭证、提供收款依据的方式；电报则是以电报方式由收款人开户银行向付款人开户银行转送委托收款凭证，提供收款依据的方式。

（二）委托收款的记载事项

签发委托收款凭证必须记载下列事项：
(1) 表明"委托收款"的字样。
(2) 确定的金额。
(3) 付款人名称。
(4) 收款人名称。

(5) 委托收款凭证名称及附寄单证张数。
(6) 委托日期。
(7) 收款人签章。
欠缺记载上列事项之一的,银行不予受理。

(三) 委托收款的结算规定

以银行为付款人的,银行应在当日将款项主动支付给收款人;以单位为付款人的,银行通知付款人后,付款人应于接到通知当日书面通知银行付款。如果付款人未在接到通知日的次日起 3 日内通知银行付款的,视同付款人同意付款,银行应于付款人接到通知日的次日起第 4 日上午开始营业时,将款项划给收款人。银行在办理划拨时,付款人存款账户不足的,应通过被委托银行向收款人发出未付款项通知书。

(1) 付款人审查有关债务证明后,对收款人委托收取的款项需要拒绝付款的,有权提出拒绝付款。以银行为付款人的,应自收到委托收款及债务证明的次日起 3 日内出具拒绝证明,连同有关债务证明、凭证寄给被委托银行,转交收款人;以单位为付款人的,应在付款人接到通知日的次日起 3 日内出具拒绝证明,持有债务证明的,应将其送交开户银行。银行将拒绝证明、债务证明和有关凭证一并寄给被委托银行,转交收款人。

(2) 收款人收取公用事业费,必须具有收付双方事先签订的经济合同,由付款人向开户银行授权,并经开户银行同意,报经中国人民银行当地分支行批准,可以使用同城特约委托收款。

三、托收承付

(一) 托收承付的概念

托收承付是根据购销合同由收款人发货后委托银行向异地付款人收取款项,由付款人向银行承认付款的结算方式。

使用托收承付结算方式的收款单位和付款单位,必须是国有企业、供销合作社以及经营管理较好,并经开户银行审查同意的城乡集体所有制工业企业。

办理托收承付结算的款项,必须是商品交易,以及因商品交易而产生的劳务供应的款项。代销、寄销、赊销商品的款项,不得办理托收承付结算。

托收承付结算每笔的金额起点为 1 万元,新华书店系统每笔的金额起点为 1 000 元。

(二) 托收承付的结算规定

托收承付凭证的记载事项有:
(1) 表明"托收承付"的字样。

(2) 确定的金额。
(3) 付款人的名称和账号。
(4) 收款人的名称和账号。
(5) 付款人的开户银行名称。
(6) 收款人的开户银行名称。
(7) 托收附寄单证张数或册数。
(8) 合同名称、号码。
(9) 委托日期。
(10) 收款人签章。

收付双方使用托收承付结算方式必须签有符合法律规定的购销合同，并在合同上订明使用托收承付结算款项的划回方法，分为邮寄和电报，由收款人选用。

（三）托收承付的办理方法

1. 托收

收款人按照签订的购销合同发货后，委托银行办理托收。收款人应将托收凭证并附发运凭证或其他符合托收承付结算的有关证明和交易单证送交银行。收款人开户银行接到托收凭证及其附件后，应当按照托收的范围、条件和托收凭证记载的要求对其进行审查，必要时还应查验收、付款人签订的购销合同。

2. 承付

付款人开户银行收到托收凭证及其附件后，应当及时通知付款人。验单付款的承付期为3天，从付款人开户银行发出承付通知的次日算起（承付期内遇法定休假日顺延）。验货付款的承付期为10天，从运输部门向付款人发出提货通知的次日算起，付款人在承付期内，未向银行表示拒绝付款的，银行即视作承付，在承付期满的次日上午将款项划给收款人。

付款人在承付期满日银行营业终了时，如无足够资金支付，其不足部分，即为逾期未付款项，按逾期付款处理。

收付双方办理托收承付结算，必须重合同、守信用。收款人对同一付款人发货托收累计3次收不回货款的，收款人开户银行应暂停收款人向该付款人办理托收；付款人累计3次提出无理拒付的，付款人开户银行应暂停其向外办理托收。

四、国内信用证

（一）国内信用证的概念

国内信用证（简称信用证）是适用于国内贸易的一种支付结算方式，是开证银行依照申请人（购货方）的申请向受益人（销货方）开出的有一定金额、在一定期限内凭信用证规定的单据支付款项的书面承诺。

（二）国内信用证的结算方式

信用证结算适用于银行为国内企事业单位之间货物和服务贸易提供的信用证服

务,并且只能用于转账结算,不得支取现金。

(三)国内信用证的付款期限

付款期限是指开证行收到相符单据后,按信用证条款规定进行付款的期限。信用证按付款期限分为即期信用证和远期信用证。

即期信用证,开证行应在收到相符单据次日起 5 个营业日内付款。远期信用证,开证行应在收到相符单据次日起 5 个营业日内确认到期付款,并在到期日付款。远期的表示方式包括单据日后定期付款、见单后定期付款、固定日付款等可确定到期日的方式。信用证付款期限最长不超过 1 年。

(四)国内信用证办理的基本程序

1. 开证

开证行决定受理开证业务时,应向申请人收取不低于开证金额 20% 的保证金,并可根据申请人的资信情况要求其提供抵押、质押或由其他金融机构出具的保函。

2. 通知

通知行收到信用证审核无误后,应填制信用证通知书,连同信用证交付受益人。

3. 议付

议付是指信用证指定的议付行在单证相符条件下,扣除议付利息后向受益人给付对价的行为。议付行必须是开证行指定的受益人开户行。议付仅限于延期付款信用证。

议付行议付后,应将单据寄开证行索偿资金。议付行议付信用证后,对受益人具有追索权。到期不获付款的,议付行可从受益人账户收取议付金额。

4. 付款

开证行对议付行寄交的凭证、单据等审核无误后,对即期付款信用证,从申请人账户收取款项支付给受益人;对于延期付款信用证,应向议付行或受益人发出到期付款确认书,并于到期日从申请人账户收取款项支付给议付行或受益人。

申请人交存的保证金和其存款账户余额不足支付的,开证行仍应在规定的付款时间内进行付款。对不足支付的部分作逾期贷款处理。

第七节 网上支付

一、网上银行

(一)网上银行的概念与分类

网上银行包含两个层次的概念:一个层次是机构概念,是指通过信息网络开办业务的银行;另一个层次是业务概念,是指银行通过信息网络提供的金融服务,包括传统银行业务和因信息技术应用带来的新兴业务。在日常的生活和工作中,我们提及网上银行,更多的是第二层次的概念,即网上银行服务的概念。

简单地说,网上银行就是银行在互联网上设立虚拟银行柜台,使传统的银行服务不再通过物理的银行分支机构来实现,而是借助于网络与信息技术手段在互联网上实现。因此,网上银行也称网络银行,又称为"3A 银行",因其不受时间、空间的限制,能够在任何时间(Anytime)、任何地点(Anywhere)、以任何方式(Anyway)为客户提供金融服务。

按照不同的标准,网上银行可以分为不同的类型。

1. 按主要服务对象,分为企业网上银行和个人网上银行

企业网上银行主要适用于企事业单位,企事业单位可以通过企业网络银行实时了解财务运作情况,及时调度资金,轻松处理大批量的网络支付和工资发放业务,并可以处理与信用证相关的业务。个人网上银行主要适用于个人与家庭,个人可以通过个人网上银行实现实时查询、转账、网络支付和汇款功能。

2. 按经营组织,分为分支型网上银行和纯网上银行

分支型网上银行,是指现有的传统银行利用互联网作为新的服务手段,建立银行站点,提供在线服务而设立的网上银行。纯网上银行本身就是一家银行,是专门为提供在线银行服务而成立的,因而也称为只有一个站点的银行。

(二)网上银行的主要功能

目前,网上银行利用 Internet 和 HTML 技术,能够为客户提供综合、统一、安全、实时的银行服务,包括提供对私、对公的全方位银行业务,还可以为客户提供跨国的支付与清算等其他贸易和非贸易的银行业务服务。

1. 企业网上银行子系统

企业网上银行子系统目前能够支持所有的对公企业客户,能够为客户提供网上账务信息服务、资金划拨、B2B 网上支付和批量支付等服务,使集团公司总部能对其分支机构的财务活动进行实时监控,随时获得其账户的动态情况,同时还能为客户提供 B2B 网上支付。其主要业务功能如下:

(1)账户信息查询。该业务能够为企业客户提供账户信息的网上在线查询、网上下载和电子邮件发送账务信息等服务,包括账户的昨日余额、当前余额、当日明细和历史明细等。

(2)支付指令。该业务能够为客户提供集团、企业内部各分支机构之间的账务往来,同时也能提供集团、企业之间的账务往来,并且支持集团、企业向他行账户进行付款。

(3)B2B 网上支付。B2B(Business to Business)即商业机构之间的商业往来活动,是指企业与企业之间进行的电子商务活动。B2B 网上支付能够为客户提供网上 B2B 支付平台。

(4)批量支付。该业务能够为企业客户提供批量付款(包括同城、异地及跨行转账业务)、代发工资、一付多收等批量支付功能。企业客户负责按银行要求的格式生成数

据文件,通过安全通道传送给银行,银行负责系统安全及业务处理,并将处理结果反馈给客户。

2. 个人网上银行子系统

个人网上银行子系统主要提供银行卡、本外币活期一本通客户账务管理、信息管理、网上支付等功能,是网上银行对个人客户服务的窗口。其主要业务功能如下:

(1)账户信息查询。系统为客户提供信息查询功能,能够查询银行卡的人民币余额和活期一本通的不同币种的钞、汇余额;提供银行卡在一定时间段内的历史明细数据查询;下载包含银行卡、活期一本通一定时间段内的历史明细数据的文本文件;查询使用信用卡进行网上支付后的支付记录。

(2)人民币转账业务。系统能够提供个人客户本人的或与他人的银行卡之间的卡卡转账服务。系统在转账功能上严格控制了单笔转账最大限额和当日转账最大限额,使客户的资金安全有一定的保障。

(3)银证转账业务。银行卡客户在网上能够进行银证转账,可以实现银转证、证转银、查询证券资金余额等功能。

(4)外汇买卖业务。客户通过网上银行系统能够进行外汇买卖,主要可以实现外汇即时买卖、外汇委托买卖、查询委托明细、查询外汇买卖历史明细、撤销委托等功能。

(5)账户管理业务。系统提供客户对本人网上银行各种权限功能、客户信息的管理以及账户的挂失。

(6)B2C网上支付。B2C(Business to Customer)即商业机构对消费者的电子商务,是指企业与消费者之间进行的在线式零售商业活动(包括网上购物和网上拍卖等)。个人客户在申请开通网上支付功能后,能够使用本人的银行卡进行网上购物后的电子支付。通过账户管理功能,客户还能够随时选择使用哪一张银行卡来进行网上支付。

(三)网上银行的主要业务流程

1. 客户开户流程

客户开通网上银行有两种方式:一是客户前往银行柜台办理;二是客户先网上自助申请,后到柜台签约。

使用网上交易的用户申请证书的流程如下:

(1)客户使用浏览器通过Internet登录到网银中心的"申请服务器"(数据库)上,填写开户申请表,提交申请。

(2)网银中心将开户申请信息通过内部网以邮件形式发送到签约柜台。

(3)客户持有效身份证件和账户凭证到签约柜台办理签约手续。签约柜台核实客户有效证件及账户凭证的真实性,同时参照网银中心传来的客户开户申请,核实客户的签约账户申请信息。之后,将核实过的客户信息通过电子邮件、传真等方式返回给网银中心。

(4)网银中心根据签约柜台核实过的邮件(传真件),进行申请的初审和复审,并录入复审后的申请客户信息,为其生成证书申请,通过内部网以邮件方式发送到CA

(Certificate Authority)中心。

（5）CA中心为客户申请签发证书，并将证书放置到客户从 Internet 网上可以访问的目录服务器上，然后通知网银中心，网银中心通过邮件通知客户从指定地址下载 CA 证书。

（6）客户下载并安装证书后，即可进入网上银行系统，进行网上交易。

2. 网上银行的交易流程

网上银行的具体交易流程如下：

（1）网上银行客户使用浏览器通过 Internet 网转接到网银中心，并发出网上交易请求。

（2）网银中心接收、审核客户的交易请求，经过通信格式转换，然后将交易请求转发给相应成员行的业务主机。

（3）成员行业务主机完成交易处理，并返回处理结果给网银中心。

（4）网银中心对交易结果进行再处理后，返回相应的信息给客户。

二、第三方支付

（一）第三方支付的概念

从狭义上讲，第三方支付，是指具备一定实力和信誉保障的非银行机构，借助通信、计算机和信息安全技术，采用与各大银行签约的方式，在用户与银行支付结算系统间建立连接的电子支付模式。在手机端进行的互联网支付，又称为移动支付。通过这个平台实现资金在不同支付机构账户或银行账户间的划拨和转移。第三方支付的特点是独立于商户和银行，为客户提供支付结算服务，具有方便快捷、安全可靠、开放创新的优势。

从广义上讲，第三方支付在中国人民银行《非金融机构支付服务管理办法》中，是指非金融机构作为收、付款人的支付中介所提供的网络支付、预付卡发行与受理、银行卡收单以及中国人民银行确定的其他支付服务。这一定义让第三方支付不再只是互联网支付，而是成为一个集线上、线下于一体，提供移动支付、电话支付、预付卡支付于一体的综合支付服务工具。

就本质而言，第三方支付是一种新型的支付手段和方式，通过这种新型的模式将互联网技术与传统金融支付有机结合，是对传统银行支付模式的创新和整合。

（二）第三方支付的开户要求

（1）支付机构为个人开立支付账户的，同一个人在同一家支付机构只能开立一个Ⅲ类账户。

（2）支付机构为单位开立支付账户，应当依法要求单位提供相关证明文件，并自主或者委托合作机构以面对面方式核实客户身份，或者以非面对面方式通过至少 3 个合法安全的外部渠道对单位基本信息进行多重交叉验证。

（3）支付机构在为单位和个人开立支付账户时，应当与单位和个人签订协议，约定支付账户与支付账户、支付账户与银行账户之间的日累计转账限额和笔数,超出限额和笔数的,不得再办理转账业务。

(三) 第三方支付的种类

1. 线上支付方式

线上支付,是指通过互联网实现的用户和商户、商户和商户之间在线货币支付、资金清算、查询统计等过程。网上支付完成了使用者信息传递和资金转移的过程。广义的线上支付,包括直接使用网上银行进行的支付和通过第三方支付平台间接使用网上银行进行的支付。狭义的线上支付,仅指通过第三方支付平台实现的互联网在线支付,包括网上支付和移动支付中的远程支付。

2. 线下支付方式

线下支付区别于网上银行等线上支付,是指通过非互联网线上的方式对购买商品或服务所产生的费用进行的资金支付行为。其中,订单的产生可以通过互联网线上完成。新兴线下支付的具体表现形式,包括POS机刷卡支付、拉卡拉等自助终端支付、电话支付、手机近端支付、电视支付等。

(四) 第三方支付的行业分类和主流品牌

1. 行业分类

目前第三方支付机构主要有两类模式：

（1）金融型支付企业。金融型支付企业是以银联商务、快钱、易宝支付、汇付天下、拉卡拉等为典型代表的独立第三方支付模式,其不负有担保功能,仅仅为用户提供支付产品和支付系统解决方案,侧重行业需求和开拓行业应用,是立足于企业端的金融型支付企业。

（2）互联网支付企业。互联网支付企业是以支付宝、财付通等为典型代表的依托于自有的电子商务网站并提供担保功能的第三方支付模式,以在线支付为主,是立足于个人消费者端的互联网型支付企业。

2. 主流品牌

第三方支付机构是最近几年出现的新的支付清算组织,它是为银行业金融机构或其他机构及个人提供电子支付指令交换和计算的法人组织。目前,国内的第三方支付品牌,在支付市场互联网转接交易规模前三位的分别是支付宝、银联商务和财付通。

(五) 第三方支付交易流程

在第三方支付模式下,支付者必须在第三方支付机构平台上开立账户,向第三方支付机构平台提供银行卡信息或账户信息,在账户中"充值",通过支付平台将该账户中的虚拟资金划转到收款人的账户,完成支付行为。收款人可以在需要时将账户中的资金兑成实体的银行存款。第三方平台结算支付模式的资金划拨是在平台内部进行的,此时划拨的是虚拟的资金。真正的实体资金还需要通过实际支付层来完成。

本章小结

各单位涉及钱款往来的事项均会涉及结算。政府机关只有对结算进行有效的监督控制,才能确保各单位的相关业务合理合法。钱款的结算有多种方式,其中现金结算是常见的方式之一,也是最灵活便捷的方式,因此,结算法律制度对现金结算作出了比较严格的限制。除了现金结算,企业常见的结算方式有银行结算、票据结算、银行卡、其他结算方式。随着互联网技术的发展,网上支付越来越便捷,因此也成为常见的结算方式。

课后训练

一、单项选择题

1. 根据《人民币银行结算账户管理办法》的规定,下列事项中,存款人应向开户银行申请变更银行账户的是(　　)。
  A. 尚未清偿其开户银行债务的　　B. 存款人因迁址需要变更开户银行的
  C. 存款人迁址且不改变开户银行的　　D. 注销、被吊销营业执照的
2. 临时存款账户的有效期最长不得超过(　　)。
  A. 6个月　　B. 1年　　C. 2年　　D. 5年
3. 下列不得办理现金收付业务的账户是(　　)。
  A. 基本存款账户　　B. 临时存款账户
  C. 个人银行结算账户　　D. 单位银行卡账户
4. 出票银行签发的,由其在见票时按实际结算金额无条件支付给收款人或持票人的票据是(　　)。
  A. 商业汇票　　B. 银行汇票　　C. 银行本票　　D. 支票
5. 银行汇票的持票人向银行提示付款时,必须同时提交(　　),缺少任何一联,银行不予受理。
  A. 银行汇票和解讫通知　　B. 银行汇票和进账单
  C. 银行汇票和收账通知书　　D. 银行汇票和收款委托书
6. 下列不属于支票必须记载事项的是(　　)。
  A. 出票人签章　　B. 出票日期　　C. 付款人名称　　D. 付款地
7. 既可以用于转账,又可以支取现金的支票是(　　)。
  A. 现金支票　　B. 转账支票　　C. 普通支票　　D. 划线支票
8. 根据《票据法》的规定,支票的提示付款期限自出票日起(　　)。
  A. 3天　　B. 10天　　C. 1个月　　D. 2个月
9. 在我国,票据金额以中文大写和数字小写同时记载,两者不一致时(　　)。
  A. 票据无效　　B. 票据行为无效
  C. 以中文大写数字为准　　D. 以阿拉伯小写数字为准

10. 下列各项中,不符合票据和结算凭证填写要求的是(　　)。
A. 中文大写金额数字到"角"为止,在"角"之后没有写"整"字
B. 票据的出票日期使用阿拉伯数字填写
C. 阿拉伯小写金额数字前填写了人民币符号
D. "1月15日"出票的票据,票据的出票日期为"零壹月壹拾伍日"

11. 根据《人民币银行结算账户管理办法》的规定,企业对更新改造资金可以申请开立的银行账户是(　　)。
A. 基本存款账户　　　　　　　　B. 专用存款账户
C. 一般存款账户　　　　　　　　D. 临时存款账户

二、多项选择题

1. 支付结算是指单位和个人在社会经济活动中使用(　　)等方式进行货币给付及资金清算的行为。
A. 票据　　　B. 现金　　　C. 汇兑　　　D. 托收承付

2. 某单位财务人员张某签发现金支票3 000元到开户银行提款,在该现金支票上的签章为(　　)。
A. 预留银行的该单位财务专用章　　B. 经授权的财务人员张某的印章
C. 该单位会计机构负责人的印章　　D. 预留银行该单位法定代表人的印章

3. 下列有关银行汇票结算方式的表述中,符合《支付结算办法》规定的有(　　)。
A. 签发现金银行汇票,申请人和收款人都必须是个人
B. 实际结算金额超过票面金额的,票据无效
C. 银行汇票未记载付款日期、付款地的,票据无效
D. 银行汇票适用单位和个人在异地、同城的各种款项结算

4. 我国《票据法》所规定的票据包括(　　)。
A. 银行汇票　　B. 股票　　C. 商业汇票　　D. 支票

5. 出票银行签发银行汇票,除标明"银行汇票"的字样、无条件支付的承诺外,还必须记载(　　)。
A. 出票日期　　B. 付款日期　　C. 出票地　　D. 出票人签章

6. 根据《支付结算办法》的规定,(　　)为支付结算和资金清算的中介机构。
A. 银行　　　　　　　　　　　B. 城市信用合作社
C. 农村信用合作社　　　　　　D. 保险公司

7. 企业发生下列情况时,应向开户银行申请撤销银行结算账户的有(　　)。
A. 企业宣布破产　　　　　　　B. 企业被吊销营业执照
C. 企业迁址从苏州至上海　　　D. 投资者发生变更

8. 丧失票据的补救措施主要有(　　)。
A. 登报声明作废　　　　　　　B. 挂失止付
C. 公示催告　　　　　　　　　D. 提起诉讼

三、判断题

1. 对单位、个人在银行开设的银行结算账户的存款,银行不得为任何单位或个人

提供查询。（ ）

2. 汇票的出票人必须与付款人具有真实的委托付款关系，不得签发无对价的汇票用于骗取银行或其他票据当事人的资金。（ ）

3. 票据和结算凭证的金额必须以中文大写和阿拉伯数字同时记载，两者必须一致，否则以中文大写为准。（ ）

4. 个人银行储蓄账户既可以办理现金存取业务，也可以办理转账结算。（ ）

5. 因注册验资在银行开设临时存款账户的单位，若未获得市场监督管理部门核准登记的，在验资期满后，应向银行申请撤销该账户，其账户资金应退还给原汇款人账户。（ ）

6. 银行汇票未填明实际结算金额和多余金额或实际结算金额超出出票金额的，银行不予受理。银行汇票的实际结算金额不得更改，更改实际结算金额的银行汇票无效。（ ）

7. 票据上的签章和其他记载事项应当真实，不得伪造、变造。（ ）

8. 无论企业或个人在银行是否开立存款账户，均可通过银行办理支付结算。（ ）

9. 存款人因异地临时经营活动需要可以申请开立专用存款账户。（ ）

10. 单位和个人的各种款项结算，均可使用银行汇票。（ ）

11. 未填明实际结算金额和多余金额或实际结算金额超过票面金额的，银行不予受理。（ ）

第三章　税收法律制度

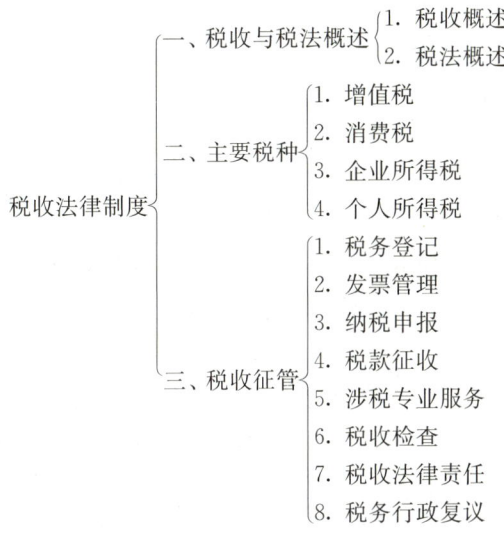

1. 了解税收的概念及其分类
2. 了解税法及其构成要素
3. 掌握增值税、消费税、企业所得税和个人所得税的相关原理及应纳税额的计算
4. 了解个人所得税专项附加扣除的具体规定
5. 熟悉税收征管的具体规定,包括税务登记管理、发票的要求、纳税申报及方式、税款征收方式等规定

第一节 税收与税法概述

一、税收概述

（一）税收的概念与作用

1. 税收的概念

税收是国家为了满足社会公共需要，凭借政治权力，按照国家法律规定，强制、无偿地取得财政收入的一种特定分配方式。

税收的概念包含以下含义：

（1）税收与国家存在直接联系，两者密不可分。税收是国家机器赖以生存并实现其职能的物质基础。

（2）税收是一个分配范畴，是国家参与并调节国民收入分配的一种手段，是国家财政收入的主要形式。

（3）税收是国家在征税过程中形成的一种特殊分配关系，即以国家为主体的分配关系，因而税收的性质取决于社会经济制度的性质。

2. 税收的作用

税收的作用是税收职能在一定经济条件下的外在表现。在不同的历史阶段，税收职能发挥着不同的作用。在现阶段，税收的作用主要表现在以下四个方面。

微课：税收助力中国芯

（1）税收是国家组织财政收入的主要形式。税收在保证和实现财政收入方面起着重要的作用。税收具有强制性、无偿性和固定性，因而能保证收入的稳定；同时，税收的征收十分广泛，能从多方面筹集财政收入。

（2）税收是国家调控经济运行的重要手段。国家通过税种的设置以及在税目、税率、加成征收或减免税等方面的规定，可以调节社会生产、交换、分配和消费，促进社会经济的健康发展。

（3）税收具有维护国家政权的作用。国家政权是税收产生和存在的必要条件，而国家政权的存在又依赖于税收的存在。没有税收，国家机器就不可能有效运转。同时，税收分配不是按照等价原则和所有权原则分配的，而是凭借政治权力对物质利益进行调节，体现国家支持什么、限制什么，从而达到维护和巩固国家政权的目的。

（4）税收是国际经济交往中维护国家利益的可靠保证。由于税收管辖权是国家主权的组成部分，是国家权益的重要体现，所以在对外交往中，税收还具有维护国家权益的重要作用。

（二）税收的特征

税收与其他财政收入形式相比，具有强制性、无偿性和固定性三个特征。这就是所谓的税收"三性"，它是税收本身所固有的。

1. 强制性

强制性是指国家以社会管理者的身份,凭借政治权力,通过颁布法律或法规,按照一定的征收标准进行强制征税。负有纳税义务的社会集团和社会成员,都必须遵守国家强制性的税收法律制度,依法纳税,否则就要受到法律制裁。

2. 无偿性

无偿性是指国家取得税收收入既不需偿还,也不需对纳税人付出任何对价。税收的无偿性特征是与税收是国家凭借政治权力进行收入分配的本质相关联的。它既不是凭借财产所有权取得的收入,也不像商品交换那样,需要用使用价值的转换或提供特定服务取得收入。

国家凭借政治权力强制征收的税收,既不需要向纳税人直接偿还,也不需要付出任何形式的直接报酬。税收的无偿性特征是区别于其他财政收入形式的最本质的特征:它既不同于国有资产收入或利润上缴,也不同于还本付息的国债,还区别于工商、交通等行政管理部门因服务社会而收取的各种形式的规费。税收的无偿性至关重要,体现了财政分配的本质,它是税收"三性"的核心。

3. 固定性

固定性是指国家征税以法律形式预先规定征税范围和征收比例,便于征纳双方共同遵守。税收的固定性既包括时间上的连续性,又包括征收比例的固定性。

税收是按照国家法律制度规定的标准征收的,在征税之前就以法律形式将课税对象、征收比例或数额等公布于众,然后按事先公布的标准征收。课税对象、征收比例或数额等制定公布后,在一定时期内保持稳定不变,未经严格的立法程序,任何单位和个人对征税标准都不得随意变更或修改,因此,税收是一种固定的连续性收入。

(三) 税收的分类

1. 按征税对象分类

税收按征税对象分类,可将全部税收划分为流转税类、所得税类、财产税类、资源税类和行为税类五种类型。

(1) 流转税类。流转税类是以商品生产流转额和非商品生产流转额为课税对象征收的税类。由此可见,流转税类所指的课税对象非常广泛,涉及的税种也很多。但流转税类都具有一个基本特点,即在生产经营及销售环节征收,收入不受成本费用变化的影响,而对价格变化较为敏感。我国现行税制中属于流转税类的税种主要有增值税、消费税和关税。

(2) 所得税类。所得税类也称收益税,是指以各种所得额为课税对象的税类。所得税类的特点是征税对象不是一般收入,而是总收入减去各种成本、费用及其他允许扣除项目以后的应纳税所得额;征税数额受成本、费用和利润高低的影响较大。我国现行税制中属于所得税类的税种有企业所得税和个人所得税。

(3) 财产税类。财产税类是以纳税人拥有的财产数量或财产价值为征税对象的税类。对财产的征税,更多地考虑到纳税人的负担能力,有利于公平税负和缓解财富分配不均的现象,有利于发展生产,限制消费和合理利用资源。这类税种的特点是税收负担与财产价值、数量关系密切,能体现量能负担、调节财富、合理分配的原则。我国现行税制中属于财产税类的税种有房产税、车船税等。

(4) 资源税类。资源税类是以自然资源和某些社会资源为征税对象的税类。资源税类的征收阻力小,其税源比较广泛,因而合理开征资源税,既有利于财政收入的稳定增长,也有利于合理开发和利用国家的自然资源和某些社会资源。这类税收的特点是税负高低与资源级差收益水平关系密切,征税范围的选择也比较灵活。我国现行税制中属于资源税类的税种有资源税、土地增值税和城镇土地使用税等。

(5) 行为税类。行为税类也称特定行为目的税类,它是国家为了实现某种特定的目的,以纳税人的某些特定行为为征税对象的税种。开征行为税类的主要目的在于国家根据一定时期的客观需要,限制某些特定的行为。这类税种的特点是征税的选择性较为明显,税种较多,并有着较强的时效性,有的还具有因时、因地制宜的特点。我国现行税制中属于行为税类的税种有印花税、城市维护建设税、车辆购置税等。

2. 按征收管理的分工体系分类

税收按照征收管理的分工体系分类,可分为工商税类和关税类。

微课:城市维护建设税法

(1) 工商税类。工商税收由税务机关负责征收管理。工商税类是指以从事工业、商业和服务业的单位和个人为纳税人的各税种的总称,是我国现行税制的主体部分。其具体包括增值税、消费税、资源税、企业所得税、个人所得税、城市维护建设税、房产税、车船税、土地增值税、城镇土地使用税和印花税等税种。工商税类的征收范围较广,既涉及社会再生产的各个环节,也涉及生产、流通、分配和消费的各个领域,占税收总额的比重超过90%,是筹集国家财政收入,调节宏观经济最主要的工具。

(2) 关税类。关税类的税种由海关负责征收管理。关税是对进出境的货物、物品征收的税种的总称,主要是指进出口关税以及对入境旅客行李物品和个人邮递物品征收的进口税,不包括由海关代征的进口环节增值税、消费税和船舶吨税。关税是中央财政收入的重要来源,也是国家调节进出口贸易的主要手段。

3. 按照计税标准不同分类

税收按照计税标准的不同进行分类,可分为从价税、从量税和复合税。

(1) 从价税。从价税是以征税对象价格为计税依据,其应纳税额随货物价格的变化而变化的一类税。目前,世界各国实行的大部分税种都属于从价税,我国现行税制中的增值税、房产税等税种都属于从价税。从价税实行比例税率和累进税率,直接受价格变动影响,税收负担比较合理,有利于体现国家的经济政策。

(2) 从量税。从量税是以征税对象的数量、重量和体积等作为计税依据,其征税数额只与征税对象数量等相关,而与货物价格无关的一类税,如资源税、车船税和城镇土地使用税。从量税实行定额税率,不受征税对象价格变动的影响,税负水平较为固定,计算简便。

(3) 复合税。复合税又称混合税,是对某一货物或物品既征收从价税又征收从量税,即采用从量税和从价税同时征收的一种方法。复合税可以分为两种:一种是以从量税为主加征从价税;另一种是以从价税为主加征从量税。我国消费税中的卷烟和粮食白酒、薯类白酒就属于复合税。

 **做一做**

下列各项中,属于财产税类的有( )。
A. 房产税　　　　B. 车船税　　　　C. 车辆购置税　　　　D. 契税
【答案】 AB

二、税法概述

(一)税法的概念

税法即税收法律制度,是调整税收关系的法律规范的总称,是国家法律的重要组成部分。它是以宪法为依据,调整国家与社会成员在征纳税上的权利与义务关系,维护社会经济秩序和纳税秩序,保障国家利益和纳税人合法权益的法律规范,是国家税务机关及一切纳税单位和个人依法征税、依法纳税的行为规则。

(二)税法的分类

1. 按照税法功能作用的不同分类,将税法分为税收实体法和税收程序法

(1)税收实体法。税收实体法主要是指确定税种立法,具体规定各税种的征收对象、征收范围、税目、税率和纳税地点等。

 示例

《中华人民共和国个人所得税法》(以下简称《个人所得税》)就属于税收实体法。

(2)税收程序法。税收程序法是指税务管理方面的法律,主要包括税收管理法、纳税程序法、发票管理法、税务机关组织法和税务争议处理法等。

示例

《中华人民共和国税收征收管理法》(以下简称《税收征收管理法》)《中华人民共和国海关法》《中华人民共和国进出口关税条例》就属于税收程序法。

2. 按照主权国家行使税收管辖权的不同分类,可分为国内税法、国际税法和外国税法

(1)国内税法。国内税法是指一国在其税收管辖权范围内,调整国家与纳税人之间权利与义务关系的法律规范的总称,是由国家立法机关和经由授权或依法律规定的国家行政机关制定的法律、法规和规范性文件。

(2)国际税法。国际税法是指两个或两个以上的课税权主体对跨国纳税人的跨国所得或财产征税形成的分配关系,并由此形成国与国之间的税收分配形式,主要包括双边或多边国家间的税收协定、条约和国际惯例等。

(3)外国税法。外国税法是指外国各个国家制定的税收法律制度。

3. 按照税法法律级次分类,可分为税收法律、税收法规、税收规章和税收规范性文件

(1) 税收法律。税收法律是由全国人民代表大会及其常务委员会制定的,其法律地位和法律效力仅次于宪法,高于税收法规、规章和规范性文件。

示例

《个人所得税法》《中华人民共和国企业所得税法》(以下简称《企业所得税法》)和《税收征收管理法》属于税收法律。

(2) 税收法规。税收法规是由国务院根据有关法律制定的,效力低于宪法、税收法律,但高于税收规章,其具体形式主要是条例或暂行条例。

示例

《增值税暂行条例》属于税收法规。

(3) 税收规章和税收规范性文件。税收规章和税收规范性文件是指国务院财税主管部门(财政部、国家税务总局、海关总署和国务院关税税则委员会)根据法律和国务院行政法规或者规范性文件的要求,在本部门权限范围内发布的有关税收事项的规章和规范性文件,包括命令、通知、公告、通告、批复、意见、函等文件形式。

示例

《税务行政复议规则》《税务代理试行办法》《增值税暂行条例实施细则》为税收规章,《增值税专用发票使用规定》为税收规范性文件。

(三) 税法的构成要素

税法要素,是指各单行税法共同具有的基本要素。在税法体系里,既包括实体法,也包括程序法。税法要素一般包括纳税义务人、征税对象、税目、税率、计税依据、纳税环节、纳税期限、纳税地点、税收优惠、法律责任等。

1. 纳税义务人

纳税义务人简称纳税人,是指依法直接负有纳税义务的法人、自然人和其他组织。

与纳税人相联系的另一个概念是扣缴义务人。扣缴义务人是税法规定的,在其经营活动中负有代扣税款并向国库缴纳义务的单位。扣缴义务人必须按照税法规定代扣税款,并在规定期限缴入国库。

2. 征税对象

征税对象又称课税对象,是纳税的客体。它是指税收法律关系中权利义务所指的对象,即对什么征税。不同的征税对象又是区别不同税种的重要标志。

3. 税目

税目是税法中具体规定应当征税的项目,是征税对象的具体化。规定税目的目的有:①明确征税的具体范围;②对不同的征税项目加以区分,从而制定高低不同的税率。

4. 税率

税率,是指应征税额与计税金额(或数量单位)之间的比例,是计算税额的尺度。税率的高低直接体现国家的政策要求,直接关系到国家财政收入和纳税人的负担程度,是税收法律制度中的核心要素。税率主要有以下类型:

(1)比例税率。比例税率,是指对同一征税对象,不论其数额大小,均按同一个比例征税的税率。税率本身是应征税额与计税金额之间的比例。这里所说的比例税率是相对累进税率、定额税率而言。在比例税率中根据不同的情况又可划分为不同的征税比例,有行业比例税率、产品比例税率、地区差别比例税率、有免征额的比例税率、分档比例税率和幅度比例税率等。

(2)累进税率。累进税率是根据征税对象数额的逐渐增大,按不同等级逐步提高的税率,即征税对象数额越大,税率越高。累进税率又分为全额累进税率、超额累进税率和超率累进税率三种。

全额累进税率是按征税对象数额的逐步递增划分若干等级,并按等级规定逐步提高的税率。征税对象的金额达到哪一个等级,全部按相应的税率征税。目前,我国的税收法律制度中已不采用这种税率。

超额累进税率是将征税对象数额的逐步递增划分为若干等级,按等级规定相应的递增税率,对每个等级分别计算税额。

超率累进税率是按征税对象的某种递增比例划分若干等级,按等级规定相应的递增税率,对每个等级分别计算税额。我国的土地增值税采用这种税率。

(3)定额税率。定额税率又称固定税额,是指按征税对象的一定单位直接规定固定的税额,而不采取百分比的形式。

5. 计税依据

计税依据,是指计算应纳税额的依据或标准,即根据什么来计算纳税人应缴纳的税额。一般有两种:一是从价计征,二是从量计征。从价计征,是以计税金额为计税依据。计税金额,是指征税对象的数量乘以计税价格的数额。从量计征,是以征税对象的重量、体积、数量等为计税依据。

6. 纳税环节

纳税环节主要是指税法规定的征税对象在从生产到消费的流转过程中应当缴纳税款的环节。

7. 纳税期限

纳税期限,是指纳税人的纳税义务发生后应依法缴纳税款的期限,包括纳税义务发生时间、纳税期限和缴库期限。规定纳税期限是为了及时保证国家财政收入的实现,也是税收强制性和固定性的体现。税法中,根据不同的情况规定不同的纳税期限,纳税人必须在规定的纳税期限内缴纳税款。

8. 纳税地点

纳税地点,是指根据各税种的纳税环节和有利于对税款的源泉控制而规定的纳税人(包括代征、代扣、代缴义务人)的具体申报缴纳税收的地方。

图解:小微企业
税费优惠政策

9. 税收优惠

税收优惠,是指国家对某些纳税人和征税对象给予鼓励和照顾的一种特殊规定。制定这种特殊规定,一方面是为了鼓励和支持某些行业或项目的发展;另一方面是为了照顾某些纳税人的特殊困难。税收优惠主要包括以下内容:

(1) 减税和免税。减税是指对应征税款减少征收部分税款。免税是指对按规定应征收的税款给予免除。减税和免税具体又分两种情况:一种是税法直接规定的长期减免税项目;另一种是依法给予的一定期限内的减免税措施,期满之后仍依规定纳税。

(2) 起征点。起征点也称征税起点,是指对征税对象开始征税的数额界限。征税对象的数额没有达到规定起征点的不征税;达到或超过起征点的,就其全部数额征税。

(3) 免征额。免征额,是指对征税对象总额中免予征税的数额,即对纳税对象中的一部分给予减免,只就减除后的剩余部分计征税款。

10. 法律责任

法律责任,是指对违反国家税法规定的行为人采取的处罚措施。一般包括违法行为和因违法而应承担的法律责任两部分内容。这里讲的违法行为是指违反税法规定的行为,包括作为和不作为。税法中的法律责任包括行政责任和刑事责任。纳税人和税务人员违反税法规定,都将依法承担法律责任。

做一做

下列关于税收与税法关系的表述中,正确的有(   )。
A. 税法是税收的法律依据和法律保障
B. 税收属于经济基础范畴,而税法属于上层建筑范畴
C. 税收活动必须严格依照税法的规定进行
D. 国家和社会对税收收入与税收活动的客观需要,决定了与税收相对应的税法的存在
【答案】　ABCD

第二节　主要税种

一、增值税

案例分析18

(一) 增值税的概念与分类

1. 增值税的概念

增值税是以销售货物、提供加工修理修配劳务或者发生应税行为过程中产生的增值额作为计税依据而征收的一种流转税。

2. 增值税的分类

按照外购固定资产处理方式的不同,可以将增值税划分为生产型增值税、收入型增

值税和消费型增值税三种类型。

(1) 生产型增值税。生产型增值税不允许纳税人在计算增值税时扣除外购固定资产的价值,由于生产型增值税的税基中包含了外购固定资产的价值,对这部分价值存在重复征税问题,客观上它可以抑制企业对固定资产的投资。

(2) 收入型增值税。收入型增值税允许纳税人在计算增值税时,将外购固定资产折旧部分扣除。

(3) 消费型增值税。消费型增值税允许纳税人在计算增值税时,将外购固定资产的价值一次性扣除,可以彻底消除重复征税问题,有利于促进技术进步,它是世界上实行增值税的国家普遍采用的一种类型。我国从2009年1月1日开始全面实行消费型增值税。

(二) 增值税征税范围

1. 征税范围的基本规定

1) 销售货物

销售货物是指在中国境内有偿转让货物的所有权。货物是指有形动产,包括电力、热力、气体在内。

2) 提供加工、修理修配劳务

加工是指受托加工货物,即委托方提供原材料及主要材料,受托方按照委托方的要求制造货物并收取加工费的业务;修理修配是指受托方对损伤和丧失功能的货物进行修复,使其恢复原状和功能的业务。单位或者个体工商户聘用的员工为本单位或者雇主提供的加工、修理修配劳务不包括在内。

3) 进口货物

进口货物是指申报进入中国海关境内的货物。我国增值税法规定,只要是报关进口的应税货物,均属于增值税的征税范围,除享受免税政策外,在进口环节缴纳增值税。

4) 销售服务

销售服务,是指提供交通运输服务、邮政服务、电信服务、建筑服务、金融服务、现代服务、生活服务,但属于下列非经营活动的情形除外。

(1) 行政单位收取的同时满足以下条件的政府性基金或者行政事业性收费:由国务院或者财政部批准设立的政府性基金,由国务院或者省级人民政府及其财政、价格主管部门批准设立的行政事业性收费;收取时开具省级以上(含省级)财政部门监(印)制的财政票据;所收款项全额上缴财政。

(2) 单位或者个体工商户聘用的员工为本单位或者雇主提供取得工资的服务。

(3) 单位或者个体工商户为聘用的员工提供服务。

(4) 财政部和国家税务总局规定的其他情形。

5) 销售无形资产

销售无形资产,是指转让无形资产所有权或者使用权的业务活动。无形资产,是指不具实物形态,但能带来经济利益的资产,包括技术、商标、著作权、商誉、自然资源使用权和其他权益性无形资产。

6）销售不动产

销售不动产，是指转让不动产所有权的业务活动。不动产，是指不能移动或者移动后会引起性质、形状改变的财产，包括建筑物、构筑物等。

2. 销售服务的具体内容

应税服务的具体内容如下。

1）交通运输服务

交通运输服务是指使用运输工具将货物或者旅客送达目的地，使其空间位置得到转移的业务活动。交通运输服务包括陆路运输服务、水路运输服务、航空运输服务和管道运输服务。

2）邮政服务

邮政服务是指中国邮政集团公司及其所属邮政企业提供邮件寄递、邮政汇兑和机要通信等邮政基本服务的业务活动。邮政服务包括邮政普遍服务、邮政特殊服务和其他邮政服务。

3）电信服务

电信服务是指利用有线、无线的电磁系统或者光电系统等各种通信网络资源，提供语音通话服务，传送、发射、接收或者应用图像、短信等电子数据和信息的业务活动。电信服务包括基础电信服务和增值电信服务。

4）建筑服务

建筑服务是指各类建筑物、构筑物及其附属设施的建造、修缮、装饰，线路、管道、设备、设施等的安装以及其他工程作业的业务活动。建筑服务包括工程服务、安装服务、修缮服务、装饰服务和其他建筑服务。

5）金融服务

金融服务是指经营金融保险的业务活动，包括贷款服务、直接收费金融服务、保险服务和金融商品转让。

6）现代服务

现代服务是指围绕制造业、文化产业、现代物流产业等提供技术性、知识性服务的业务活动，包括研发和技术服务、信息技术服务、文化创意服务、物流辅助服务、租赁服务、鉴证咨询服务、广播影视服务、商务辅助服务和其他现代服务。

7）生活服务

生活服务是指为满足城乡居民日常生活需求提供的各类服务活动，包括文化体育服务、教育医疗服务、旅游娱乐服务、餐饮住宿服务、居民日常服务和其他生活服务。

3. 征收范围的特殊规定

1）视同销售货物

单位或个体工商户的下列行为，视同销售货物：

（1）将货物交付其他单位或者个人代销。

（2）销售代销货物。

（3）设有两个以上机构并实行统一核算的纳税人，将货物从一个机构移送至其他机构用于销售，但相关机构设在同一县（市）的除外。

(4) 将自产或委托加工的货物用于集体福利或个人消费。
(5) 将自产、委托加工或购买的货物分配给股东或投资者。
(6) 将自产、委托加工或购买货物作为投资,提供给其他单位或个体工商户。
(7) 将自产、委托加工或购买的货物无偿赠送其他单位或个人。

上述第(4)项所称"集体福利或个人消费"是指企业内部设置的供职工使用的食堂、浴室、理发室、宿舍、幼儿园等福利设施及设备、物品等,或者以福利、奖励、津贴等形式发放给职工个人的物品。

2) 视同销售服务、无形资产或者不动产

下列情形视同销售服务、无形资产或者不动产:

(1) 单位和个体工商户向其他单位或者个人无偿提供服务,但用于公益事业或者以社会公众为对象的除外。

(2) 单位或者个人向其他单位或者个人无偿转让无形资产或者不动产,但用于公益事业或者以社会公众为对象的除外。

(3) 财政部和国家税务总局规定的其他情形。

3) 混合销售

一项销售行为如果既涉及服务又涉及货物,则称为混合销售。从事货物的生产、批发或者零售的单位和个体工商户的混合销售行为,按照销售货物缴纳增值税;其他单位和个体工商户的混合销售行为,按照销售服务缴纳增值税。

上述所称从事货物的生产、批发或者零售的单位和个体工商户,包括以从事货物的生产、批发或者零售为主,并兼营销售服务的单位和个体工商户在内。

自 2017 年 5 月起,纳税人销售活动板房、机器设备、钢结构件等自产货物的同时提供建筑、安装服务,不属于混合销售,应分别核算货物和建筑服务的销售额,分别适用不同的税率或者征收率。

4) 兼营行为

兼营是指纳税人的经营范围既包括销售货物和应税劳务,又包括销售服务、无形资产或者不动产。纳税人发生兼营行为,应当分别核算适用不同税率或者征收率的销售额;未分别核算的,按照以下方法适用税率或者征收率:

(1) 兼有不同税率的销售货物、加工修理修配劳务、服务、无形资产或者不动产,从高适用税率。

(2) 兼有不同征收率的销售货物、加工修理修配劳务、服务、无形资产或者不动产,从高适用征收率。

(3) 兼有不同税率和征收率的销售货物、加工修理修配劳务、服务、无形资产或者不动产,从高适用税率。

(三) 增值税的纳税人

增值税纳税人,是指税法规定负有缴纳增值税义务的单位和个人。在中华人民共和国境内销售货物或者加工、修理修配劳务,销售服务、无形资产、不动产以及进口货物的单位和个人,为增值税的纳税人。

微课:纳税信用

单位以承包、承租、挂靠方式经营的,承包人、承租人、挂靠人(以下统称承包人)以发包人、出租人、被挂靠人(以下统称发包人)名义对外经营并由发包人承担相关法律责任的,以该发包人为纳税人;否则,以承包人为纳税人。2017年7月1日(含)以后,资管产品运营过程中发生的增值税应税行为,以资管产品管理人为增值税纳税人。

按照经营规模的大小和会计核算健全与否等标准,增值税纳税人可分为一般纳税人和小规模纳税人。

1. 一般纳税人

一般纳税人是指会计核算健全,年应税销售额超过财政部、国家税务总局规定的小规模纳税人标准的企业或企业性单位。

增值税一般纳税人实行登记制,除另有规定外,应当向税务机关办理登记手续。

下列纳税人不办理一般纳税人登记:①按照政策规定,选择按照小规模纳税人纳税的;②年应税销售额超过规定标准的其他个人。

纳税人自一般纳税人生效之日起,按照增值税一般计税方法计算应纳税额,并可以按照规定领用增值税专用发票(另有规定的除外)。

纳税人登记为一般纳税人后,不得转为小规模纳税人,国家税务总局另有规定的除外。

2. 小规模纳税人

(1) 增值税小规模纳税人标准为年应征增值税销售额在500万元(含本数)以下。年应税销售额,是指纳税人在连续12个月或四个季度的经营期内累计应征增值税销售额,包括纳税申报销售额、稽查查补销售额、纳税评估调整销售额、税务机关代开发票销售额和免税销售额。经营期,是指纳税人存续期内的连续经营期间,含未取得销售收入的月份。

(2) 已登记为一般纳税人的单位和个人,转登记日前12个月或连续4个季度累计销售额未超过500万元的,在2020年12月31日前,可选择转登记为小规模纳税人,其未抵扣的进项税额作转出处理。

小规模纳税人会计核算健全,能够提供准确税务资料的,可以向税务机关申请登记为一般纳税人,不再作为小规模纳税人。会计核算健全,是指能够按照国家统一的会计制度规定设置账簿,根据合法、有效凭证核算。

(四) 增值税的扣缴义务人

中华人民共和国境外的单位或者个人在境内提供应税服务,在境内未设有经营机构的,以其代理人为增值税扣缴义务人;在境内没有代理人的,以购买方为增值税扣缴义务人。

境外单位或者个人在境内提供应税服务,在境内未设有经营机构的,扣缴义务人按照下列公式计算应扣缴税额:

$$应扣缴税额 = 购买方支付的价款 \div (1 + 税率) \times 税率$$

(五)增值税税率和征收率

1. 增值税税率

1)基本税率

增值税基本税率为13%,适用于纳税人销售或进口货物(另有规定的除外),提供加工、修理修配劳务,以及有形动产租赁。

2)低税率

除基本税率以外,下列货物按照低税率征收增值税。

(1)一般纳税人销售或进口下列货物的,按9%的低税率计征增值税:①粮食等农产品、食用植物油、食用盐;②自来水、暖气、冷气、热水、煤气、石油液化气、天然气、二甲醚、沼气和居民用煤炭制品;③图书、报纸、杂志、音像制品、电子出版物;④饲料、化肥、农药、农机、农膜;⑤国务院规定的其他货物。

(2)提供交通运输服务、邮政服务、基础电信服务、建筑服务、不动产租赁服务,销售不动产,转让土地使用权的,税率为9%。

(3)销售增值电信服务、金融服务、现代服务和生活服务,销售土地使用权以外的无形资产的,税率为6%。

3)零税率

(1)纳税人出口货物,一般适用零税率,国务院另有规定的除外。

(2)纳税人跨境销售服务、无形资产的,税率为零,具体范围由财政部和国家税务总局另行规定。

2. 增值税征收率

根据税法规定,会计制度不健全、难以按上述税率计算和使用增值税专用发票抵扣进项税款的,增值税小规模纳税人按照简易方法计算增值税,即应纳税额乘以征收率,不得抵扣任何进项税额。自2009年1月1日起,小规模纳税人增值税征收率一般为3%。财政部和国家税务总局另有规定的除外。

纳税人提供适用不同税率或者征收率的应税服务,应当分别核算适用不同税率或征收率的销售额;未分别核算销售额的,从高适用税率。

3. 免征增值税

(1)农业生产者销售的自产农产品。

(2)避孕药品和用具。

(3)古旧图书。

(4)直接用于科学研究、科学试验和教学的进口仪器、设备。

(5)外国政府、国际组织无偿援助的进口物资和设备。

(6)由残疾人组织直接进口供残疾人专用的物品。

(7)销售的自己使用过的物品。

(六)增值税一般纳税人应纳税额的计算

增值税一般纳税人应纳税额采取税款抵扣的办法,间接计算增值税应纳税额。一般纳税人应纳税额的计算公式为：

$$应纳税额 = 当期销项税额 - 当期进项税额$$

或：

$$应纳税额 = 当期销售额 \times 增值税税率 - 当期进项税额$$

如果当期销项税额小于进项税额，其不足抵扣的部分可以结转到下期继续抵扣。

1. 销项税额

销项税额是纳税人销售货物或提供应税劳务，按照销售额和规定的税率计算并向购买方收取的增值税额。纳税人因销货退回或折让而退还给购买方的增值税额，应从发生销货退回或折让当期的销项税额中冲减。销项税额的计算公式为：

$$销项税额 = 销售额 \times 增值税税率$$

做一做

长江公司为一般纳税人，2024年8月份销售额为1 000 000元，适用增值税税率为13%，请计算其销项税额。

【答案】 销项税额 = 1 000 000 × 13% = 130 000（元）

需要强调的是，公式中的"销售额"必须是不包括收取的销项税额的销售额。

2. 销售额

1）销售额的确定

销售额是指纳税人销售货物，向购买方收取的全部价款和价外费用，但不包括向购买方收取的销项税额，这表明增值税是一种价外费用。

价外费用包括价外向购买方收取的手续费、补贴、基金、集资费、返还利润、奖励费、违约金、滞纳金、延期付款利息、赔偿金、代收款项、代垫款项、包装费、包装物租金、储备费、优质费、运输装卸费及其他各种性质的价外收费。

在实际生活中，常常出现纳税人将销售货物的销售额和销项税额合并定价，成为含税的销售额。遇到这种情况，在计税时先要将含税销售额换算为不含税销售额，其换算公式为：

$$不含税销售额 = 含税销售额 \div (1 + 增值税税率)$$

做一做

长江公司为一般纳税人，2024年8月份含税销售额为1 130 000元，适用增值税税率为13%，请计算其不含税销售额。

【答案】 不含税销售额 = 1 130 000 ÷ (1 + 13%) = 1 000 000（元）

2）特殊销售方式下确定销售额

（1）采取折扣方式销售。折扣销售是指销售方在销售货物或应税劳务时，给予购货方优惠价格。如果销售额和折扣额在同一张发票上分别注明的,可以按折扣后的销售额征收增值税;如果折扣额另开发票,不论其在财务上如何处理,均不得从销售额中减除折扣额。

(2) 采取以旧换新方式销售。以旧换新销售是指纳税人在销售货物的同时,有偿收回旧货物的行为。采取此方式销售的,应按新货物的同期销售价格确定销售额(金银首饰除外),不得扣减旧货物的收购价格。

(3) 采取还本方式销售。还本销售是指纳税人在销售货物后,到一定期限内销售方一次或分次退还给购货方全部或部分价款。采取此方式销售的,销售价格就是货物销售价格,不得扣减还本支出。

(4) 采取以物易物方式销售。以物易物销售是指购销双方不是以货币结算,而是以同等价款的货物相互结算的一种购销方式。以物易物双方都应作购销处理,以各自发出的货物核算销售额并计算销项税额,以各自收到的货物按规定核算购货额并计算进项税额。

(5) 销售价格明显偏低且无正当理由或发生视同销售行为,按税法规定,由主管税务机关按下列顺序确定销售额:①按纳税人最近时期同类货物的平均销售价格确定;②按其他纳税人最近时期同类货物的平均销售价格确定;③按下列公式核定:

$$组成计税价格 = 成本 \times (1 + 成本利润率)$$

征收增值税的货物,同时又征收消费税的,其组成计税价格中应包含消费税税额。其计算公式为:

$$组成计税价格 = 成本 \times (1 + 成本利润率) + 消费税税额$$

3. 进口增值税

进口增值税是指进口环节征缴的增值税,属于流转税的一种。不同于一般增值税对在生产、批发、零售等环节的增值额为征税对象,进口增值税是专门对进口环节的增值额进行征税的一种增值税。

我国税法规定,纳税人进口货物,按照组成计税价格和规定的增值税税率计算应纳税额,不得抵扣任何税额(在计算进口环节的应纳增值税额时,不得抵扣发生在我国境外的各种税金)。应纳税额和组成计税价格计算公式为:

$$应纳税额 = 组成计税价格 \times 税率$$
$$组成计税价格 = 关税完税价格 + 关税 + 消费税$$
$$= (关税完税价格 + 关税) \div (1 - 消费税税率)$$

4. 进项税额

进项税额是纳税人购进货物或接受应税劳务所支付或负担的增值税额。它由销售方收取和缴纳,由购买方支付。销售方的销项税额就是购买方支付的进项税额,一般情况下不需要另外计算。在计算增值税时,纳税人将已支付的进项税额冲抵发生的销项税额,但不是所有的进项税额都可以抵扣。

1) 准予抵扣的进项税额

准予抵扣的进项税额主要有：

（1）销售方取得的增值税专用发票（含税控机动车销售统一发票）上注明的增值税额。

（2）从海关取得的海关进口增值税专用缴款书上注明的增值税额。

（3）纳税人购进农产品，按下列规定抵扣进项税额：

a. 取得一般纳税人开具的增值税专用发票或海关进口增值税专用缴款书的，以增值税专用发票或海关进口增值税专用缴款书上注明的增值税额为进项税额。

b. 从按照简易计税方法依照3%征收率计算缴纳增值税的小规模纳税人取得增值税专用发票的，以增值税专用发票上注明的金额和9%的扣除率计算进项税额。

c. 取得（开具）农产品销售发票或收购发票的，以农产品销售发票或收购发票上注明的农产品买价和9%的扣除率计算进项税额。

d. 一般纳税人购进用于生产或者委托加工13%税率货物的农产品，按照10%扣除率计算进项税额。

（4）从境外单位或者个人购进服务、无形资产或者不动产，自税务机关或者扣缴义务人取得的解缴税款的完税凭证上注明的增值税额。

2) 不得抵扣的进项税额

（1）用于简易计税方法计税项目、免征增值税项目、集体福利或者个人消费的购进货物、加工修理修配劳务、服务、无形资产和不动产。

（2）非正常损失的购进货物，以及相关的加工修理修配劳务和交通运输服务。

（3）非正常损失的在产品、产成品所耗用的购进货物（不包括固定资产）、加工修理修配劳务和交通运输服务。

（4）非正常损失的不动产，以及该不动产所耗用的购进货物、设计服务和建筑服务。

（5）非正常损失的不动产在建工程所耗用的购进货物、设计服务和建筑服务，纳税人新建、改建、扩建、修缮、装饰不动产，均属于不动产在建工程。

（6）购进的旅客运输服务、贷款服务、餐饮服务、居民日常服务和娱乐服务。

（7）财政部和国家税务总局规定的其他情形。

（七）增值税小规模纳税人应纳税额的计算

与一般纳税人相比，小规模纳税人应纳税额的计算要简单得多。小规模纳税人销售货物或应税劳务，按不含税销售额和规定的征收率计算应纳税额，不得抵扣进项税额。其计算公式为：

$$应纳税额 = 不含税销售额 \times 征收率$$

与一般纳税人相同的是，计算公式中的销售额也不包含增值税额。当小规模纳税人采取价税合一的方式销售货物或提供应税劳务时，应将含税销售额换算为不含税销售额。其换算公式为：

$$不含税销售额 = 含税销售额 \div (1 + 征收率)$$

**做一做**

长江公司为小规模纳税人,2024年8月份销售额为103 000元,征收率为3%,计算其应纳税额。

【答案】 应纳税额＝不含税销售额×征收率
　　　　　　＝含税销售额÷(1＋征收率)×征收率
　　　　　　＝103 000÷(1＋3%)×3%
　　　　　　＝3 000(元)

**注意**

①小规模纳税人不得抵扣进项税额;②小规模纳税人取得的销售额与一般纳税人相同,都是销售货物或提供应税劳务向购买方收取的全部价款和价外费用,不包括收取的增值税额。

(八) 增值税的征收管理

1. 纳税义务发生的时间

1) 一般规定

纳税人发生应税销售行为,其纳税义务发生时间为收讫销售款项或者取得索取销售款项凭据的当天;先开具发票的,为开具发票的当天。按销售结算方式的不同,具体规定如下：

(1) 采取直接收款方式销售货物或者提供应税服务,不论货物是否发出,均为收到销售款或取得索取销售款凭据的当天。

(2) 采取托收承付和委托银行收款方式销售货物,为发出货物并办妥托收手续的当天。

(3) 采用赊销和分期收款方式销售货物,为按书面合同约定的收款日期的当天。

(4) 采取预收货款方式销售货物,为货物发出的当天。但销售生产工期超过12个月的大型机械设备、船舶、飞机等货物,为收到预收款或者书面合同约定的收款日期的当天。

(5) 委托其他纳税人代销货物,为收到代销单位销售的代销清单或者收到全部或者部分货款的当天。未收到代销清单及货款的,为发出代销货物满180天的当天。

(6) 纳税人发生视同销售货物行为的,为货物移送的当天。

(7) 纳税人提供租赁服务采取预收款方式的,为收到预收款的当天。

(8) 纳税人从事金融商品转让的,为金融商品所有权转移的当天。

(9) 纳税人发生视同销售服务、无形资产或者不动产行为的,为销售服务、无形资产转让完成的当天或者不动产权属变更的当天。

2) 特殊规定

(1) 纳税人进口货物,纳税义务发生时间为报关进口的当天。

微课:增值税、消费税与附加税费申报表整合

(2) 增值税扣缴义务发生时间为纳税人增值税纳税义务发生的当天。

2. 纳税期限

增值税的纳税期限分别为 1 日、3 日、5 日、10 日、15 日、1 个月或 1 个季度。纳税人的具体纳税期限，由主管税务机关根据纳税人应纳税额的大小分别核定；以 1 个季度为纳税期限的规定适用于小规模纳税人、银行、财务公司、信托投资公司、信用社及财政部和国家税务总局规定的其他纳税人；不能按照固定期限纳税的，可以按次纳税。

纳税人以 1 个月或 1 个季度为一个纳税期的，自期满之日起 15 日内申报纳税；以 1 日、3 日、5 日、10 日或 15 日为一个纳税期的，自期满之日起 5 日内预缴税款，于次月 1 日起 15 日内申报纳税并结清上月应纳税款。

纳税人进口货物，应当自海关填发海关进口增值税专用缴款书之日起 15 日内缴纳税款。

3. 纳税地点

纳税人在发生纳税义务后，一般应在其所在地缴纳增值税；由于纳税人情况不同，为有利于加强核算和征管，具体规定如下：

(1) 固定业户应当向其机构所在地主管税务机关申报纳税。总机构和分支机构不在同一县（市）的，应当分别向各自所在地主管税务机关申报纳税；经国务院财政、税务主管部门或其授权的财政、税务机关批准，可以由总机构汇总向总机构所在地主管税务机关申报纳税。

固定业户到外县（市）销售货物或者应税劳务，应当向其机构所在地主管税务机关申请开具外出经营活动税收管理证明，并向其机构所在地主管税务机关申报纳税；未开具该证明的，应当向销售地或者劳务发生地的主管税务机关申报纳税。

(2) 非固定业户应当向应税行为发生地的主管税务机关申报纳税；未申报纳税的，由其机构所在地或者居住地的主管税务机关补征税款。

(3) 其他个人提供建筑服务，销售或者租赁不动产，转让自然资源使用权，应向建筑服务发生地、不动产所在地、自然资源所在地主管税务机关申报纳税。

(4) 扣缴义务人应当向其机构所在地或者居住地主管税务机关申报缴纳其扣缴的税款。

(5) 进口货物，应当向报关地海关申报纳税。

二、消费税

(一) 消费税的概念

案例分析 19

消费税是对在我国境内从事生产、委托加工和进口应税消费品的单位和个人，就其销售额或销售数量，在特定环节征收的一种税。在我国现行税制结构体系中，消费税是与增值税配套的一个税种。它是国家根据产业政策的要求，在普遍征收增值税的基础上，选择部分消费品再征收一道特殊的流转税，目的是引导消费和生产结构，调节收入分配，增加财政收入。

(二) 消费税的征税范围

1. 生产应税消费品

生产应税消费品在生产销售环节征税。纳税人将生产的应税消费品换取生产资料、消费资料、投资入股、偿还债务，以及用于继续生产应税消费品以外的其他方面都应缴纳消费税。

2. 委托加工应税消费品

委托加工应税消费品是指委托方提供原料和主要材料，受托方只收取加工费和代垫部分辅助材料加工的应税消费品。由受托方提供原材料或其他情形的一律不能视同加工应税消费品。

委托加工的应税消费品，除受托方为个人外，由受托方在向委托方交货时代收代缴税款；委托个人加工的应税消费品，由委托方收回后缴纳消费税。

委托加工的应税消费品，委托方用于连续生产应税消费品的，所纳税款准予按规定抵扣；直接出售的，不再缴纳消费税。委托方将收回的应税消费品，以不高于受托方的计税价格出售的，为直接出售，不再缴纳消费税；委托方以高于受托方的计税价格出售的，不属于直接出售，需按照规定申报缴纳消费税，在计税时准予扣除受托方已代收代缴的消费税。

3. 进口应税消费品

单位和个人进口应税消费品，于报关进口时由海关代征消费税。

4. 批发应税消费品

卷烟消费税在生产和批发两个环节征收。

自2009年5月1日起，在卷烟批发环节加征一道从价税，在我国境内从事卷烟批发业务的单位和个人，批发销售的所有牌号规格的卷烟，按其销售额（不含增值税）征收5%的消费税。纳税人应将卷烟销售额与其他商品销售额分开核算，未分开核算的，一并征收消费税。纳税人销售给纳税人以外的单位和个人的卷烟于销售时纳税。纳税人之间销售的卷烟不缴纳消费税。卷烟批发企业的纳税地点为其机构所在地；总机构与分支机构不在同一地区的，由总机构申报纳税。

自2015年5月10日起，将卷烟批发环节从价税税率由5%提高至11%，并按0.005元/支加征从量税。纳税人兼营卷烟批发和零售业务的，应当分别核算批发和零售环节的销售额、销售数量；未分别核算批发和零售环节销售额、销售数量的，按照全部销售额、销售数量计征批发环节消费税。

5. 零售应税消费品

1）金银首饰

经国务院批准，自1995年1月1日起，金银首饰消费税由生产销售环节征收改为零售环节征收。改在零售环节征收消费税的金银首饰仅限于金基、银基合金首饰以及金、银和金基、银基合金的镶嵌首饰。自2002年1月1日起，对钻石及钻石饰品消费税的纳税环节由生产环节、进口环节移至零售环节。自2003年5月1日起，铂金首饰消费税改为零售环节征税。

对既销售金银首饰,又销售非金银首饰的生产、经营单位,应将两类商品划分清楚,分别核算销售额。凡划分不清楚或不能分别核算的,在生产环节销售的,一律从高适用税率征收消费税;在零售环节销售的,一律按金银首饰征收消费税。金银首饰与其他产品组成成套消费品销售的,应按销售额全额征收消费税。

金银首饰连同包装物一起销售的,无论包装物是否单独计价,也无论会计上如何核算,均应并入金银首饰的销售额,计征消费税。

带料加工的金银首饰,应按受托方销售的同类金银首饰的销售价格确定计税依据征收消费税。没有同类金银首饰销售价格的,按照组成计税价格计算纳税。

纳税人采用以旧换新(含翻新改制)方式销售的金银首饰,应按实际收取的不含增值税的全部价款确定计税依据征收消费税。

2) 超豪华小汽车

自2016年12月1日起,"小汽车"税目下增设"超豪华小汽车"子项目。征收范围为每辆零售价格130万元(不含增值税)及以上的乘用车和中轻型商用客车子税目中的超豪华小汽车。对超豪华小汽车,在生产(进口)环节按现行税率征收消费税基础上,在零售环节加征消费税,将超豪华小汽车销售给消费者的单位和个人为超豪华小汽车零售环节纳税人。

做一做

根据《消费税暂行条例》的规定,下列各项中,属于消费税征收范围的有(   )。
A. 卷烟   B. 实木地板   C. 火车   D. 彩色电视机
【答案】 AB

(三)消费税纳税人

在中华人民共和国境内生产、委托加工和进口《中华人民共和国消费税暂行条例》(以下简称《消费税暂行条例》)规定的消费品的单位和个人,以及国务院确定的销售《消费税暂行条例》规定的消费品的其他单位和个人,均为消费税的纳税人。其中,在中华人民共和国境内,是指生产、委托加工和进口属于应当缴纳消费税的消费品的起运地或者所在地在境内;单位,是指企业、行政单位、事业单位、军事单位、社会团体及其他单位;个人,是指个体工商户及其他个人。

(四)消费税税目与税率

1. 消费税税目

现行的消费税税目共有15个,具体包括:烟、酒及酒精、高档化妆品、贵重首饰及珠宝玉石、鞭炮和焰火、成品油、摩托车、小汽车、高尔夫球及球具、高档手表、游艇、木制一次性筷子、实木地板、电池、涂料等。

2. 消费税税率

(1)税率形式。消费税税率共有以下两种形式:①比例税率。对供求矛盾突出、价格差异较大、计量单位不规范的消费品,采用比例税率。②定额税率。适用于黄酒、啤酒和成品油。

(2)最高税率的应用。纳税人兼营不同税率的应当缴纳消费税的消费品,应当分别核算不同税率应税消费品的销售额、销售数量;未分别核算销售额、销售数量,或者将不同税率的应税消费品组成成套消费品销售的,按最高税率征税。

消费税税目、税率如表3-1所示。

表3-1 消费税税目、税率(税额)

税 目	税 率
一、烟 1. 卷烟 (1)甲类卷烟(生产环节) (2)乙类卷烟(生产环节) (3)甲类卷烟和乙类卷烟(批发环节) 2. 雪茄烟(生产环节) 3. 烟丝(生产环节)	 56%加0.003元/支 36%加0.003元/支 11%加0.005元/支 36% 30%
二、酒及酒精 1. 白酒 2. 黄酒 3. 啤酒 (1)甲类啤酒 (2)乙类啤酒 4. 其他酒类	 20%加0.5元/500克 240元/吨 250元/吨 220元/吨 10%
三、高档化妆品	15%
四、贵重首饰及珠宝玉石 1. 金银首饰、铂金首饰和钻石及钻石饰品(零售环节) 2. 其他贵重首饰和珠宝玉石	 5% 10%
五、鞭炮、焰火	15%
六、成品油 1. 汽油 2. 柴油 3. 航空煤油(暂缓征收) 4. 石脑油 5. 溶剂油 6. 润滑油 7. 燃料油	 1.52元/升 1.2元/升 1.2元/升 1.52元/升 1.52元/升 1.52元/升 1.2元/升
七、摩托车 1. 气缸容量(排气量,下同)在250毫升(含250毫升)以下的 2. 气缸容量在250毫升以上的	 3% 10%

(续表)

税 目	税 率
八、小汽车 1. 乘用车 （1）气缸容量（排气量，下同）在 1.0 升（含 1.0 升）以下的 （2）气缸容量在 1.0～1.5 升（含 1.5 升）的 （3）气缸容量在 1.5～2.0 升（含 2.0 升）的 （4）气缸容量在 2.0～2.5 升（含 2.5 升）的 （5）气缸容量在 2.5～3.0 升（含 3.0 升）的 （6）气缸容量在 3.0～4.0 升（含 4.0 升）的 （7）气缸容量在 4.0 升以上的 2. 中轻型商用客车 3. 超豪华小汽车（零售环节）	 1% 3% 5% 9% 12% 25% 40% 5% 10%（零售）
九、高尔夫球及球具	10%
十、高档手表	20%
十一、游艇	10%
十二、木制一次性筷子	5%
十三、实木地板	5%
十四、电池	4%
十五、涂料	4%

（五）消费税应纳税额

1. 从价定率计征

实行从价定率计税的消费品，消费税应纳税额的计算取决于应税消费品的销售额和适用税率。计算公式为：

$$应纳税额＝应税消费品的销售额×比例税率$$

销售额是纳税人销售应税消费品向购买方收取的全部价款和价外费用。价外费用是指价外收取的基金、集资费、返还利润、补贴、违约金（延期付款利息）和手续费、包装费、储备费、优质费、运输装卸费、代收款项、代垫款项及其他各种性质的价外收费，但不包括下列款项：①承运部门的运费发票开具给购货方的；②纳税人将该项发票转交给购货方的。

该规定与增值税销售额的确定基本是一致的。但销售额的确定，应注意以下两个方面的问题：

（1）其他价外费用，无论是否属于纳税人的收入，均应并入销售额计算征税。

（2）含增值税销售额的换算。按照《中华人民共和国消费税暂行条例实施细则》的规定，应税消费品的销售额，不包括应向购货方收取的增值税税款。如果纳税人应税消费品的销售额中未扣除增值税税款或因不得开具增值税专用发票而发生价款和增值税税款合并收取的，在计算消费税时，应将含税销售额换算成不含增值税的销售额，其换算公式为：

$$应税消费品的销售额＝含增值税的销售额\div(1+增值税税率或征收率)$$

做一做

某小轿车生产企业为增值税一般纳税人，2024年8月份生产并销售小轿车100辆，每辆含税销售价格1.13万元，适用消费税税率9%。请计算该企业8月份应缴纳消费税。

【答案】 不含税销售额＝1.13÷(1＋13%)×100＝100(万元)

应纳税额＝100×9%＝9(万元)

2. 从量定额计征

从量定额是指以应税消费品的销售数量和单位税额计算应纳消费税的一种方法。计算公式为：

$$应纳税额＝应税消费品的销售数量\times 单位税额$$

销售数量是指纳税人生产、加工、进口应税消费品的数量。具体规定为：

(1) 销售应税消费品的，为应税消费品的销售数量。

(2) 自产自用应税消费品的，为应税消费品的移送使用数量。

(3) 委托加工应税消费品的，为纳税人收回的应税消费品的数量。

(4) 进口应税消费品的，为海关核定的应税消费品进口征税数量。

做一做

某餐饮公司2023年销售自制的100吨甲类啤酒。请计算该公司应缴纳的消费税。

【答案】 应缴纳的消费税＝100×250＝25 000(元)

3. 从价从量复合计征

复合计算方法是从价定率与从量定额相结合的一种计税方法。在现行消费税的征税范围中，只有卷烟、白酒采用此种方法计税。计算公式为：

$$应纳税额＝销售额\times 比例税率+销售数量\times 定额税率$$

生产销售卷烟、白酒从量定额计税依据为实际销售数量；进口、委托加工、自产自用卷烟、白酒从量定额计税依据分别为海关核定的进口征税数量、委托方收回数量、移送使用数量。

做一做

某酒厂为增值税一般纳税人。2024年8月销售粮食白酒5 000 000克，取得销售收入113 000元(含增值税)。已知粮食白酒消费税定额税率为0.5元/500克,比例税率为20%。请计算该酒厂应缴纳的消费税。

【答案】 应缴纳的消费税=113 000÷(1+13%)×20%+5 000 000÷500×0.5=20 500(元)

4. 应税消费品已纳税款扣除

(1) 以外购的已纳税消费品为原料连续生产销售的应税消费品,在计税时可按当期生产领用数量计算准予扣除外购应税消费品已纳的消费税税款。

(2) 委托加工的应税消费品收回后直接出售的,不再征收消费税。委托方收回货物后用于连续生产应税消费品的,其已纳税款准予按照规定从连续生产的应税消费品应纳消费税税额中抵扣。

做一做

某企业本月购入已缴纳消费税的A材料20 000元用于生产甲应税消费品。A材料适用的消费税税率为20%,本月领用10 000元用于生产甲应税消费品。甲应税消费品不含增值税的售价为30 000元,其适用的消费税税率为30%。计算该企业本月应缴纳的消费税。

【答案】 本月应缴纳的消费税=30 000×30%-10 000×20%=7 000(元)

5. 自产自用应税消费品应纳税额

纳税人自产自用应税消费品用于连续生产应税消费品的,不纳税;凡用于其他方面的,应按照纳税人生产的同类消费品的销售价格计算纳税,没有同类消费品销售价格的,按照组成计税价格计算纳税。

(1) 实行从价定率办法计征消费税的,其计算公式为:

组成计税价格=(成本+利润)÷(1-比例税率)

应纳税额=组成计税价格×比例税率

(2) 实行复合计税办法计征消费税的,其计算公式为:

组成计税价格=(成本+利润+自产自用数量×定额税率)÷(1-比例税率)

应纳税额=组成计税价格×比例税率+自产自用数量×定额税率

做一做

某化妆品厂将一批自产高档护肤类化妆品用于集体福利,生产成本100 000元,无同类产品售价,已知化妆品成本利润率为5%,消费税税率为30%。请计算该化妆品厂上述业务应缴纳的消费税。

【答案】 组成计税价格=(100 000+100 000×5%)÷(1-30%)=150 000(元)

本月应缴纳的消费税=150 000×30%=4 500(元)

6. 委托加工应税消费品应纳税额

委托加工的应税消费品,按照受托方的同类消费品的销售价格计算纳税;没有同类消费品销售价格的,按照组成计税价格计算纳税。

（1）实行从价定率办法计征消费税的,其计算公式为：

$$组成计税价格＝(材料成本＋加工费)÷(1－比例税率)$$
$$应纳税额＝组成计税价格×比例税率$$

（2）实行复合计税办法计征消费税的,其计算公式为：

$$组成计税价格＝(材料成本＋加工费＋委托加工数量×定额税率)÷(1－比例税率)$$
$$应纳税额＝组成计税价格×比例税率＋委托加工数量×定额税率$$

7. 进口环节应纳消费税的计算

纳税人进口应税消费品,按照组成计税价格和规定的税率计算应纳税额。

进口的应税消费品,若为从价征收,则应按照组成计税价格计算纳税;若为从量征收,则应按照海关核定的应税消费品进口征税数量计算纳税。

（1）实行从价定率办法计算纳税的进口应税消费品应纳税额的计算公式为：

$$组成计税价格＝(关税完税价格＋关税)÷(1－比例税率)$$
$$应纳税额＝组成计税价格×比例税率$$

（2）实行从量定额办法计算纳税的进口应税消费品应纳税额的计算公式为：

$$应纳税额＝海关核定的应税消费品的进口征税数量×定额税率$$

（3）实行复合计税办法计算纳税的进口应税消费品应纳税额的计算公式为：

$$组成计税价格＝(关税完税价格＋关税＋海关核定的应税消费品的进口征税数量×定额税率)÷(1－比例税率)$$
$$应纳税额＝组成计税价格×比例税率＋海关核定的应税消费品的进口征税数量×定额税率$$

做一做

甲公司进口一批应税消费品,海关应征进口关税30万元(关税税率假定为20%),消费税税率为10%,增值税税率为13%,则（   ）。

A. 增值税26万元　　　　　　　　B. 消费税60万元
C. 增值税30万元　　　　　　　　D. 消费税20万元

【答案】 AD

（六）消费税征收管理

1. 纳税义务发生时间

（1）纳税人生产销售的应税消费品纳税义务发生时间的确定方法如下：①纳税人

采取赊销和分期收款结算方式的,为书面合同约定的收款日期的当天,书面合同没有约定收款日期或无书面合同的,为发出应税消费品的当天;②纳税人采取预收货款结算方式的,为发出应税消费品的当天;③纳税人采取托收承付和委托银行收款方式的,为发出应税消费品并办妥手续的当天;④纳税人采取其他方式结算的,为收讫销售款或取得索取销售款凭证的当天。

(2) 纳税人自产自用的应税消费品,为移送使用的当天。

(3) 纳税人委托加工的应税消费品,为纳税人提货的当天。

(4) 纳税人进口的应税消费品,为消费品报关进口的当天。

2. 纳税期限

消费税的纳税期限分别为1日、3日、5日、10日、15日、1个月或1个季度。纳税人的具体纳税期限,由主管税务机关根据纳税人应纳税额的大小分别核定;纳税人不能按照固定期限纳税的,可以按次纳税。

纳税人以1个月或1个季度为一个纳税期的,自期满之日起15日内申报纳税;以1日、3日、5日、10日或15日为一个纳税期的,自期满之日起5日内预缴税款,于次月1日起15日内申报纳税并结清上月应纳税款。

纳税人进口应税消费品,应当自海关填发海关进口消费税专用缴款书之日起15日内缴纳税款。

3. 纳税地点

(1) 纳税人销售的应税消费品及自产自用的应税消费品,除国务院财政、税务主管部门另有规定的外,应当向纳税人机构所在地或者居住地的主管税务机关申报纳税。

(2) 委托加工应税消费品的,受托方为个人的,由委托方向机构所在地或者居住地的主管税务机关申报纳税;除受托方为个人外,由受托方向机构所在地或者居住地的主管税务机关缴纳消费税税款。

(3) 进口的应税消费品,由进口人或代理人向报关地海关申报纳税。

(4) 纳税人到外县(市)销售或委托外县(市)代销自产应税消费品的,于应税消费品销售后,向机构所在地或居住地主管税务机关申报纳税。

(5) 纳税人销售的应税消费品,如因质量等原因由购买者退回时,经机构所在地主管税务机关审核批准后,可退还已征收的消费税税款,但不能自行直接抵减应纳税税款。

三、企业所得税

(一) 企业所得税的概念

案例分析20

企业所得税是对企业生产经营所得和其他所得征收的一种所得税。第十届全国人民代表大会第五次会议通过、第十二届全国人民代表大会常务委员会第二十六次会议修正的《中华人民共和国企业所得税法》(以下简称《企业所得税法》)。国务院2007年12月6日发布的《中华人民共和国企业所得税法实施条例》(以下简称《企业所得税法实施条例》),以及国家财政税务主管部门制定发布的系列规章和规范性文件,构成了我国企业所得税法律制度的主要内容。

(二)企业所得税征税对象

企业所得税征税对象是指企业的生产经营所得和其他所得。

居民企业应当就其来源于中国境内、境外的所得缴纳企业所得税。《企业所得税法》中对"所得"的解释为销售货物所得、提供劳务所得、转让财产所得、股息红利等权益性投资所得、利息所得、租金所得、特许权使用费所得、接受捐赠所得和其他所得。

非居民企业在中国境内设立机构、场所的,应当就其所设机构、场所取得的来源于中国境内的所得,以及发生在中国境外但与其所设机构、场所有实际联系的所得,缴纳企业所得税。非居民企业在中国境内未设立机构、场所的,或者虽设立机构、场所但取得的所得与其所设机构、场所没有实际联系的,应当就其来源于中国境内的所得缴纳企业所得税。

(三)企业所得税税率

(1)企业所得税基本税率为25%,适用于居民企业和在中国境内设有机构、场所且所得与机构、场所有关联的非居民企业。

(2)对符合条件的小型微利企业,减按20%的税率征收企业所得税;对国家需要重点扶持的高新技术企业,减按15%的税率征收企业所得税;对非居民企业在中国境内未设立机构、场所的,或者虽设立机构、场所但取得的所得与其所设机构、场所没有实际联系的所得,适用税率为20%,但实际征税时减按10%的税率征收企业所得税。

(四)企业所得税应纳税所得额

按照《企业所得税法》的规定,企业所得税应纳税所得额是指企业每一纳税年度的收入总额,减除不征税收入、免税收入、各项扣除及允许弥补的以前年度亏损后的余额。应纳税所得额有直接和间接两种计算方法:

直接计算法下的计算公式为:

应纳税所得额=收入总额-不征税收入-免税收入-各项扣除-以前年度亏损

间接计算法下的计算公式为:

$$应纳税所得额=利润总额±纳税调整项目金额$$

1. 收入总额

收入总额是指企业以货币形式和非货币形式从各种来源取得的收入,具体包括销售货物收入、提供劳务收入、转让财产收入、股息红利等权益性投资收益、利息收入、租金收入、特许权使用费收入、接受捐赠收入及其他收入。

2. 不征税收入

不征税收入是指从性质和根源上不属于企业营利性活动带来的经济利益、不负有纳税义务并不作为应纳税所得额组成部分的收入。在收入总额中的下列收入为不征税收入:

(1)财政拨款。财政拨款是指各级人民政府对纳入预算管理的事业单位、社会团体等组织拨付的财政资金,但国务院和国务院财政、税务主管部门另有规定的除外。

(2) 依法收取并纳入财政管理的行政事业性收费、政府性基金。它是指依照法律法规等有关规定,按照国务院规定程序批准,在实施社会公共管理及在向公民、法人或其他组织提供特定公共服务过程中,向特定对象收取并纳入财政管理的费用。

(3) 国务院规定的其他不征税收入。国务院规定的其他不征税收入是指企业取得的,由国务院财政、税务主管部门规定了专项用途并经国务院批准的财政性资金。

3. 免税收入

免税收入是指属于企业的应税所得但按照税法规定免予征收企业所得税的收入。免税收入包括:

(1) 国债利息收入,即企业持有国务院财政部门发行的国债取得的利息收入。

(2) 符合条件的居民企业之间的股息、红利等权益性投资收益,即居民企业直接投资于其他居民企业取得的投资收益。但不包括连续持有居民企业公开发行并上市流通的股票不足12个月取得的投资收益。

(3) 在中国境内设立机构、场所的非居民企业从居民企业取得与该机构、场所有实际联系的股息、红利等权益性投资收益。但不包括连续持有居民企业公开发行并上市流通的股票不足12个月取得的投资收益。

(4) 符合条件的非营利组织的收入。

4. 准予扣除的项目

企业实际发生的与取得收入有关的、合理的支出,包括成本、费用、税金、损失和其他支出等,准予在计算应纳税所得额时扣除。

(1) 成本,是指企业在生产经营活动中发生的销售成本、销货成本、业务支出及其他耗费。

(2) 费用,是指企业在生产经营活动中发生的销售费用、管理费用和财务费用,已经计入成本的有关费用除外。

(3) 税金,是指企业发生的除企业所得税和允许抵扣的增值税以外的各项税金及其附加。根据国家税务总局制定的《企业所得税税前扣除办法》第51条规定,纳税人缴纳的消费税、资源税、关税和城市维护建设费、教育费附加等产品销售税金及附加,以及发生的房产税、车船税、城镇土地使用税和印花税等都可以扣除。

(4) 损失,是指企业在生产经营活动中发生的固定资产和存货的盘亏、毁损、报废损失,转让财产损失,呆账损失,坏账损失,自然灾害等不可抗力因素造成的损失及其他损失。

(5) 其他支出,是指除成本、费用、税金、损失外,企业在生产经营活动中发生的与生产经营活动有关的、合理的支出。

根据《企业所得税法实施条例》的规定,下列项目可按规定的标准扣除:

(1) 企业发生的合理的工资薪金支出,准予扣除。

(2) 企业依照国务院有关主管部门或者省级人民政府规定的范围和标准为职工缴纳的基本养老保险费、基本医疗保险费、失业保险费、工伤保险费、生育保险费等基本社会保险费和住房公积金,准予扣除。

(3) 企业发生的职工福利费支出,不超过工资薪金总额14%的部分,准予扣除;企业拨缴的工会经费,不超过工资薪金总额2%的部分,准予扣除;除国务院财政、税务主管部门另有规定外,企业发生的职工教育经费支出,不超过工资薪金总额2.5%的部分,准予扣除;超过部分,准予在以后纳税年度结转扣除。自2018年1月1日起,将一般企业的职工教育经费税前扣除限额与高新技术企业的限额统一,从2.5%提高至8%。

(4) 企业发生的与生产经营活动有关的业务招待费支出,按照发生额的60%扣除,但最高不得超过当年销售(营业)收入的5‰。

(5) 企业发生的符合条件的广告费和业务宣传费支出,除国务院财政、税务主管部门另有规定外,不超过当年销售(营业)收入15%的部分,准予扣除;超过部分,准予在以后纳税年度结转扣除。

自2021年1月1日起至2025年12月31日,对化妆品制造或销售、医药制造和饮料制造(不含酒类制造)企业发生的广告费和业务宣传费支出,不超过当年销售(营业)收入30%的部分,准予扣除;超过部分,准予在以后纳税年度结转扣除。烟草企业的烟草广告费和业务宣传费支出,一律不得在计算应纳税所得额时扣除。

(6) 企业发生的公益性捐赠支出,在年度利润总额12%以内的部分,准予在计算应纳税所得额时扣除;超过年度利润总额12%的部分,准予结转以后3年内在计算应纳税所得额时扣除。

5. 不得扣除的项目

下列支出在计算应纳税所得额时不得扣除:

(1) 向投资者支付的股息、红利等权益性投资收益款项。

(2) 企业所得税税款。

(3) 税收滞纳金。

(4) 罚金、罚款和被没收财物的损失。

(5) 企业发生的公益性捐赠支出以外的捐赠支出。

(6) 赞助支出,即企业发生的与生产经营活动无关的各项非广告性质支出。

(7) 企业之间支付的管理费、企业内营业机构之间支付的租金和特许权使用费,以及非银行企业内营业机构之间支付的利息。

(8) 与取得收入无关的其他支出。

6. 亏损弥补

企业纳税年度发生的亏损,准予向以后年度结转,用以后年度的所得弥补,但结转年限最长不得超过5年。自2018年1月1日起,当年具备高新技术企业或科技型中小企业资格的企业,其具备资格年度之前的5个年度发生的尚未弥补完的亏损,准予结转以后年度弥补,最长结转年限由5年延长至10年。

做一做

下列各项中,不得在企业所得税前扣除的有( )。

A. 向投资者支付的股息、红利等权益性投资收益款项

B. 税收滞纳金

C. 企业所得税税款
D. 消费税税款

【答案】 ABC

(五) 企业所得税征收管理

1. 纳税地点

1) 居民企业的纳税地点

除税收法律、行政法规另有规定外,居民企业以企业登记注册地为纳税地点;但登记注册地在境外的,以实际管理机构所在地为纳税地点。

居民企业在中国境内设立不具有法人资格的营业机构的,应当汇总计算并缴纳企业所得税。

2) 非居民企业的纳税地点

非居民企业在中国境内设立机构、场所的,应当就其所设机构、场所取得的来源于中国境内的所得,以及发生在中国境外但与其所设机构、场所有实际联系的所得,以机构、场所所在地为纳税地点。非居民企业在中国境内设立两个或者两个以上机构、场所的,经税务机关审核批准,可以选择由其主要机构、场所汇总缴纳企业所得税。

非居民企业在中国境内未设立机构、场所的,或者虽设立机构、场所但取得的所得与其所设机构、场所没有实际联系的所得,以扣缴义务人所在地为纳税地点。

2. 纳税期限

企业所得税按纳税年度计算,分月或分季预缴,年度终了之日起5个月内汇算清缴,多退少补。纳税年度自公历1月1日起至12月31日止。企业在一个纳税年度中间开业,或者中止经营活动,使该纳税年度的实际经营期不足12个月的,应当以其实际经营期为一个纳税年度。企业依法清算时,应当以清算期间作为一个纳税年度。

3. 纳税申报

企业应当自月份或季度终了之日起15日内,向税务机关报送预缴企业所得税纳税申报表,预缴税款。企业应当自年度终了之日起5个月内,向税务机关报送年度企业所得税纳税申报表,并汇算清缴,结清应缴应退税款。企业在年度中间中止经营活动的,应当自实际经营中止之日起60日内,向税务机关办理当期企业所得税汇算清缴。

企业在报送企业所得税纳税申报表时,应当按照规定附送财务会计报告和其他有关资料。依法缴纳的企业所得税,以人民币计算。所得以人民币以外的货币计算的,应当折合成人民币计算并缴纳税款。

四、个人所得税

(一) 个人所得税的概念

个人所得税是以个人取得的各项应税所得为征税对象征收的一种税。个人,是指区别于法人的自然人,既包括作为要素所有者的个人,如财产所有者个人,也包括作为

案例分析 21

经营者的个人,如个体工商户、合伙企业的合伙人及独资企业的业主。所得,是指个人通过各种方式所获得的一切利益。

(二) 个人所得税纳税义务人

个人所得税纳税义务人具体包括中国公民、个体工商户、外籍个人、中国香港、澳门、台湾同胞及个人独资企业和合伙企业等。个人所得税纳税人依据住所和居住时间两个标准,分为居民个人和非居民个人。

1. 居民个人

居民个人是指在中国境内有住所,或者无住所而一个纳税年度内在境内居住满183天的个人。居民个人承担无限纳税义务,应就其来源于中国境内和境外取得的所得,依照《个人所得税法》规定缴纳个人所得税。

2. 非居民个人

非居民个人是指在中国境内无住所又不居住,或者无住所而一个纳税年度内在中国境内居住不满183天的个人。非居民个人承担有限纳税义务,从中国境内取得的所得,应依照《个人所得税法》规定缴纳个人所得税。

(三) 个人所得税的应税项目和税率

1. 个人所得税应税项目

个人所得税的征税范围包括个人取得的各项应税所得,《个人所得税法》列举了9项个人应税所得。

(1) 工资、薪金所得。工资、薪金所得是指个人因任职或受雇而取得的工资、薪金、奖金、年终加薪、劳动分红、津贴、补贴及与任职或受雇有关的其他所得。

(2) 劳务报酬所得。劳务报酬所得是指个人从事劳务取得的所得,包括从事设计、装潢、安装、制图、化验、测试、医疗、法律、会计、咨询、讲学、翻译、审稿、书画、雕刻、影视、录音、录像、演出、表演、广告、展览、技术服务、介绍服务、经纪服务、代办服务以及其他劳务取得的所得。

(3) 稿酬所得。稿酬所得是指个人因其作品以图书、报刊形式出版、发表而取得的所得。

(4) 特许权使用费所得。特许权使用费所得是指个人提供专利权、商标权、著作权、非专利技术及其他特许权的使用权取得的所得;提供著作权的使用权取得的所得,不包括稿酬所得。

(5) 经营所得,是指:①个体工商户从事生产、经营活动取得的所得,个人独资企业投资人、合伙企业的个人合伙人来源于境内注册的个人独资企业、合伙企业生产、经营的所得;②个人依法从事办学、医疗、咨询及其他有偿服务活动取得的所得;③个人对企业、事业单位承包经营、承租经营以及转包、转租取得的所得;④个人从事其他生产、经营活动取得的所得。

(6) 利息、股息、红利所得。利息、股息、红利所得是指个人拥有债权、股权而取得的利息、股息、红利所得。

(7) 财产租赁所得。财产租赁所得是指个人出租不动产、机器设备、车船及其他财产取得的所得。

(8) 财产转让所得。财产转让所得是指个人转让有价证券、股权、合伙企业中的财产份额、不动产、机器设备、车船以及其他财产取得的所得。

(9) 偶然所得。偶然所得是指个人得奖、中奖、中彩及其他偶然性质的所得。

居民个人取得上述(1)~(4)项所得(以下称综合所得),按纳税年度合并计算个人所得税;非居民个人取得上述(1)~(4)项所得,按月或者按次分项计算个人所得税。

2. 个人所得税税率

(1) 居民个人的工资、薪金所得,劳务报酬所得,稿酬所得,特许权使用费所得统称为综合所得。综合所得,适用3%~45%的超额累进税率,如表3-2所示。

表3-2 综合所得适用税率

级 数	全年应纳税所得额	税率	速算扣除数
1	不超过36 000元的	3%	0
2	超过36 000元至144 000元的部分	10%	2 520
3	超过144 000元至300 000元的部分	20%	16 920
4	超过300 000元至420 000元的部分	25%	31 920
5	超过420 000元至660 000元的部分	30%	52 920
6	超过660 000元至960 000元的部分	35%	85 920
7	超过960 000元的部分	45%	181 920

注:本表所称"全年应纳税所得额"是指依照法律规定,居民个人取得综合所得以每一纳税年度收入额减除费用6万元以及专项扣除、专项附加扣除和依法确定的其他扣除后的余额。

(2) 非居民个人取得工资、薪金所得,劳务报酬所得,稿酬所得和特许权使用费所得,适用3%~45%的超额累进税率,如表3-3所示(依照表3-2按月换算后得出)。

表3-3 非居民个人取得工资、薪金所得,劳务报酬所得,稿酬所得和特许权使用费所得适用税率

级 数	全月应纳税所得额	税率	速算扣除数
1	不超过3 000元的	3%	0
2	超过3 000元至12 000元的部分	10%	210
3	超过12 000元至25 000元的部分	20%	1 410
4	超过25 000元至35 000元的部分	25%	2 660
5	超过35 000元至55 000元的部分	30%	4 410
6	超过55 000元至80 000元的部分	35%	7 160
7	超过80 000元的部分	45%	15 160

(3)经营所得,适用5%～35%的超额累进税率,如表3-4所示。

表3-4 经营所得适用税率

级 数	全年应纳税所得额	税率	速算扣除数
1	不超过30 000元的	5%	0
2	超过30 000元至90 000元的部分	10%	1 500
3	超过90 000元至300 000元的部分	20%	10 500
4	超过300 000元至500 000元的部分	30%	40 500
5	超过500 000元的部分	35%	65 500

注:本表所称"全年应纳税所得额"是指依照《个人所得税法》第六条的规定,以每一纳税年度的收入总额减除成本、费用及损失后的余额。

(4)财产租赁所得,财产转让所得,利息、股息、红利所得和偶然所得,适用比例税率,税率为20%。

自2008年3月1日(含)起,对个人出租住房取得的所得暂减按10%的税率征收个人所得税。

自2008年10月9日(含)起,暂免征收储蓄存款利息所得的个人所得税。

(四)个人所得税应纳税额

1. 居民个人的综合所得

居民个人的综合所得,以每一纳税年度的收入额减除费用6万元以及专项扣除、专项附加扣除和依法确定的其他扣除后的余额,为应纳税所得额。计算公式为:

应纳税所得额＝年收入额－60 000－专项扣除－专项附加扣除－其他法定扣除项目
应纳税额＝应纳税所得额×适用税率－速算扣除数

其中,劳务报酬所得、稿酬所得、特许权使用费所得以收入减除20%的费用后的余额为收入额。稿酬所得的收入额减按70%计算。

1)专项扣除

专项扣除包括居民个人按规定缴纳的基本养老保险、基本医疗保险、失业保险和住房公积金等。

2)专项附加扣除

专项附加扣除包括子女教育、继续教育、大病医疗、住房贷款利息或者住房租金、赡养老人、3岁以下婴幼儿照护等支出。

(1)子女教育专项附加扣除。纳税人的子女接受全日制学历教育的相关支出、年满3岁至小学入学前处于学前教育阶段的子女按照每个子女每月2 000元的标准定额扣除。

受教育子女的父母分别按照扣除标准的50%扣除或经约定选择由其中一方按照100%扣除。

(2)继续教育专项附加扣除。纳税人接受学历(学位)继续教育支出按照教育期间每月400元定额扣除。同一学历(学位)继续教育的扣除期限不能超过48个月。接受职业资格继续教育,在取得相关证书的年度,按照3 600元/年定额扣除。

个人接受本科及以下学历(学位)继续教育,可以选择由其父母扣除,也可以选择由本人扣除。

(3) 大病医疗专项附加扣除。在一个纳税年度内,纳税人发生的与基本医保相关的医药费用支出,扣除医保报销后个人负担累计超过15 000元的部分,由纳税人在办理年度汇算清缴时,在80 000元限额内据实扣除。

(4) 住房贷款利息专项附加扣除。纳税人发生的首套住房贷款利息支出,在实际发生贷款利息的年度,按照每月1 000元的标准定额扣除,扣除期限最长不超过240个月。经夫妻双方约定,可选择由其中一方扣除。

(5) 住房租金专项附加扣除。纳税人在主要工作城市没有自有住房而发生的住房租金支出,可以按以下标准定额扣除:直辖市、省会(首府)城市、计划单列市以及国务院确定的其他城市,扣除标准为每月1 500元;除前述所列城市以外,市辖区户籍人口超过100万的城市,扣除标准为每月1 100元;市辖区户籍人口不超过100万的城市,扣除标准为每月800元。

(6) 赡养老人专项附加扣除。纳税人为独生子女的,按照每月3 000元的标准定额扣除;纳税人为非独生子女的,由其与兄弟姐妹分摊每月3 000元的扣除额度,每人分摊的额度不能超过每月1 500元。

被赡养人是指年满60岁(含)的父母,以及子女均已去世的年满60岁的祖父母、外祖父母。

(7) 3岁以下婴幼儿照护扣除。纳税人照护3岁以下婴幼儿子女的相关支出,按照每个婴幼儿每月2 000元的标准定额扣除。

3) 其他扣除

其他扣除包括企业年金、职业年金,个人购买符合国家规定的商业健康保险、税收递延型商业养老保险的支出,以及国务院规定可以扣除的其他项目。

做一做

张某2023年取得工资、薪金收入204 000元。本年度可扣除的三险一金总计27 000元。张某正在偿还首套住房贷款及利息;其独生子正在读大学二年级;张某父母均已年过60岁,且只有张某一个儿子。张某夫妻约定由张某扣除贷款利息和子女教育费。请计算2023年张某应缴纳的个人所得税。

【答案】 (1) 全年减除费用60 000元。

(2) 专项扣除27 000元。

(3) 专项附加扣除:

首套住房贷款利息支出每年扣除额=1 000×12=12 000(元);

子女教育支出每年扣除额=2 000×12=24 000(元);

赡养老人支出每年扣除额=3 000×12=36 000(元);

专项附加扣除合计=12 000+24 000+36 000=72 000(元)。

(4) 应纳税所得额=204 000-60 000-27 000-72 000=45 000(元)。

(5) 应纳税额=45 000×10%-2 520=1 980(元)。

2. 非居民个人工资、薪金所得

非居民个人的工资、薪金所得,以每月收入额减除费用5 000元后的余额为应纳税所得额;劳务报酬所得、稿酬所得、特许权使用费所得以收入减除20%的费用后的余额为收入额。稿酬所得的收入额减按70%计算。适用表3-3超额累进税率,计算公式为:

工资薪金应纳税额=应纳税所得额×适用税率-速算扣除数
　　　　　　=(月收入额-5 000)×适用税率-速算扣除数

劳务报酬应纳税额=应纳税所得额×适用税率-速算扣除数
　　　　　　=每次收入额×(1-20%)×适用税率-速算扣除数

稿酬所得应纳税额=应纳税所得额×适用税率-速算扣除数
　　　　　　=每次收入额×(1-20%)×70%×适用税率-速算扣除数

特许权使用费应纳税额=应纳税所得额×比例税率
　　　　　　=每次收入额×(1-20%)×适用税率-速算扣除数

3. 经营所得

经营所得,以每一纳税年度的收入总额减除成本、费用以及损失后的余额,为应纳税所得额。计算公式为:

应纳税额=应纳税所得额×适用税率-速算扣除数
　　　=(纳税年度收入总额-成本、费用及损失)×适用税率-速算扣除数

成本、费用,是指生产、经营活动中发生的各项直接支出和分配计入成本的间接费用以及销售费用、管理费用、财务费用;所称损失,是指生产、经营活动中发生的固定资产和存货的盘亏、毁损、报废损失,转让财产损失,坏账损失,自然灾害等不可抗力因素造成的损失以及其他损失。

取得经营所得的个人,没有综合所得的,计算其每一纳税年度的应纳税所得额时,应当减除费用6万元、专项扣除、专项附加扣除以及依法确定的其他扣除。专项附加扣除在办理汇算清缴时减除。

4. 财产租赁所得

财产租赁所得,每次收入不超过4 000元的,减除准予扣除项目、修缮费用(800元为限),再减除费用800元;4 000元以上的,减除准予扣除项目、修缮费用(800元为限),再减除20%的费用,其余额为应纳税所得额。其计算公式分别为:

(1) 每次(月)收入不足4 000元的:

应纳税额=[每次(月)收入额-准予扣除项目-
　　　　修缮费用(800元为限)-800]×20%

(2) 每次(月)收入在4 000元以上的:

$$应纳税额=[每次(月)收入额-准予扣除项目-修缮费用(800元为限)] \times (1-20\%) \times 20\%$$

5. 财产转让所得

财产转让所得,以转让财产的收入额减除财产原值和合理费用后的余额,为应纳税所得额。计算公式为:

$$应纳税额=应纳税所得额 \times 适用税率$$
$$=(收入总额-财产原值-合理费用) \times 20\%$$

6. 利息、股息、红利所得和偶然所得

利息、股息、红利所得和偶然所得,以每次收入为应纳税所得额。计算公式为:

$$应纳税额=应纳税所得额 \times 适用税率$$
$$=每次收入额 \times 20\%$$

(五)个人所得税免税项目

下列项目免征个人所得税。

(1) 省级人民政府、国务院部委和中国人民解放军军以上单位,以及外国组织、国际组织颁发的科学、教育、技术、文化、卫生、体育、环境保护等方面的奖金。

(2) 国债和国家发行的金融债券利息。

(3) 按照国家统一规定发给的补贴、津贴。

(4) 福利费、抚恤金、救济金。

(5) 保险赔款。

(6) 军人的转业费、复员费、退役金。

(7) 按照国家统一规定发给干部、职工的安家费、退职费、基本养老金或者退休费、离休费、离休生活补助费。

(8) 依照我国有关法律规定应予免税的各国驻华使馆、领事馆的外交代表、领事官员和其他人员的所得。

(9) 中国政府参加的国际公约、签订的协议中规定免税的所得。

(10) 国务院规定的其他免税所得。

(六)个人所得税的征收管理

我国个人所得税实行以代扣代缴为主、自行申报为辅的征收方式。

1. 自行申报

自行申报是纳税人自行在税法规定的纳税期限内,向税务机关申报取得的应税所得项目和数额,如实填写个人所得税纳税申报表,并按照税法规定计算应纳税额,据此缴纳个人所得税的一种方法。

纳税义务人有下列情形之一的,应当按照规定到主管税务机关办理纳税申报。

(1) 取得综合所得需要办理汇算清缴。需要办理汇算清缴的情形包括:①从两处

以上取得综合所得,且综合所得年收入额减除专项扣除的余额超过 6 万元;②取得劳务报酬所得、稿酬所得、特许权使用费所得中一项或者多项所得,且综合所得年收入额减除专项扣除的余额超过 6 万元;③纳税年度内预缴税额低于应纳税额;④纳税人申请退税。

(2) 取得应税所得没有扣缴义务人。

(3) 取得应税所得,扣缴义务人未扣缴税款。

(4) 取得境外所得。

(5) 因移居境外注销中国户籍。

(6) 非居民个人在中国境内从两处以上取得工资、薪金所得。

(7) 国务院规定的其他情形。

2. 代扣代缴

代扣代缴是指按照税法规定负有扣缴税款义务的单位或个人,在向个人支付应纳税所得时,应计算应纳税额,从其所得中扣除并缴入国库,同时向税务机关报送扣缴个人所得税报告表。

凡支付个人应纳税所得的企业、事业单位、社会团体、军队、驻华机构(不含依法享有外交特权和豁免的驻华使领馆、联合国及其国际组织驻华机构)、个体户等单位或者个人,为个人所得税的扣缴义务人。

3. 纳税期限

(1) 居民个人取得综合所得,按年计算个人所得税;有扣缴义务人的,由扣缴义务人按月或者按次预扣预缴税款;需要办理汇算清缴的,应当在取得所得的次年 3 月 1 日至 6 月 30 日内办理汇算清缴。

(2) 非居民个人取得工资、薪金所得,劳务报酬所得,稿酬所得和特许权使用费所得,有扣缴义务人的,由扣缴义务人按月或者按次代扣代缴税款,不办理汇算清缴。

(3) 纳税人取得经营所得,按年计算个人所得税,由纳税人在月度或者季度终了后 15 日内向税务机关报送纳税申报表,并预缴税款;在取得所得的次年 3 月 31 日前办理汇算清缴。

微课:办理个税年度汇算

(4) 纳税人取得利息、股息、红利所得,财产租赁所得,财产转让所得和偶然所得,按月或者按次计算个人所得税,有扣缴义务人的,由扣缴义务人按月或者按次代扣代缴税款。

(5) 纳税人取得应税所得没有扣缴义务人的,应当在取得所得的次月 15 日内向税务机关报送纳税申报表,并缴纳税款。

(6) 纳税人取得应税所得,扣缴义务人未扣缴税款的,纳税人应当在取得所得的次年 6 月 30 日前,缴纳税款;税务机关通知限期缴纳的,纳税人应当按照期限缴纳税款。

(7) 居民个人从中国境外取得所得的,应当在取得所得的次年 3 月 1 日至 6 月 30 日内申报纳税。

(8) 非居民个人在中国境内从两处以上取得工资、薪金所得的,应当在取得所得的次月 15 日内申报纳税。

(9) 纳税人因移居境外注销中国户籍的，应当在注销中国户籍前办理税款清算。

(10) 扣缴义务人每月或者每次预扣、代扣的税款，应当在次月 15 日内缴入国库，并向税务机关报送扣缴个人所得税申报表。

第三节　税收征收管理

税收征收管理是指国家税务机关依据国家税收法律、行政法规的规定，按照统一的标准，通过一定的程序，对纳税人应纳税额组织入库的一种行政活动，是国家将税收政策贯彻实施到每个纳税人，有效地组织税收收入，及时、足额入库的一系列活动的总称。

一、税务登记

案例分析 22

税务登记又称纳税登记，是税务机关依据税法规定，对纳税人的生产、经营活动进行登记管理的一项法定制度，也是纳税人依法履行纳税义务的法定手续。税务登记是税务机关对纳税人实施税收管理的首要环节和基础工作。

根据《税务登记管理办法》的规定，税务登记包括开业登记、变更登记、停业复业登记、注销登记、跨区域涉税事项报验登记、纳税人税种登记、扣缴义务人扣缴税款登记。

（一）开业税务登记

开业税务登记又称设立税务登记，是指从事生产、经营的纳税人，经国家市场监督管理部门批准开业后办理的纳税登记。

1. 开业税务登记的对象

根据有关规定，办理开业税务登记的纳税人分为以下两类：

（1）领取营业执照从事生产、经营的纳税人。其包括：①企业，即从事生产、经营的单位或组织，包括国有、集体、私营企业，中外合资合作企业、外商独资企业，以及各种联营、联合、股份制企业等；②企业在外地设立的分支机构和从事生产、经营的场所；③个体工商户；④从事生产、经营的事业单位。

（2）其他纳税人。从事生产、经营的纳税人以外的纳税人，除国家机关、个人和无固定生产、经营场所的流动性农村小商贩外，也应当按照规定办理税务登记。此外，根据税收法律、行政法规的规定，负有扣缴税款义务的扣缴义务人（国家机关除外）应当办理扣缴税款登记。

2. 开业税务登记的时间

在市场监督管理部门领取"一照一码"营业执照后，等同于办理了税务登记证，应当在领取"一照一码"营业执照之日起 15 日内，将其财务、会计制度或财务、会计处理办法报送主管税务机关备案；在开立存款账户之日起 15 日内，向主管税务机关报告全部存款账号，并按规定进行申报纳税。

（二）变更税务登记

变更税务登记是指纳税人办理设立税务登记后，因登记内容发生变化，需要对原有登记内容进行更改，而向主管税务机关申请办理的税务登记。变更税务登记的主要目的在于及时掌握纳税人的生产经营情况，减少税款的流失。

1. 变更税务登记的适用范围

纳税人办理税务登记后，如发生下列情形之一，应当办理变更税务登记：改变名称、改变法定代表人、改变经济性质或经济类型、改变住所和经营地点（不涉及主管税务机关变动的）、改变生产或经营方式、增减注册资金（资本）、改变隶属关系、改变生产经营期限、改变或增减银行账号、改变生产经营权属以及改变其他税务登记内容。

2. 变更税务登记的操作流程

（1）自动变更登记信息。自2023年4月1日起，纳税人在市场监管部门依法办理变更登记后，无需向税务机关报告登记变更信息；各省、自治区、直辖市和计划单列市税务机关（以下简称各省税务机关）根据市场监管部门共享的变更登记信息，在金税三期核心征管系统（以下简称核心征管系统）自动同步变更登记信息。处于非正常、非正常户注销等状态的纳税人变更登记信息的，核心征管系统在其恢复正常状态时自动变更。

（2）自动提示推送服务。对纳税人办理变更登记所涉及的提示提醒事项，税务机关通过电子税务局精准推送提醒纳税人；涉及的后续管理事项，核心征管系统自动向税务人员推送待办消息提醒。

（3）做好存量登记信息变更工作。2023年4月1日之前已在市场监管部门办理变更登记，尚未在税务部门变更登记信息的纳税人，由各省税务机关根据市场监管部门共享信息分类分批完成登记信息变更工作。

（三）停业、复业登记

1. 停业登记

实行定期定额征收方式的纳税人，在营业执照核准的经营期限内需要停业的，应当在停业前向税务机关申报办理停业登记。纳税人的停业期限不得超过1年。

纳税人在申报办理停业登记时，应如实填写《停业申请登记表》，说明停业理由、停业期限、停业前的纳税情况和发票的领、用、存情况，并结清应纳税款、滞纳金、罚款。税务机关应收存其税务登记证件及副本、发票领购簿、未使用完的发票和其他税务证件。

2. 复业登记

纳税人应当于恢复生产经营之前，向税务机关申报办理复业登记，如实填写《停、复业报告书》，领回并启用税务登记证件、发票领购簿及其停业前领购的发票。

纳税人停业期满不能及时恢复生产经营的，应当在停业期满前向税务机关提出延长停业登记申请，并如实填写《停、复业报告书》。纳税人停业期满未按期复业又不申请延长停业的，税务机关应当视为已恢复营业，实施正常的税收征收管理。纳税人在停业期间发生纳税义务的，应当及时向主管税务机关申报缴纳税款。

（四）注销登记

注销登记是指纳税人由于法定的原因终止纳税义务时，向原税务机关申请办理的取消税务登记的手续。办理注销税务登记后，该当事人不再接受原税务机关的管理。

纳税人办理税务登记后，如发生下列情形之一，应当办理注销税务登记：①纳税人因经营期限届满而自动解散；②企业由于改组、分立、合并等原因而被撤销；③企业资不抵债而破产；④纳税人住所、经营地址迁移而涉及改变原主管税务机关；⑤纳税人被市场监督管理部门吊销营业执照；⑥纳税人依法终止履行纳税义务的其他情形。

纳税人办理注销税务登记前，应当向税务机关提交相关证明文件和资料，结清应纳税款、多退（免）税款、滞纳金和罚款，缴销发票和税控设备，经税务机关核准后，办理注销税务登记手续。

纳税人办理税务注销前，无须向税务机关提出终止委托扣款协议的申请。税务机关办结税务注销后，委托扣款协议自动终止。

（五）企业跨省（市）迁移涉税事项

企业经营地址发生变更，新经营地址与原经营地址不在同一省份时，有两种处理办法。一是将原企业注销，在新经营地址所在地新注册企业，二是办理企业跨省迁移。

1. 企业跨省（市）迁移税务迁出流程

纳税人跨省迁移的，在市场监管部门办结住所变更登记后，向迁出地主管税务机关填报《跨省（市）迁移涉税事项报告表》。对未处于税务检查状态、已缴销发票和税控设备、已结清税（费）款、滞纳金及罚款，以及不存在其他未办结涉税事项的纳税人，税务机关出具《跨省（市）迁移税收征管信息确认表》，告知纳税人在迁入地承继、延续享受的相关资质权益等信息，以及在规定时限内履行纳税申报义务。经纳税人确认后，税务机关即时办结迁出手续，有关信息推送至迁入地税务机关。

2. 企业跨省（市）迁移税务迁入流程

迁入地主管税务机关应当在接收到纳税人信息后的1个工作日内完成主管税务科所分配、税（费）种认定并提醒纳税人在迁入地按规定期限进行纳税申报。

3. 其他涉税事项的规定

纳税人下列信息在迁入地承继：纳税人基础登记、财务会计制度备案、办税人员实名采集、增值税一般纳税人登记、增值税发票票种核定、增值税专用发票最高开票限额、增值税即征即退资格、出口退（免）税备案、已产生的纳税信用评价等信息。

纳税人迁移前预缴税款，可在迁入地继续按规定抵缴；企业所得税、个人所得税尚未弥补的亏损，可在迁入地继续按规定弥补；尚未抵扣的增值税进项税额，可在迁入地继续按规定抵扣，无需申请开具《增值税一般纳税人迁移进项税额转移单》。

各省税务机关根据本地税源特点优化分级管理职责，提升税收风险分析、重点领域重点群体税收风险管理等复杂事项管理层级，压实市、县税务机关日常管理责任。已提升至省、市税务机关管理的复杂涉税事项，原则上不再推送下级税务机关处理。

（六）纳税人税种登记

纳税人在办理开业或变更登记的同时应当申报填报税种登记，由税务机关根据其生产、经营范围及拥有的财产等情况，认定录入纳税人适用的税种、税目、税率、报缴税款期限、征收方式和缴库方式等。税务机关依据《纳税人税种登记表》所填写的项目,自受理之日起3日内进行税种登记。

(七) 扣缴义务人扣缴税款登记

已办理税务登记的扣缴义务人应当在扣缴义务发生之日起30日内,向税务登记地税务机关申报办理扣缴税款登记。税务机关在其税务登记证件上登记扣缴税款事项,税务机关不再发给扣缴税款登记证件。

根据税收法律、行政法规的规定可不办理税务登记的扣缴义务人,应当在扣缴义务发生之日起30日内,向机构所在地税务机关申报办理扣缴税款登记。税务机关核发扣缴税款登记证件。

纳税人应提供扣缴义务人登记表、营业执照、受托加工应税消费品的相关协议、合同原件及复印件(发生本项代扣代缴义务的)向税务登记地税务机关申报办理扣缴义务人扣缴税款登记。

(八) 违反税务登记规定的法律责任

纳税人未按照规定的期限申报办理税务登记、变更或者注销税务登记的,由税务机关责令限期改正,可以处2 000元以下的罚款;情节严重的,处2 000元以上1万元以下的罚款。未按规定使用税务登记证件,或者转借、涂改、损毁、买卖、伪造税务登记证件的,处2 000元以上1万元以下的罚款;情节严重的,处1万元以上5万元以下的罚款。

二、发票管理

(一) 发票概述

发票是指在购销商品、提供或者接受服务以及从事其他经营活动中,开具、收取的收付款凭证。它是确定经营收支行为发生的法定凭证,是会计核算的原始依据,也是税务稽查的重要依据。

案例分析23

1. 发票的特征

发票具有以下几个方面的特征:

(1) 发票具有合法性。发票的确立是由法律、行政法规作出规定的,在中华人民共和国境内印制、领用、开具、取得、保管、缴销发票的单位和个人,必须遵守《中华人民共和国发票管理办法》及其实施细则。

(2) 发票具有真实性。用票单位和个人必须依照法律、行政法规的规定,从客观事实出发,对经济业务进行如实、客观的记录;对外来的发票进行严格审核把关,去伪存真,以保证原始凭证的真实性。税务机关通过对发票的开具情况实施监督检查,可以全面、准确地了解用票单位和个人的经营状况。

(3) 发票具有时效性。发票是一种经济信息的载体,为了便于从发票中获取和利用经济信息,要求填开发票必须按照税务机关规定的时效进行。

(4) 发票具有共享性。发票是经济信息的重要载体,填开方和取得方都具有共享性。同时，财政、审计、税务、物价、工商等部门通过发票可以了解企业的经营状况，为国家宏观经济管理和企业管理提供详尽的信息。

(5) 发票具有传递性。发票从印制、运输、存储、发售、开具到记账有一个复杂的传递过程。发票只有通过传递，其信息才能为人们感知并接受，才能找到它的归宿，价值才能得以实现。

2. 发票管理机关

税务机关是发票的主管机关，负责发票印制、领用、开具、取得、保管、缴销的管理和监督。国务院税务主管部门统一负责全国发票管理工作。省、自治区、直辖市税务机关依据职责做好本行政区域内的发票管理工作。财政、审计、市场监督管理（简称市场监管）、公安等有关部门在各自的职责范围内，配合税务机关做好发票管理工作。

(二) 发票的种类和联次

发票包括纸质发票和电子发票。电子发票与纸质发票具有同等法律效力，任何单位和个人不得拒收。国家积极推广使用电子发票。

纸质发票的基本联次包括存根联、发票联、记账联。存根联由收款方或开票方留存备查；发票联由付款方或受票方作为付款原始凭证；记账联由收款方或开票方作为记账原始凭证。省以上税务机关可根据纸质发票管理情况以及纳税人经营业务需要，增减除发票联以外的其他联次，并确定其用途。

发票的基本内容包括：发票的名称、发票代码和号码、联次及用途、客户名称、开户银行及账号、商品名称或经营项目、计量单位、数量、单价、大小写金额、税率（征收率）、税额、开票人、开票日期、开票单位（个人）名称（章）等。

领用发票单位可以书面向税务机关要求使用印有本单位名称的发票，税务机关依据《中华人民共和国发票管理办法》第15条的规定，确认印有该单位名称发票的种类和数量。

发票的种类、联次、内容、编码规则、数据标准、使用范围等具体管理办法由国务院税务主管部门规定。

(三) 发票的领用

1. 领用发票的程序

需要领用发票的单位和个人，应当持设立登记证件或者税务登记证件，以及经办人身份证明，向主管税务机关办理发票领用手续。领用纸质发票的，还应当提供按照国务院税务主管部门规定式样制作的发票专用章的印模。主管税务机关根据领用单位和个人的经营范围、规模和风险等级，在5个工作日内确认领用发票的种类、数量以及领用方式。

2. 代开发票

需要临时使用发票的单位和个人，可以凭购销商品、提供或者接受服务以及从事其他经营活动的书面证明、经办人身份证明，直接向经营地税务机关申请代开发票。依照税收法律、行政法规规定应当缴纳税款的，税务机关应当先征收税款，再开具发票。税务机关根据发票管理的需要,可以按照国务院税务主管部门的规定委托其他单位代开发票。禁止非法代开发票。

3. 外地经营领用发票

临时到本省、自治区、直辖市以外从事经营活动的单位或者个人,应当凭所在地税务机关的证明,向经营地税务机关领用经营地的发票。临时在本省、自治区、直辖市以内跨市、县从事经营活动领用发票的办法,由省、自治区、直辖市税务机关规定。

(四)发票的开具

1. 开票主体

(1)销售商品、提供服务以及从事其他经营活动的单位和个人,对外发生经营业务收取款项,收款方应当向付款方开具发票;特殊情况下,由付款方向收款方开具发票。

(2)所有单位和从事生产、经营活动的个人在购买商品、接受服务以及从事其他经营活动支付款项,应当向收款方取得发票。

2. 开票程序

开具发票应当按照规定的时限、顺序、栏目,全部联次一次性如实开具,开具纸质发票应当加盖发票专用章。

安装税控装置的单位和个人,应当按照规定使用税控装置开具发票,并按期向主管税务机关报送开具发票的数据。使用非税控电子器具开具发票的,应当将非税控电子器具使用的软件程序说明资料报主管税务机关备案,并按照规定保存、报送开具发票的数据。单位和个人开发电子发票信息系统自用或者为他人提供电子发票服务的,应当遵守国务院税务主管部门的规定。除国务院税务主管部门规定的特殊情形外,发票限于领用单位和个人在本省、自治区、直辖市内开具。

3. 禁止性规定

取得发票的主体在取得发票时,不得要求开票主体变更品名和金额。不符合规定的发票,不得作为财务报销凭证,任何单位和个人有权拒收。

(五)发票的使用与保管

1. 发票的使用

任何单位和个人应当按照发票管理规定使用发票,不得有下列行为:①转借、转让、介绍他人转让发票、发票监制章和发票防伪专用品;②知道或者应当知道是私自印制、伪造、变造、非法取得或者废止的发票而受让、开具、存放、携带、邮寄、运输;③拆本使用发票;④扩大发票使用范围;⑤以其他凭证代替发票使用;⑥窃取、截留、篡改、出售、泄露发票数据。

2. 发票的保管

(1)开具发票的单位和个人应当建立发票使用登记制度,配合税务机关进行身份验证,并定期向主管税务机关报告发票使用情况。

(2)开具发票的单位和个人应当在办理变更或者注销税务登记的同时,办理发票的变更、缴销手续。

(3) 开具发票的单位和个人应当按照国家有关规定存放和保管发票,不得擅自损毁。已开具的发票存根联,应当保存5年。

三、纳税申报

微课:税收新科技

纳税申报是指纳税人、扣缴义务人按照法律、行政法规的规定,在申报期限内就纳税事项向税务机关书面申报的一种法定手续。纳税申报是纳税人履行纳税义务、界定法律责任的主要依据。

纳税人必须按照法律、行政法规的规定或者税务机关依照法律、行政法规的规定在确定的申报期限内办理纳税申报。临时取得应税收入或发生应税行为的纳税人,在发生纳税义务之后,应立即向经营地税务机关办理纳税申报和缴纳税款。扣缴义务人应当在规定的申报期限内办理代扣代缴、代收代缴税款的申报手续。纳税人在纳税期内没有应纳税款的,也应当按照规定办理纳税申报;纳税人享受减税、免税待遇的,在减税、免税期间也应当按照规定办理纳税申报。

(一)纳税申报的方式

1. 直接申报

直接申报也称上门申报,是指纳税人、扣缴义务人按照规定的期限自行到主管税务机关(报税大厅)办理纳税申报手续。这是传统的纳税申报方式。

2. 邮寄申报

邮寄申报是指经税务机关批准,纳税人、扣缴义务人使用统一规定的纳税申报特快专递专用信封,通过邮政部门办理交寄手续,并向邮政部门索取收据作为申报凭据的方式。邮寄申报以寄出地的邮政局邮戳日期为实际申报日期。这种申报方式比较适宜边远地区的纳税人。

3. 数据电文申报

数据电文申报是指经税务机关批准的纳税人或扣缴义务人经由电子手段、光学手段或类似手段生成、储存或传递的信息的方式,这些手段包括电子数据交换、电子邮件、电报、电传或传真等。例如,目前纳税人的网上申报就属于数据电文申报的一种形式。采用数据电文申报的,收件人指定特定系统接收数据电文的,该数据电文进入特定系统的时间,视为申报、报送到达时间;未指定特定系统的,该数据电文进入收件人的任何系统的首次时间,视为到达时间。

采用数据电文方式进行纳税申报或者报送代扣代缴、代收代缴报告表的,还应在申报结束后,在规定的时间内,将电子数据的材料书面报送(邮寄)税务机关;或者按税务机关的要求保存,必要时按税务机关的要求出具。税务机关收到的纳税人数据电文与报送的书面资料不一致时,应以书面数据为准。

4. 简易申报

简易申报是指由实行定期定额征收方式的个体工商户(或个人独资企业)在税务机关规定的期限内按照法律、行政法规的规定缴清应纳税款,当期(纳税期)可以不办理申报手续的方式。在定额执行期结束后,再将每月实际发生的经营额、所得额一并向税务机关申报。这种方法既节省了时间、降低了纳税成本,也符合及时、足额征收税款的原则。

5. 其他方式

其他方式是指纳税人或扣缴义务人采用直接办理、邮寄办理、数据电文办理以外的方式向税务机关办理纳税申报或者报送代扣代缴、代收代缴报告表。如纳税人或扣缴义务人委托他人代理向税务机关办理纳税申报或者报送代扣代缴、代收代缴报告表等。

(二)违反纳税申报规定的法律责任

纳税人未按照规定的期限办理纳税申报和报送纳税资料的,或者扣缴义务人未按照规定的期限向税务机关报送代扣代缴、代收代缴税款报告表和有关资料的,由税务机关责令限期改正,可以处2 000元以下的罚款;情节严重的,可以处2 000元以上1万元以下的罚款。

四、税款征收

税款征收是税务机关依照税收法律、法规的规定将纳税人应当缴纳的税款组织入库的一系列活动的总称。税款征收是税收征收管理工作的中心环节,在整个税收征收管理工作中占有极其重要的地位。

图解:税收征管改革

(一)税款征收的方式

1. 查账征收

查账征收是指税务机关对财务健全的纳税人,依据其报送的纳税申报表、财务会计报表和其他有关纳税资料,计算应纳税款,填写缴款书或完税证明,由纳税人到银行划解税款的征收方式。这种税款征收方式较为规范,适合于经营规模较大、财务制度健全、能够如实核算和提供生产经营状况、正确计算应纳税款的纳税人。

2. 查定征收

查定征收是指对账务资料不全,但能控制其材料、产量或进销货物的纳税单位或个人,由税务机关依据正常条件下的生产能力对其生产的应税产品查定产量、销售额,然后依照税法规定的税率征收的一种税款征收方式。这种征收方式适用于生产经营规模较小、产品零星、税源分散、会计账册不健全但能控制原材料或进销货的小型厂矿和作坊。

3. 查验征收

查验征收是指税务机关对纳税人的应税产品,通过查验数量,按市场一般销售单价计算其销售收入,并据以计算应纳税款的一种征收方式。这种征收方式适用于经营品种比较单一,经营地点、时间和商品来源不固定的纳税人。

4. 定期定额征收

定期定额征收是指对小型个体工商户在一定经营地点、一定经营时期、一定经营范围内的应纳税经营额(包括经营数量)或所得额(简称定额)进行核定,并以此为计税依据,确定其应纳税额的一种征收方式。这种征收方式适用于生产经营规模小,又确无建账能力,经主管税务机关审核批准可以不设置账簿或暂缓建账的小型纳税人。

5. 核定征收
核定征收是税务机关对不能完整、准确提供纳税资料的纳税人采用特定方式确定其应纳税收入或应纳税额,纳税人据以缴纳税款的一种方式。

1) 核定应纳税额的适用范围

根据《税收征收管理法》第 35 条的规定,纳税人(包括单位纳税人和个人纳税人)有下列情形之一的,税务机关有权核定其应纳税额:

(1) 依照法律、行政法规的规定可以不设置账簿的。
(2) 依照法律、行政法规的规定应当设置账簿但未设置的。
(3) 擅自销毁账簿或者拒不提供纳税资料的。
(4) 虽设置账簿,但账目混乱或者成本资料、收入凭证、费用凭证残缺不全,难以查账的。
(5) 发生纳税义务,未按照规定的期限办理纳税申报,经税务机关责令限期申报,逾期仍不申报的。
(6) 纳税人申报的计税依据明显偏低,又无正当理由的。

2) 核定应纳税额的方法

税务机关有权采用下列任何一种方法核定其应纳税额:

(1) 参照当地同类行业或者类似行业中经营规模和收入水平相近的纳税人的税负水平核定。
(2) 按照营业收入或者成本加合理的费用和利润的方法核定。
(3) 按照耗用的原材料、燃料、动力等推算或者测算核定。
(4) 按照其他合理方法核定。

注意

采用以上所列一种方法不足以正确核定应纳税额时,可以同时采用两种以上的方法核定。纳税人对税务机关采取本条规定的方法核定的应纳税额有异议的,应当提供相关证据,经税务机关认定后,调整应纳税额。

6. 代扣代缴
代扣代缴是指按照税法规定,负有扣缴税款的单位和个人,负责对纳税人应纳的税款进行代扣代缴的一种方式,即由支付人在向纳税人支付款项时,从所支付的款项中直接扣收税款的方式。其目的是对零星分散、不易控制的税源实行源泉控制。

7. 代收代缴
代收代缴是指按照税法规定,负有收缴税款的单位和个人,负责对纳税人应纳的税款进行代收代缴的一种方式,即由与纳税人有经济业务往来的单位和个人向纳税人收取款项时,依照税收的规定收取税款。这种方式同样适用于对零星分散、不易控制的税源实行源泉控制,如受托加工应缴消费税的消费品,由受托方代收代缴消费税。

8. 委托代征
委托代征是指受托单位按照税务机关核发的代征证书的要求,以税务机关的名义向纳税人征收一些零散税款的一种税款征收方式。这种方式适用于零星、分散和流动性较大的税款征收,如集贸市场税款的征收。

9. 其他方式

其他方式包括邮寄申报纳税、自计自填自缴、自报核缴等方式。

(二)税收保全措施

1. 税收保全措施的适用情形

税收保全是指税务机关在规定的纳税期限之前,对由于纳税人的行为或者某种客观原因,致使以后的税款征收不能保证或难以保证而采取的限制纳税人处理或转移商品、货物或其他财产的措施。税务机关有根据认为从事生产、经营的纳税人有逃避纳税义务的行为的,可以在规定的纳税期之前,责令限期缴纳税款;在限期内发现纳税人有明显的转移、隐匿其应纳税的商品、货物以及其他财产或者应纳税额的收入的迹象的,税务机关可以责成纳税人提供纳税担保。如果纳税人不能提供纳税担保,经县以上税务局(分局)局长批准,税务机关可以采取税收保全措施。

2. 税收保全的措施

(1)书面通知纳税人开户银行或者其他金融机构冻结纳税人的金额相当于应纳税款的存款。

(2)扣押、查封纳税人的价值相当于应纳税款的商品、货物或者其他财产。其他财产是指纳税人的房地产、现金、有价证券等不动产和动产。

3. 税收保全的解除

纳税人在税务机关采取税收保全措施后,按照税务机关规定期限缴纳税款的,税务机关应按规定在收到税款或银行转回的完税凭证之日起1日内解除税收保全。

(三)税收强制执行

1. 税收强制执行的适用情形

税收强制执行是指当事人不履行法律、行政法规规定的义务,有关国家机关告诫和限期缴纳无效的情形下,采用法定的强制手段,强迫当事人履行义务的行为。税收强制执行是行政强制执行的一种,是税务机关对纳税人拖欠税款的行为采取的一种行政强制执行措施。从事生产、经营的纳税人、扣缴义务人未按照规定的期限缴纳或者解缴税款,纳税担保人未按照规定的期限缴纳所担保的税款,由税务机关责令限期缴纳,逾期仍未缴纳的,经县以上税务局(分局)局长批准,税务机关可以采取强制执行措施。

2. 税收强制执行措施的形式

(1)书面通知其开户银行或其他金融机构从其存款中扣缴税款。

(2)扣押、查封、依法拍卖或变卖其价值相当于应纳税款的商品、货物或其他财产,以拍卖或变卖所得抵缴税款。

税务机关采取强制执行措施时,对相应纳税人、扣缴义务人、纳税担保人未缴纳的滞纳金同时强制执行。

 **注意**

个人及其所扶养家属维持生活必需的住房和用品,不在强制执行措施的范围之内。税务机关对单价5 000元以下的其他生活用品,不采取税收保全措施和强制执行措施。

(四)税款的追缴与退还

在实际工作中,税款的课征难免有多征或少征的情形,为体现税收法定原则,对纳税人多缴的税款要予以退还,对纳税人少缴的税款要予以追缴。

(1)纳税人多缴税款的,税务机关发现后应当立即退还;纳税人自结算缴纳税款之日起3年内发现的,可以向税务机关要求退还多缴的税款并加算银行同期存款利息,税务机关及时查实后应当立即退还。纳税人在结清缴纳税款之日起3年后向税务机关提出退还多缴税款要求的,税务机关不予受理。

(2)因税务机关的责任,致使纳税人、扣缴义务人未缴或者少缴税款的,税务机关在3年内可以要求纳税人、扣缴义务人补缴税款,但是不得加收滞纳金。

因纳税人、扣缴义务人计算错误等失误,未缴或者少缴税款的,税务机关在3年内可以追征税款、滞纳金;有特殊情况的,追征期可以延长到5年。所谓"特殊情况",是指纳税人或者扣缴义务人因计算错误等失误,未缴或者少缴、未扣或者少扣、未收或者少收税款,累计数额在10万元以上的。补缴和追征税款、滞纳金的期限,自纳税人、扣缴义务人应缴未缴或者少缴税款之日起计算。

 注意

对偷税、抗税、骗税的,税务机关追征其未缴或者少缴的税款、滞纳金或者所骗取的税款,不受前款规定期限的限制,即税务机关可以无限期追征。

(五)延期纳税

纳税人、扣缴义务人应按照法律、行政法规的规定或者税务机关依照法律、行政法规的规定在确定的期限,缴纳或者解缴税款。纳税人因有特殊困难,不能按期缴纳税款的,经省、自治区、直辖市税务局批准,可以延期缴纳税款,但是最长不得超过3个月。

上述特殊困难是指:①因不可抗力,导致纳税人发生较大损失,正常生产经营活动受到较大影响的;②当期货币资金在扣除应付职工工资、社会保险费后,不足以缴纳税款的。

纳税人需要延期缴纳税款的,应当在缴纳税款期限届满前提出申请,并报送下列材料:申请延期缴纳税款报告,当期货币资金余额情况及所有银行存款账户的对账单,资产负债表,应付职工工资和社会保险费等税务机关要求提供的支出预算。税务机关应当自收到申请延期缴纳税款报告之日起20日内作出批准或者不予批准的决定;不予批准的,从缴纳税款期限届满之日起加收滞纳金。

(六)加收滞纳金

纳税人未按照规定期限缴纳税款的、扣缴义务人未按规定期限解缴税款的,税务机关除责令限期缴纳外,从滞纳税款之日起,按日加收滞纳税款0.5‰的滞纳金。《税收征收管理法》规定的加收滞纳金的起止时间,为法律、行政法规规定或者税务机关依照法律、行政法规的规定确定的税款缴纳期限届满次日起至纳税人、扣缴义务人实际缴纳或者解缴税款之日止。

(七)阻止出境

欠缴税款的纳税人或者其法定代表人在出境前未按规定结清应纳税款、滞纳金或者提供纳税担保的,税务机关可以通知出境管理机关阻止其出境。

五、涉税专业服务

涉税专业服务是指涉税专业服务机构接受委托,利用专业知识和技能,就涉税事项向委托人提供的税务代理等服务。

(一)涉税专业服务机构

涉税专业服务机构,是指税务师事务所和从事涉税专业服务的会计师事务所、律师事务所、代理记账机构、税务代理机构、财税类咨询公司等机构。

(1)税务机关对税务师事务所实施行政登记管理。未经行政登记不得使用"税务师事务所"名称,不能享有税务师事务所的合法权益。

(2)从事涉税专业服务的会计师事务所和律师事务所,依法取得会计师事务所执业证书或律师事务所执业许可证,视同行政登记。

(二)涉税专业服务的业务范围

(1)纳税申报代理。对纳税人、扣缴义务人提供的资料进行归集和专业判断,代理纳税人、扣缴义务人进行纳税申报准备和签署纳税申报表、扣缴税款报告表以及相关文件。

(2)一般税务咨询。对纳税人、扣缴义务人的日常办税事项提供税务咨询服务。

(3)专业税务顾问。对纳税人、扣缴义务人的涉税事项提供长期的专业税务顾问服务。

(4)税收策划。对纳税人、扣缴义务人的经营和投资活动提供符合税收法律法规及相关规定的纳税计划、纳税方案。

(5)涉税鉴证。按照法律、法规以及依据法律、法规制定的相关规定要求,对涉税事项真实性和合法性出具鉴定和证明。

(6)纳税情况审查。接受行政机关、司法机关委托,依法对企业纳税情况进行审查,作出专业结论。

(7)其他税务事项代理。接受纳税人、扣缴义务人的委托,代理建账记账、发票领用、减免退税申请等税务事项。

(8) 其他涉税服务。

前款第(3)项至第(6)项涉税业务,应当由具有税务师事务所、会计师事务所、律师事务所资质的涉税专业服务机构从事,相关文书应由税务师、注册会计师、律师签字,并承担相应的责任。

(三) 税务机关对涉税专业服务机构的监管

税务机关建立行政登记、实名制管理、业务信息采集、检查和调查、信用评价、公告与推送等制度,同时加强对税务师行业协会的监督指导,建立与其他相关行业协会的工作联系制度,推动行业协会加强自律管理,形成较为完整的涉税专业服务监管制度体系。

税务机关视情节轻重,对违反法律法规及相关规定的涉税专业服务机构及其涉税服务人员采取以下处理措施:责令限期改正或予以约谈;列为重点监管对象;降低信用等级或纳入信用记录;暂停受理或不予受理其所代理的涉税业务;纳入涉税服务失信名录;予以公告并向社会信用平台推送。此外,对税务师事务所还可以宣布《税务师事务所行政登记证书》无效,提请市场监督管理部门吊销其营业执照,提请全国税务师行业协会取消税务师职业资格证书登记、收回其职业资格证书并向社会公告;对其他涉税专业服务机构及其涉税服务人员还可由税务机关提请其他行业主管部门及行业协会予以相应处理。

六、税收检查

税务检查又称纳税检查,是指税务机关根据税收法律、行政法规的规定,对纳税人履行纳税义务、扣缴义务人履行扣缴义务,及其他有关税务事项进行监督、审查的活动。税务检查是税收征收管理的重要内容,也是税务监督的重要组成部分。做好税务检查,对于加强依法治税,保证国家财政收入,有着十分重要的意义。

(一) 税务机关在税务检查中的职权和职责

(1) 税务机关有权进行下列税务检查:①检查纳税人的账簿、记账凭证、报表和有关资料,检查扣缴义务人代扣代缴、代收代缴税款账簿、记账凭证和有关资料;②到纳税人的生产、经营场所和货物存放地检查纳税人应纳税的商品、货物或者其他财产,检查扣缴义务人与代扣代缴、代收代缴税款有关的经营情况;③责成纳税人、扣缴义务人提供与纳税或者代扣代缴、代收代缴税款有关的文件、证明材料和有关资料;④询问纳税人、扣缴义务人与纳税或者代扣代缴、代收代缴税款有关的问题和情况;⑤到车站、码头、机场、邮政企业及其分支机构检查纳税人托运、邮寄应纳税商品、货物或者其他财产的有关单据、凭证和有关资料;⑥经县以上税务局(分局)局长批准,指定专人负责,凭全国统一格式的检查存款账户许可证明,查询从事生产、经营的纳税人、扣缴义务人在银行或者其他金融机构的存款账户,并有责任为被检查人保守秘密。税务机关在调查税收违法案件时,经设区的市、自治州以上税务局(分局)局长批准,可以查询案件涉嫌人员的储蓄存款。税务机关查询所获得的资料,不得用于税收以外的用途。

(2) 税务机关对从事生产、经营的纳税人以前纳税期的纳税情况依法进行税务检查时,发现纳税人有逃避纳税义务行为,并有明显的转移、隐匿其应纳税的商品、货物以及其他财产或者应纳税收入的迹象的,可以按照《税收征收管理法》规定的批准权限采取税收保全措施或者强制执行措施。税务机关采取税收保全措施的期限一般不得超过6个月;重大案件需要延长的,应当报国家税务总局批准。

(3) 税务机关调查税务违法案件时,对与案件有关的情况和资料,可以记录、录音、录像、照相和复制。

(4) 税务机关依法进行税务检查时,有权向有关单位和个人调查纳税人、扣缴义务人和其他当事人与纳税或者代扣代缴、代收代缴税款有关的情况。

(5) 税务机关派出的人员进行税务检查时,应当出示税务检查证和税务检查通知书,并有责任为被检查人保守秘密;未出示税务检查证和税务检查通知书的,被检查人有权拒绝检查。

(二) 被检查人的义务

(1) 纳税人、扣缴义务人必须接受税务机关依法进行的税务检查,如实反映情况,提供有关资料,不得拒绝、隐瞒。

(2) 税务机关依法进行税务检查,向有关单位和个人调查纳税人、扣缴义务人和其他当事人与纳税或者代扣代缴、代收代缴税款有关的情况时,有关单位和个人有义务向税务机关如实提供有关资料及证明材料。

七、税收法律责任

税收法律责任是税收法律关系主体违反税收法律制度的行为所引起的不利法律后果。税收法律责任的确认必须依照税法规定来进行,追究税收法律责任应以税收违法行为的存在为基本前提,必须按照法定的程序进行。

案例分析24

1. 税收行政法律责任

税收行政法律责任是指税收法律关系主体违反了税收行政管理法律、法规,尚不构成税收刑事法律责任。对于纳税主体(纳税人、扣缴义务人)而言,其行政法律责任形式主要是行政处罚,主要包括以下形式:

(1) 责令限期改正。其主要适用于情节轻微或尚未构成实际危害后果的违法行为,是一种较轻的处罚形式,既可以起到教育的作用,又具有一定的处罚作用。

(2) 罚款。罚款是对违反税收法律法规,不履行法定义务的当事人的一种经济上的处罚。由于罚款既不影响被处罚人的人身自由及其安全,又能起到对违法行为的惩戒作用,因而是税务行政处罚中应用最广的一种。

(3) 没收非法所得、没收非法财产。

(4) 收缴未用发票和暂停供应发票。

(5) 停止出口退税权。停止出口退税权是指税务机关对有骗税或者其他税务违法行为的出口企业停止其一定时间的出口退税权的处罚形式。

2. 税收刑事法律责任

税收刑事法律责任是指税收法律关系主体违反税收法律规定，情节严重、构成犯罪所应承担的法律责任。税收法律关系主体违反刑事法律规定所构成的犯罪主要有偷税罪、逃税罪、抗税罪、受贿罪和玩忽职守罪等。犯罪所要承担的法律责任就是刑罚。刑罚分为主刑和附加刑。主刑有管制、拘役、有期徒刑、无期徒刑和死刑；附加刑有罚金、剥夺政治权利和没收财产。

八、税务行政复议

税务行政复议是指当事人(纳税人、扣缴义务人、纳税担保人及其他税务当事人)对税务机关及其工作人员作出的税务具体行政行为不服，依法向上一级税务机关(复议机关)提出申请，复议机关对具体行政行为的合法性、合理性作出裁决。纳税人、扣缴义务人和纳税担保人同税务机关在纳税上发生争议时，必须先依照税务机关的纳税决定缴纳或者解缴税款及滞纳金或者提供相应的担保，然后可以依法申请行政复议，对行政复议决定不服的可以依法向人民法院起诉。

（一）复议范围

（1）税务机关作出的征税行为，包括确认纳税主体、征税对象、征税范围、减税、免税、退税、抵扣税款、适用税率、计税依据、纳税环节、纳税期限、纳税地点和税款征收方式等具体行政行为和征收税款、加收滞纳金，扣缴义务人、受税务机关委托的单位和个人作出的代扣代缴、代收代缴、代征行为等。

（2）行政许可、行政审批行为。

（3）发票管理行为，包括发售、收缴、代开发票等。

（4）税收保全措施、强制执行措施。

（5）行政处罚行为，包括罚款、没收财物和违法所得、停止出口退税权。

（6）税务机关不依法履行下列职责的行为：①开具、出具完税凭证；②行政赔偿；③行政奖励；④其他不依法履行职责的行为。

（7）资格认定行为。

（8）不依法确认纳税担保行为。

（9）政府信息公开工作中的具体行政行为。

（10）纳税信用等级评定行为。

（11）税务机关通知出入境管理机关阻止出境行为。

（12）税务机关作出的其他具体行政行为。

提示

申请人对上述第(1)项规定的行为不服的，应当先向复议机关申请行政复议，对复议决定不服的，可以再向人民法院提起行政诉讼。申请人对上述第(1)项规定以外的具体行政行为不服的，可以申请行政复议，也可以直接向人民法院提起行政诉讼。

(二)复议管辖

(1)申请人对各级税务局的具体行政行为不服的,向其上一级税务局申请行政复议。

(2)申请人对国家税务总局的具体行政行为不服的,向国家税务总局申请行政复议。对行政复议决定不服的,申请人可以向人民法院提起行政诉讼,也可以向国务院申请裁决。国务院的裁决为最终裁决。

(3)对计划单列市税务局的具体行政行为不服的,向国家税务总局申请行政复议。

(4)对税务所(分局)、各级税务局的稽查局的具体行政行为不服的,向其所属税务局申请行政复议。

(5)对两个以上税务机关以共同的名义作出的具体行政行为不服的,向共同上一级税务机关申请行政复议。

(6)对税务机关与其他行政机关共同作出的具体行政行为不服的,向共同上一级行政机关申请行政复议。

(三)行政复议决定

1. 行政复议决定的作出

申请人可以在知道税务机关作出具体行政行为之日起60日内提出行政复议申请。行政复议机关应当自受理申请之日起60日内作出行政复议决定。情况复杂,不能在规定期限内作出行政复议决定的,经行政复议机关负责人批准,可以适当延期,并告知申请人和被申请人;但是延期不得超过30日。

2. 行政复议决定的种类

(1)具体行政行为认定事实清楚,证据确凿,适用证据正确,程序合法,内容适当的,决定维持。

(2)被申请人不履行法定职责的,决定其在一定期限内履行。

(3)具体行政行为有下列情形之一的,复议机关应决定撤销、变更或者确认该具体行政行为违法:①主要事实不清,证据不足的;②适用依据错误的;③违反法定程序的;④超越职权或者滥用职权的;⑤具体行政行为明显不当的。

(4)申请人在申请行政复议时可以一并提出行政赔偿请求,复议机关对符合国家赔偿法的规定应当赔偿的,在决定撤销、变更具体行政行为或者确认具体行政行为违法时,应当同时决定被申请人依法给予赔偿。

3. 行政复议决定的效力

行政复议决定书一经送达,即发生法律效力。

本章小结

税收是国家为了满足社会公共需要,凭借政治权力,按照国家法律规定,强制、无偿地取得财政收入的一种特定分配方式。我国征收的税种包括增值税、消费税、企业所得税、个人所得税等。针对不同的税种,各级政府部门制定了相关的法律法规,同时制定了税收征收管理法以确保税收工作的有序开展。

 课后训练

一、单项选择题

1. 下列各项中,不属于税收特征的是( )。
   A. 强制性 B. 分配性 C. 无偿性 D. 固定性
2. 下列各项中,税种按照征收管理的分工体系分类的是( )。
   A. 所得税类 B. 行为税类 C. 工商税类 D. 复合税
3. 我国税法构成要素中,( )是税法中具体规定应当征税的项目,是征税的具体根据,它规定了征税对象的具体范围。
   A. 税率 B. 税目 C. 纳税人 D. 征税对象
4. 根据增值税的规定,纳税人以一个月或者一个季度为一个纳税期的,自期满之日起( )日内申报纳税。
   A. 5 B. 7 C. 15 D. 20
5. 下列税法构成要素中,衡量纳税义务人税收负担轻重与否的重要标志是( )。
   A. 计税依据 B. 减税免税
   C. 税率 D. 征税对象
6. 根据《消费税暂行条例》的规定,下列各项中,属于在零售环节缴纳消费税的是( )。
   A. 高档手表 B. 鞭炮 C. 成品油 D. 钻石
7. 根据税法的规定,小型微利企业实行的企业所得税税率为( )。
   A. 10% B. 15% C. 20% D. 25%
8. 根据税法的规定,个人所得税的纳税义务人不包括( )。
   A. 个体工商户 B. 个人独资企业投资者
   C. 有限责任公司 D. 在中国境内有所得的外籍个人
9. 税务登记不包括( )。
   A. 开业登记 B. 变更登记 C. 核定应纳税额 D. 注销登记
10. 纳税人停业期满不能及时恢复生产、经营的,应当在( )向税务机关提出延长停业登记。
    A. 停业期满前 B. 停业期满后
    C. 停业期满前5日 D. 停业期满后5日
11. 下列关于增值税专用发票开具时限的说法中,不正确的是( )。
    A. 采取直接收款方式销售货物,如果货物已经发出,为发出货物的当天
    B. 采取赊销方式销售货物,为书面合同约定的收款日期的当天
    C. 采取委托银行收款方式销售货物,为发出货物并办妥托收手续的当天
    D. 销售应税劳务,为提供劳务同时收讫销售款或取得索取销售款凭据的当天

二、多项选择题

1. 下列各项中,属于流转税的有(   )。
   A. 增值税 B. 消费税 C. 关税 D. 所得税

2. 税法的构成要素一般包括(   )。
   A. 征税对象 B. 计税依据 C. 减免税 D. 纳税期限

3. 按照税法的功能作用的不同,可将税法分为(   )。
   A. 税收行政法规 B. 税收实体法 C. 税收程序法 D. 国际税法

4. 下列各项中,属于增值税价外费用的有(   )。
   A. 销项税额 B. 违约金 C. 手续费 D. 包装物租金

5. 下列各项中,属于企业不征税收入的有(   )。
   A. 财政拨款
   B. 依法收取并纳入财政管理的行政事业性收费
   C. 政府性基金
   D. 符合规定条件的非营利组织的收入

6. 根据企业所得税法律制度的有关规定,下列各项中,在计算企业所得税应纳税所得额时,不得扣除的有(   )。
   A. 企业所得税税款 B. 罚款
   C. 缴纳的税收滞纳金 D. 未经核定的准备金支出

7. 下列各项中,不得开具增值税专用发票的有(   )。
   A. 向消费者个人销售货物的 B. 销售货物适用免税规定的
   C. 小规模纳税人销售货物 D. 向一般纳税人销售货物的

8. 根据我国《税收征收管理法》的规定,纳税人的下列行为中,属于偷税行为的有(   )。
   A. 擅自销毁账簿、记账凭证,不缴应纳税款的
   B. 在账簿上多列支出,少缴应纳税款的
   C. 进行虚假的纳税申报,少缴应纳税款的
   D. 以暴力、威胁方法拒不缴应纳税款的

三、判断题

1. 纳税义务人可以是自然人,也可以是法人或其他社会组织。(   )
2. 财产税类是以纳税人拥有的财产数量或财产价值为征税对象的一类税收。我国现行的车船税就属于财产税类。(   )
3. 免征额是指对征税对象总额中免予征税的数额,即将纳税对象中的一部分给予减免,只就减除后的剩余部分计征税款。(   )
4. 非企业性单位、不经常发生应税行为的企业可选择按小规模纳税人纳税。(   )
5. 增值税是指对从事销售货物或者加工、修理修配劳务,以及进口货物的单位和个人取得的销售收入为计税依据征收的一种流转税。(   )
6. 现行消费税的征税范围中,只有烟丝、粮食白酒和薯类白酒采用复合计征方法。(   )

7. 扣缴义务人应当向纳税人机构所在地或者居住地的主管税务机关申报缴纳其扣缴的增值税税款。（ ）

8. 个人所得税的征税对象不仅包括个人，还包括具有自然人性质的企业。（ ）

9. 对既没有税收纳税义务又不需领用收费（经营）票据的社会团体等，也必须进行税务登记并颁发税务登记证。（ ）

10. 从事生产经营的纳税人不得转借、转让发票，但根据需要可以代开。（ ）

11. 纳税人享受减税、免税待遇的，在减税、免税期间应当按照规定办理纳税申报。（ ）

第四章　财政法律制度

思维导图

- 财政法律制度
  - 一、预算法律制度
    1. 预算法律制度的构成
    2. 国家预算
    3. 预算管理的职权
    4. 预算收入与预算支出
    5. 预算组织程序
    6. 决算
    7. 预决算的监督
  - 二、政府采购法律制度
    1. 政府采购法律制度的构成
    2. 政府采购的概念与原则
    3. 政府采购的功能与执行模式
    4. 政府采购当事人
    5. 政府采购方式
    6. 政府采购的监督检查
  - 三、国库集中收付制度
    1. 国库集中收付制度的概念
    2. 国库单一账户体系
    3. 财政收支的方式和程序

学习目标

1. 了解预算法律制度的构成
2. 了解国库集中收付制度的概念
3. 了解政府采购法律制度的构成和原则
4. 掌握国家预算的级次划分和构成、预算管理的职权、预算组织的程序及预决算的监督
5. 掌握政府采购的执行模式和方式
6. 掌握国库单一账户体系的构成及财政收支的方式

第一节 预算法律制度

一、预算法律制度的构成

预算法律制度是指调整国家在进行预算资金的筹措、分配、使用和管理的过程中发生的经济关系的法律规范的总称。预算法律制度在财政法律体系中处于核心地位。目前，我国预算法律制度由《中华人民共和国预算法》(以下简称《预算法》)《中华人民共和国预算法实施条例》(以下简称《预算法实施条例》)及有关国家预算管理的其他法律制度构成。

预算法是有关国家预算收支以及进行预算管理的法律规范的总称。《预算法》于1994年3月22日由第八届全国人民代表大会通过。新修订的《预算法》于2014年8月31日通过，自2015年1月1日起施行。在我国财政法律体系中，《预算法》是第一部财政基本法律，是我国国家预算管理工作的根本性法律及制定其他预算法律的基本依据。

做一做

我国预算法律制度是由(　　)构成的。
A.《预算法》
B.《预算法实施条例》
C.《预算法实施细则》
D. 有关国家预算管理的其他法律制度
【答案】 ABD

新知：建立现代财税体制

二、国家预算

(一)国家预算的概念

国家预算也称政府预算，是政府的基本财政收支计划，即经法定程序批准的国家年度财政收支计划。国家预算是实现财政职能的基本手段，反映国家的施政方针和社会经济政策，规定政府活动的范围和方向。

国家预算的编制必须遵循一定的原则。国家预算原则是指国家选择预算形式和体系应遵循的指导思想，也就是制定政府财政收支计划的方针，其主要有公开性、可靠性、完整性、统一性和年度性。

1. 公开性

国家预算反映政府的活动范围、方向和政策，与全体公民的切身利益息息相关。因此，国家预算及其执行情况必须采取一定的公开形式，为人民所了解并置于人民的监督之下。

2. 可靠性

每一收支项目的数字指标必须运用科学的方法,依据充分确实的资料,并总结出规律性,进行计算,不得假定或估算,更不能任意编造。

3. 完整性

应列入国家预算的一切财政收支都要列在预算中,不得打埋伏、造假账、预算外另列预算。国家允许的预算外收支,也应在预算中有所反映。

4. 统一性

虽然一级政府设立一级预算,但所有地方预算连同中央预算共同组成统一的国家预算。因此,要求设立统一的预算科目,每个科目都应按统一的口径、程序计算和填列。

5. 年度性

政府必须按照法定预算年度编制国家预算,这一预算要反映全年的财政收支活动,同时不允许将不属于本年度财政收支的内容列入本年度的国家预算之中。

(二) 国家预算的作用

国家预算的作用是国家预算职能在社会经济生活中的具体体现,它主要包括以下三个方面。

1. 财力保证作用

国家预算不仅是保障国家机器运转的物质条件,而且是政府实施各项社会经济政策的有效保证。

2. 调节制约作用

国家预算的收支规模可以调节社会总供给和总需求的平衡,预算支出的结构可以调节国民经济结构,因此国家预算的编制和执行对国民经济和社会发展都有着直接的制约作用。

3. 反映监督作用

通过编制和执行国家预算,可以使得政府便于掌握国民经济的运行状况、发展趋势以及出现的问题,从而采取相应的对策措施,促进国民经济稳定协调地发展。

(三) 国家预算级次的划分

依据财政法原理中的"一级政权,一级财政"原则,我国《预算法》规定,国家实行一级政府一级预算。从纵向方面来看,国家预算包括以下内容:

(1) 中央预算。

(2) 省级(省、自治区、直辖市)预算。

(3) 地市级(设区的市、自治州)预算。

(4) 县市级(县、自治县、不设区的市、市辖区)预算。

(5) 乡镇级(乡、民族乡、镇)预算。

其中,对于不具备设立预算条件的乡、民族乡、镇,经省、自治区、直辖市政府确定,可以暂不设立预算。县级以上地方政府的派出机关,根据本级政府授权进行预算管理活动,但是不作为一级预算。

(四)国家预算的构成

1. 按照政府级次不同分为中央预算和地方预算

(1)中央预算。中央预算是指中央政府预算,由中央各部门(含直属单位)的预算组成。中央预算包括地方向中央上解的收入数额和中央对地方返还或者给予补助的数额。

其中,中央各部门是指与财政部直接发生预算缴款、拨款关系的国家机关、军队、政党组织和社会团体;直属单位是指与财政部直接发生预算缴款、拨款关系的企事业单位。

中央预算支出由中央本级支出和补助地方支出组成,主要包括国防、外交、援外支出、中央级行政管理费、文教卫生事业费、中央统筹的基本建设投资,以及中央本级负担的公检法支出、中央财政对地方的税收返还等。中央预算收入在不同的预算管理体制下有不同的规定。我国的分税制规定,中央预算收入主要由中央固定收入、共享收入的中央收入部分和地方上缴收入等组成。

(2)地方预算。地方预算由各省、自治区、直辖市总预算组成。地方各级政府预算由本级各部门(含直属单位)的预算组成,包括下级政府向上级政府上解的收入数额和上级政府对下级政府返还或者给予补助的数额。

其中,本级各部门是指与本级财政部门直接发生预算缴款、拨款关系的地方国家机关、政党组织和社会团体;直属单位是指与本级财政部门直接发生预算缴款、拨款关系的企事业单位。

地方预算支出根据地方政府的职能划分,主要包括地方行政管理费,公检法支出,地方统筹的基本建设投资,支农支出,地方文教卫生事业费支出,地方上解支出等。地方预算收入主要有地方固定收入,共享收入的地方收入部分,中央对地方的返还收入、补助收入等。

2. 按照收支管理范围可分为总预算和部门单位预算

(1)总预算。总预算是指政府的财政汇总预算。根据国家实行一级政府一级预算的原则,可划分为各级次的总预算,如中央总预算、省(自治区、直辖市)总预算、市总预算、县总预算等。各级总预算都是由本级政府预算和汇总的下一级总预算组成的;下一级只有本级预算的,下一级总预算是指下一级的本级总预算;没有下一级预算的,总预算是指本级预算。

(2)部门单位预算。部门单位预算是指部门、单位的收支预算。各部门预算由本部门所属各单位预算组成。单位预算是指列入部门预算的国家机关、社会团体和其他单位的收支预算。部门单位预算是总预算的基础,其预算收支项目比较详细、具体,它由各级预算部门和单位编制。

3. 按照收支的内容可分为一般公共预算、政府性基金预算、国有资本经营预算、社会保险基金预算

(1)一般公共预算。一般公共预算是对以税收为主体的财政收入,安排用于保障和改善民生、推动经济社会发展、维护国家安全、维持国家机构正常运转等方面的收支

预算。

(2) 政府性基金预算。政府性基金预算是对依照法律、行政法规的规定在一定期限内向特定对象征收、收取或者以其他方式筹集的资金，专项用于特定公共事业发展的收支预算。

(3) 国有资本经营预算。国有资本经营预算是对国有资本收益作出支出安排的收支预算。国有资本经营预算应当按照收支平衡的原则编制，不列赤字，并安排资金调入一般公共预算。

(4) 社会保险基金预算。社会保险基金预算是对社会保险缴款、一般公共预算安排和其他方式筹集的资金，专项用于社会保险的收支预算。

三、预算管理的职权

根据统一领导、分级管理、权责结合的原则，《预算法》明确规定了各级人民代表大会及其常务委员会、各级政府、各级财政部门和各部门、各单位的预算职权。

(一) 各级人民代表大会及其常务委员会的职权

1. 全国人民代表大会及其常务委员会的职权

全国人民代表大会是最高国家权力机关，实施预算管理是全国人民代表大会的一项基本职权。根据我国《预算法》的规定，全国人民代表大会的预算管理职权具体包括：

(1) 审查中央和地方预算草案及中央和地方预算执行情况的报告。

(2) 批准中央预算和中央预算执行情况的报告。

(3) 改变或者撤销全国人民代表大会常务委员会关于预算、决算的不适当的决议。

全国人民代表人会常务委员会作为全国人民代表人会的常设机构，其职权具体包括：

(1) 监督中央和地方预算的执行。

(2) 审查和批准中央预算的调整方案。

(3) 审查和批准中央决算。

(4) 撤销国务院制定的同宪法、法律相抵触的关于预算、决算的行政法规、决定和命令。

(5) 撤销省、自治区、直辖市人民代表大会及其常务委员会制定的同宪法、法律和行政法规相抵触的关于预算、决算的地方性法规和决议。

2. 县级以上地方各级人民代表大会及其常务委员会的职权

县级以上地方各级人民代表大会的预算管理职权具体包括：

(1) 审查本级总预算草案及本级总预算执行情况的报告。

(2) 批准本级预算和本级预算执行情况的报告。

(3) 改变或撤销本级人民代表大会常务委员会关于预算、决算的不适当的决议。

(4) 撤销本级政府关于预算、决算的不适当的决定和命令。

县级以上人民代表大会常务委员会的职权具体包括：

(1) 监督本级总预算的执行。
(2) 审查和批准本级预算的调整方案。
(3) 审查和批准本级政府决算。
(4) 撤销本级政府和下一级人民代表大会及其常务委员会关于预算、决算的不适当的决定和命令。

3. 乡、民族乡、镇的人民代表大会的职权

设立预算的乡、民族乡、镇的人民代表大会的预算管理职权主要有以下五项：
(1) 审查和批准本级预算和本级预算执行情况的报告。
(2) 审查和批准本级预算的调整方案。
(3) 审查和批准本级决算。
(4) 监督本级预算的执行。
(5) 撤销本级政府关于预算、决算的不适当的决定和命令。

注意

乡、民族乡、镇一级人民代表大会不设立常务委员会。

（二）各级政府的职权

各级政府是预算管理的国家行政机关，是国家行政管理的主体，其职权主要包括编制权、执行权、报告权、决定权、监督权和撤销权等。

1. 国务院的职权

国务院的预算管理职权包括：
(1) 编制中央预算、决算草案。
(2) 向全国人民代表大会作关于中央和地方预算草案的报告。
(3) 将省、自治区、直辖市政府报送备案的预算汇总后报全国人民代表大会常务委员会备案。
(4) 组织中央和地方预算的执行。
(5) 决定中央预算预备费的动用。
(6) 编制中央预算调整方案。
(7) 监督中央各部门和地方政府的预算执行。
(8) 改变或者撤销中央各部门和地方政府关于预算、决算的不适当的决定、命令。
(9) 向全国人民代表大会、全国人民代表大会常务委员会报告中央和地方预算的执行情况。

2. 县级以上地方各级政府的职权

县级以上地方各级政府的预算管理职权包括：
(1) 编制本级预算、决算草案。
(2) 向本级人民代表大会作关于本级总预算草案的报告。
(3) 将下一级政府报送备案的预算汇总后报本级人民代表大会常务委员会备案。
(4) 组织本级总预算的执行。

(5) 决定本级预算预备费的动用。
(6) 编制本级预算的调整方案。
(7) 监督本级各部门和下级政府的预算执行。
(8) 改变或者撤销本级各部门和下级政府关于预算、决算的不适当的决定、命令。
(9) 向本级人民代表大会、本级人民代表大会常务委员会报告本级总预算的执行情况。

3. 乡、民族乡、镇政府的职权

乡、民族乡、镇政府的预算管理职权包括：
(1) 编制本级预算、决算草案。
(2) 向本级人民代表大会作关于本级预算草案的报告。
(3) 组织本级预算的执行。
(4) 决定本级预算预备费的动用。
(5) 编制本级预算的调整方案。
(6) 向本级人民代表大会报告本级预算的执行情况。

（三）各级财政部门的职权

1. 国务院财政部门的职权

国务院财政部门代表国务院具体行使财政职能，其预算管理的职权主要包括：
(1) 具体编制中央预算、决算草案。
(2) 具体编制中央预算的调整方案。
(3) 具体组织中央和地方预算的执行。
(4) 提出中央预算预备费动用方案。
(5) 定期向国务院报告中央和地方预算的执行情况。

2. 地方各级财政部门的职权

地方各级财政部门代表本级政府具体行使财政职能，其预算管理职权主要包括：
(1) 具体编制本级预算、决算草案。
(2) 具体编制本级预算的调整方案。
(3) 具体组织本级总预算的执行。
(4) 提出本级预算预备费动用方案。
(5) 定期向本级政府和上一级政府财政部门报告本级总预算的执行情况。

（四）各部门、各单位的职权

1. 各部门的职权

根据《预算法》的规定，与地方财政部门直接发生预算缴款、拨款关系的国家机关、军队、政党组织和社会团体等各部门的预算管理职权包括：
(1) 负责编制本部门预算、决算草案。
(2) 组织和监督本部门预算的执行。
(3) 定期向本级财政部门报告预算的执行情况。

2. 各单位的职权

根据《预算法》的规定,与地方财政部门直接发生预算缴款、拨款关系的企事业单位的预算管理职权包括:

(1) 负责编制本单位的预算、决算草案。

(2) 按照国家规定上缴预算收入,安排预算支出,并接受国家有关部门的监督。

 做一做

下列各项中,属于乡、民族乡、镇政府的预算管理职权的有( )。
A. 编制本级预算、决算草案
B. 向本级人民代表大会作关于本级预算草案的报告
C. 组织本级预算的执行
D. 编制本级预算的调整方案

【答案】 ABCD

四、预算收入与预算支出

我国预算由预算收入和预算支出组成。政府的全部收入和支出都应当纳入预算。

(一) 预算收入

预算收入是通过一定的形式和渠道集中起来的由政府集中掌握使用的货币资金。世界各国取得预算收入的主要形式都是税收。除此之外,其他非税收入形式,则视各国的政治制度、经济结构和财政制度的不同而有所区别。

1. 按来源可分为税收收入、行政事业性收费收入、国有资源(资产)有偿使用收入、转移性收入和其他收入

(1) 税收收入。税收收入是指国家按照预定标准,向经济组织和居民无偿征收货币或者实物所取得的一种财政收入,是国家预算收入的重要来源。

(2) 行政事业性收费收入。行政事业性收费收入是指国家机关、事业单位等依照法律法规规定,按照国务院规定的程序批准,在实施社会公共管理以及在向公民、法人和其他组织提供特定公共服务过程中,按照规定标准向特定对象收取费用形成的收入。

(3) 国有资源(资产)有偿使用收入。国有资源(资产)有偿使用收入是指矿藏、水流、海域、无居民海岛以及法律规定属于国家所有的森林、草原等国有资源有偿使用收入,按照规定纳入一般公共预算管理的国有资产收入等。

(4) 转移性收入。转移性收入是指上级税收返还和转移支付、下级上解收入、调入资金以及按照财政部规定列入转移性收入的无隶属关系政府的无偿援助。

(5) 其他收入。其他收入是指除上述各项收入以外的纳入预算管理的收入,包括各种罚没收入、规费收入等。

2. 按归属划分为中央预算收入、地方预算收入、中央和地方预算共享收入

(1) 中央预算收入。中央预算收入是指按照分税制财政管理体制,纳入中央预算、地方不参与分享的收入,包括中央本级收入和地方按照规定向中央上解的收入。

(2) 地方预算收入。地方预算收入是指按照分税制财政管理体制,纳入地方预算、中央不参与分享的收入,包括地方本级收入和中央按照规定返还或者补助地方的收入。

(3) 中央和地方预算共享收入。中央和地方预算共享收入是指按照分税制财政管理体制,中央预算和地方预算对同一税种的收入,按照一定划分标准或者比例分享的收入。

(二) 预算支出

预算支出是国家对集中的预算收入有计划地分配和使用而安排的支出。预算支出是财政分配活动的重要环节,它反映了政府的政策,规定了政府活动的范围和方向,从而也就鲜明地体现了不同社会制度下财政的特殊本质。

(1) 预算支出按功能可分为:①一般公共服务支出;②外交、公共安全、国防支出;③农业、环境保护支出;④教育、科技、文化、卫生、体育支出;⑤社会保障及就业支出;⑥其他支出。

(2) 预算支出按经济性质可分为:①工资福利支出;②商品和服务支出;③资本性支出;④其他支出。

中央预算与地方预算有关收入和支出项目的划分、地方向中央上缴收入、中央对地方返还或者转移支付的具体办法,由国务院制定,报全国人民代表大会常务委员会备案。上级政府不得在预算之外调用下级政府预算的资金,下级政府不得挤占或者截留属于上级政府预算的资金。

五、预算组织程序

预算组织程序包括预算的编制、审查、执行和调整。

(一) 预算的编制

我国预算年度自公历1月1日起至12月31日止。各级预算应当根据年度经济社会发展目标、国家宏观调控总体要求和跨年度预算平衡的需要,参考上一年预算执行情况、有关支出绩效评价结果和本年度收支预测,按照规定程序征求各方面意见后,进行编制。

各级预算收入的编制,应当与经济社会发展水平相适应,与财政政策相衔接。各级政府、各部门、各单位应当依照《预算法》规定,将所有政府收入全部列入预算,不得隐瞒、少列。各级预算支出应当依照《预算法》规定,按其功能和经济性质分类编制。各级预算支出的编制,应当贯彻勤俭节约的原则,严格控制各部门、各单位的机关运行经费和楼堂馆所等基本建设支出。

中央预算和有关地方预算中应当安排必要的资金,用于扶助革命老区、民族地区、边疆地区、贫困地区发展经济社会建设事业。

各级一般公共预算支出的编制,应当统筹兼顾,在保证基本公共服务合理需要的前提下,优先安排国家确定的重点支出。各级一般公共预算应当按照本级一般公共预算支出额的1‰至3‰设置预备费，用于当年预算执行中的自然灾害等突发事件处理增加的支出及其他难以预见的开支。

（二）预算的审查

全国人民代表大会和地方各级人民代表大会对预算草案及其报告、预算执行情况的报告重点审查下列内容：

(1) 上一年预算执行情况是否符合本级人民代表大会预算决议的要求。
(2) 预算安排是否符合《预算法》的规定。
(3) 预算安排是否贯彻国民经济和社会发展的方针政策，收支政策是否切实可行。
(4) 重点支出和重大投资项目的预算安排是否适当。
(5) 预算的编制是否完整，是否细化。
(6) 对下级政府的转移性支出预算是否规范、适当。
(7) 预算安排举借的债务是否合法、合理，是否有偿还计划和稳定的偿还资金来源。
(8) 与预算有关重要事项的说明是否清晰。

（三）预算的执行

各级预算由本级政府组织执行，具体工作由本级政府财政部门负责。各部门、各单位是本部门、本单位的预算执行主体，负责本部门、本单位的预算执行，并对执行结果负责。

预算收入征收部门和单位，必须依照法律、行政法规的规定，及时、足额征收应征的预算收入。不得违反法律、行政法规规定，多征、提前征收或者减征、免征、缓征应征的预算收入，不得截留、占用或者挪用预算收入。各级政府不得向预算收入征收部门和单位下达收入指标。

政府的全部收入应当上缴国家金库，任何部门、单位和个人不得截留、占用、挪用或者拖欠。对于法律有明确规定或者经国务院批准的特定专用资金，可以依照国务院的规定设立财政专户。

各级政府财政部门必须依照法律、行政法规和国务院财政部门的规定，及时、足额地拨付预算支出资金，加强对预算支出的管理和监督。各级政府、各部门、各单位的支出必须按照预算执行，不得虚假列支。各级政府、各部门、各单位应当对预算支出情况开展绩效评价。

（四）预算的调整

经全国人民代表大会批准的中央预算和经地方各级人民代表大会批准的地方各级预算，在执行中出现下列情况之一的，应当进行预算调整：

(1) 需要增加或者减少预算总支出的。
(2) 需要调入预算稳定调节基金的。
(3) 需要调减预算安排的重点支出数额的。

(4)需要增加举债债务数额的。

在预算执行中,各级政府对于必须进行的预算调整,应当编制预算调整方案。预算调整方案应当说明预算调整的理由、项目和数额。

在预算执行中,由于发生自然灾害等突发事件,必须及时增加预算支出的,应当先动支预备费;预备费不足支出的,各级政府可以先安排支出,属于预算调整的,列入预算调整方案。

六、决算

决算是对年度预算收支执行结果的会计报告,是预算执行的总结,是国家管理预算活动的最后一道程序,是经法定程序批准的年度国家预算执行情况及结果总结性的书面文件,包括决算报表和文字说明两个部分。尚未经法定程序批准的称决算草案。

(一)决算草案的编制

决算草案由各级政府、各部门、各单位在每一预算年度终了后按国务院规定的时间编制,具体事项由国务院财政部门部署。各部门对所属单位的决算草案,应当审核并汇总编制本部门的决算草案,在规定的期限内报本级政府财政部门审核。

编制决算草案,必须符合法律、行政法规,做到收支真实、数额准确、内容完整、报送及时。决算草案应当与预算相对应,按预算数、调整预算数、决算数分别列出。一般公共预算支出应当按其功能分类编列到项,按其经济性质分类编列到款。

(二)决算草案的审批

国务院财政部门编制中央决算草案,经国务院审计部门审计后,报国务院审定,由国务院提请全国人民代表大会常务委员会审查和批准。

县级以上地方各级政府财政部门编制本级决算草案,经本级政府审计部门审计后,报本级政府审定,由本级政府提请本级人民代表大会常务委员会审查和批准。

乡、民族乡、镇政府编制本级决算草案,提请本级人民代表大会审查和批准。

各部门对所属各单位的决算草案,应当审核并汇总编制本部门的决算草案,在规定的期限内报本级政府财政部门审核。各级政府财政部门对本级各部门决算草案审核后发现有不符合法律、行政法规规定的,有权予以纠正。

(三)决算草案的批复

县级以上各级政府决算草案经本级人民代表大会常务委员会批准后,本级政府财政部门应当自批准之日起 20 日内向本级各部门批复决算。各部门应当自本级政府财政部门批复本部门决算之日起 15 日内向所属各单位批复决算。

地方各级政府应当经批准的决算及下一级政府上报备案的决算汇总,报上一级政府备案。县级以上各级政府应当将下一级政府上报备案的决算汇总后,报本级人民代表大会常务委员会备案。

七、预决算的监督

预决算的监督主要包括国家权力机关的监督、各级政府的监督、各级政府财政部门的监督、各级政府审计部门的监督以及社会监督等。

(一) 各级国家权力机关的监督

全国人民代表大会及其常务委员会对中央和地方预算、决算进行监督。县级以上地方各级人民代表大会及其常务委员会对本级和下级政府预算、决算进行监督。乡、民族乡、镇人民代表大会对本级预算、决算进行监督。

(二) 各级政府的监督

国务院和县级以上地方各级政府应当在每年六月至九月期间向本级人民代表大会常务委员会报告预算执行情况。各级政府监督下级政府的预算执行;下级政府应当定期向上一级政府报告预算执行情况。

(三) 各级政府财政部门的监督

各级政府财政部门负责监督本级各部门及其所属各单位预算管理有关工作,并向本级政府和上一级政府财政部门报告预算执行情况。

各部门及其所属各单位应当接受本级财政部门对预算管理有关工作的监督。

(四) 各级政府审计部门的监督

县级以上政府审计部门依法对预算执行决算实行审计监督。对预算执行和其他财政收支的审计工作报告应当向社会公开。

(五) 社会监督

公民、法人或其他组织发现有违反《预算法》的行为,可以依法向有关国家机关进行检举、控告。

做一做

下列有关对预决算监督的表述中,不正确的是(　　)。
A. 全国人民代表大会及其常务委员会对中央和地方预算、决算进行监督
B. 县级以上地方各级人民代表大会对本级和下级预算、决算进行监督
C. 乡、民族乡、镇人民代表大会对本级预算、决算进行监督
D. 各级政府审计部门对本级各部门、各单位和下级政府预算的执行情况和决算,进行审计监督

【答案】 B

第二节 政府采购法律制度

一、政府采购法律制度的构成

政府采购法律制度是调整政府采购关系的法律规范的总称。我国政府采购法律制度由《中华人民共和国政府采购法》(以下简称《政府采购法》)、国务院各部门特别是财政部颁布的一系列行政法规和部门规章,以及政府采购地方性法规和政府规章组成。

(一)政府采购法

《政府采购法》于 2002 年 6 月 29 日,由第九届全国人民代表大会常务委员会第二十八次会议通过,自 2003 年 1 月 1 日起施行(根据《全国人民代表大会常务委员会关于修改〈中华人民共和国保险法〉等五部法律的决定》修正)。《政府采购法》共 9 章 88 条,除总则和附则外,分别对政府采购当事人、政府采购方式、政府采购程序、政府采购合同、质疑和投诉、监督检查、法律责任等问题,作了较为全面的规定。《政府采购法》是我国政府采购法律制度中效力最高的法律文件,是制定其他规范性文件的依据。《政府采购法》的颁布与实施,规范了政府采购行为,提高了政府采购资金的使用效益,促进了政府采购改革与发展,保护了政府采购当事人的合法权益,维护了国家利益和社会公共利益。

(二)政府采购行政法规

国务院各部门,特别是财政部,颁布了一系列有关政府采购的行政法规与部门规章,以进一步细化《政府采购法》中的原则性规定。如《中华人民共和国政府采购法实施条例》(以下简称《政府采购法实施条例》)于 2014 年 12 月 31 日通过,自 2015 年 3 月 1 日起施行。该条例分总则、政府采购当事人、政府采购方式、政府采购程序、政府采购合同、质疑与投诉、监督检查、法律责任、附则 9 章 79 条。《政府采购法实施条例》对电子采购、非招标采购方式的适用情形和操作程序、评审报告的确认时限、询问的答复时限等,作了较为明确的规定。进一步促进政府采购的规范化、法制化,构建规范透明、公平竞争、监督到位、严格问责的政府采购工作机制。

(三)政府采购部门规章

政府采购部门规章是财政部根据法律、行政法规的规定,在其权限范围内发布的有关政府采购方面的规定、决定、命令和细则等规范性文件,属于财政部门规章,是对财政法律、财政行政法规的补充、发展和具体化。目前,我国政府采购部门规章主要有《政府采购信息公告管理办法》《政府采购货物和服务招标投标管理办法》《政府采购供应商投诉处理办法》等。

(四）政府采购地方性法规和政府规章

政府采购地方性法规是省、自治区、直辖市人民代表大会及其常务委员会,依照法律、行政法规的规定,结合本地区的具体情况,制定适用于本行政区域的政府采购的规范性文件。

政府采购规章是指省、自治区、直辖市和较大的市的人民政府根据法律、行政法规和本省、自治区、直辖市的地方性法规拟定的法律规范形式,其效力等级低于宪法、法律、行政法规和地方性法规。

二、政府采购的概念与原则

（一）政府采购的概念

政府采购是指各级国家机关、事业单位和团体组织,使用财政性资金采购依法制定的集中采购目录以内的或者采购限额标准以上的货物、工程和服务的行为。

1. 政府采购的主体范围

政府采购的主体即采购人,是指使用财政性资金采购依法制定的集中采购目录以内的或者限额标准以上的货物、工程和服务的国家机关、事业单位和团体组织。国家机关是指各级党务机关、政府机关、人大机关和政协机关等;事业单位是指依法设立的履行公共事业发展职能的机构和单位,如学校、医院和科研机构等;社会团体是指依法设立由财政供养的从事公共社会活动的团体组织,如企业联合会、有关行业协会和民主党派等。《政府采购法》没有将国有企业的采购纳入政府采购制度的约束范围之内。

2. 政府采购的资金来源

采购资金的性质是确定采购行为是否属于政府采购制度规范范围的重要依据。《政府采购法》中明确规定,政府采购资金为财政性资金。财政性资金是指预算内资金和预算外资金及与财政资金相配套的单位自筹资金的总和。

3. 政府采购的对象范围

政府采购的对象包括货物、工程和服务。货物是指各种形态和种类的物品,包括原材料、燃料、设备、产品等;工程是指建设工程,包括建筑物和构筑物的新建、改建、扩建、装修、拆除、修缮等;服务是指除货物和工程以外的其他政府的采购对象。

4. 政府集中采购目录和政府采购限额标准

为了明确我国各级国家机关、事业单位和团体组织实施政府采购的范围和标准,进一步加强政府采购的管理,根据《政府采购法》有关规定,中央和地方都必须制定政府集中采购目录及政府采购限额标准。

政府集中采购目录和政府采购限额标准由省级以上人民政府确定并公布。其中,属于中央预算的政府采购项目,其集中采购目录和采购限额标准由国务院确定并公布;属于地方预算的政府采购项目,其集中采购目录和采购限额标准由省、自治区、直辖市人民政府或其授权的机构确定并公布。纳入集中采购目录的政府采购项目,应当实行集中采购。

(二)政府采购的原则

1. 公开透明原则

公开透明原则就是与政府采购所进行的相关的活动必须公开进行,主要指采购数量、质量、规格、要求等要公开;采购的合同条件、采购过程、采购结果等采购信息要公开;采购活动要逐项做好采购记录以备审查监督;供应商还可对有关活动的程序进行质疑和投诉。

2. 公平竞争原则

公平竞争原则是指政府采购要通过公平竞争选择出最好的供应商,取得最好的采购效果,全部参加竞争的供应商机会均等并受到同等待遇,不得有任何歧视行为。

3. 公正原则

公正原则是指在公开、公平原则上对所取得结果的公正以及整个操作程序和过程的公正。公正原则主要体现对供应商的确定上,如评标标准明确严格、评标程序的公正、利害关系人的回避程度等。政府采购当事人在采购活动中的地位是平等的,任何一方不得向另一方提出不合理的要求,不得将自己的意志强加给对方。公正原则是建立在公开透明和公平竞争的基础上的,只有公开透明和公平竞争,才能有公正的政府采购结果。

4. 诚实信用原则

诚实信用原则原本属于民事活动的基本原则,由于政府采购既包括民事因素也包括公共管理的因素,因此也应遵守民事活动的基本原则。诚实信用原则要求政府采购各方都应当诚实守信,不得有欺骗背信的行为,要以善意的方式行使权力,尊重他人利益和公共利益,切实地履行约定义务。

三、政府采购的功能与执行模式

(一)政府采购的功能

1. 节约财政支出,提高采购资金的使用效益

政府采购遵循公开透明、公平竞争、公正和诚实信用等原则,实现规范的、阳光化的采购,充分引入竞争机制,不仅可以使政府得到质优价廉的产品、工程和服务,大幅度节约财政支出,降低行政成本,而且可以强化预算约束,减少资金的流通环节,提高资金使用效益。从国际经验来看,实行政府采购一般资金节约率为10%以上。

2. 强化宏观调控

政府在采购中可以通过制定和调整采购规模、采购时间、采购项目、采购规则等方式来发挥政府在经济发展中的宏观调控作用,这样可以调整产业结构,并推进保护国内产业、保护环境、扶持不发达地区和中小企业等政策的实施。

3. 活跃市场经济

政府采购必须遵循公开、公平、公正的原则,在竞标过程中执行严密、透明的"优胜劣汰"机制,所有这些都会调动供应商参与政府采购的积极性,并能够促使供应商不断

新知:政府采购领域整、建、促三年行动方案

提高产品质量、降低生产成本或改善售后服务，以使自己能够赢得政府的订单。由于供应商（厂商）是市场上最活跃的因素，所以，供应商竞争能力的提高又能带动整个国内市场经济的繁荣。从国际竞争的角度看，政府采购又有助于供应商迈出国门、走向国际市场，提高我国产品在国际市场上的竞争能力，并早日进入国际政府采购市场。总之，政府采购制度的引入，使得整个市场经济因此而更加活跃起来，产生较好的"鲶鱼效应"。

4. 推进反腐倡廉

政府采购作为一项制度安排可以推进政府的反腐倡廉工作。在政府采购过程中引入了招标、投标等竞争机制，在当事各方（采购人、供应商、采购代理机构）之间建立起相互监督的制约关系，各方在公平透明的"游戏规则"下为自身利益最大化而展开竞争，从而从制度层面有效地减少了采购过程中的权钱交易、徇私等腐败现象。

5. 保护民族产业

政府采购原则上应该采购本国产品，担负起保护民族产业的重要职责。我国《政府采购法》规定，除极少数法定情形外，政府采购应当采购本国货物、工程和服务。这一规定体现了国货优先原则，这说明政府采购具有保护民族产业的功能。

（二）政府采购的执行模式

根据《政府采购法》规定，政府采购实行集中采购和分散采购相结合的执行模式。

1. 集中采购

集中采购是将纳入政府采购范围内的各行政事业单位分散的、同类的项目集中起来统一采购的方式。按照《政府采购法》的规定，集中采购必须委托集中采购机构代理采购。设区的市、自治州以上人民政府根据本级政府采购项目组织集中采购的需要设立集中采购机构。

集中采购的范围由省级以上人民政府公布的集中采购目录确定。属于中央预算的政府采购项目，其集中采购目录由国务院确定并公布；属于地方预算的政府采购项目，其集中采购目录由省、自治区、直辖市人民政府或其授权的机构确定并公布。

采购人采购纳入集中采购目录的政府采购项目，应当实行集中采购。实行集中采购的优点体现在以下方面：

（1）取得规模效益，降低采购成本。
（2）争取价格优势和优质服务。
（3）保证采购质量。
（4）贯彻落实政策采购有关政策取向，便于实施统一的管理和监督。

其缺点表现在：
（1）难以适应紧急情况采购。
（2）难以满足用户多样性需求。
（3）采购程序复杂。
（4）采购周期较长。

2. 分散采购

分散采购是指由各使用单位自行进行的政府采购模式。根据《政府采购法》的规定,分散采购所采购的对象是集中采购目录以外、采购限额标准以上的货物、工程和服务。分散采购可以由预算单位自行采购,也可以委托集中采购机构在委托的范围内代理采购。

实行分散采购的优点体现在以下方面:
(1) 具有灵活性。
(2) 自主性强。
(3) 手续简便。
(4) 满足采购及时性和多样性的需求。

其缺点表现在:
(1) 失去了规模效益,加大了采购成本。
(2) 导致资产闲置及资金浪费,不利于国家宏观调控。
(3) 容易滋生腐败。

四、政府采购当事人

政府采购当事人是指在政府采购活动中享有权利和承担义务的各类主体,包括采购人、供应商和采购代理机构等。

案例分析 25

(一) 采购人

采购人是依法进行政府采购的国家机关、事业单位和团体组织。采购人是政府采购的需求方和采购活动的发起人,是重要的政府采购当事人。

1. 采购人的权利
(1) 自行选择采购代理机构的权利。
(2) 要求采购代理机构遵守委托协议约定的权利。
(3) 审查政府采购供应商资格的权利。
(4) 依法确定中标供应商的权利。
(5) 签订采购合同并参与对供应商履约验收的权利。
(6) 特殊情况下提出特殊要求的权利。

 示例

对于纳入集中采购目录,属于本部门、本系统、有特殊要求的项目,应当实行部门集中采购;属于本单位有特殊要求的项目,经省级以上人民政府批准,可以自行采购。

(7) 其他合法权利。

2. 采购人的义务
(1) 遵守政府采购的各项法律、法规和规章制度。
(2) 接受和配合政府采购监督管理部门的监督检查,同时还要接受和配合审计机关的审计监督以及检察机关的监察。
(3) 尊重供应商的正当合法权益。
(4) 遵守采购代理机构的工作秩序。

(5) 在规定时间内与中标供应商签订政府采购合同。
(6) 在指定媒体及时向社会发布政府采购信息、招标结果。
(7) 依法答复供应商的询问和质疑。
(8) 妥善保存反映每项采购活动的采购文件。
(9) 其他法定义务。

(二) 供应商

供应商是指向采购人提供货物、工程或服务的法人、其他组织或自然人。供应商是政府采购对象的供给方,也是重要的政府采购当事人。

1. 法定条件

供应商参加政府采购活动应当具备以下条件:
(1) 具有独立承担民事责任的能力。
(2) 具有良好的商业信誉和健全的财务会计制度。
(3) 具有履行合同所必需的设备和专业技术能力。
(4) 有依法缴纳税收和社会保障资金的良好记录。
(5) 参加政府采购活动前3年内,在经营活动中没有重大违法记录。
(6) 法律、行政法规规定的其他条件。

2. 供应商的权利

(1) 平等地取得政府采购供应商资格的权利。
(2) 平等地获得政府采购信息的权利。
(3) 自主、平等地参加政府采购竞争的权利。
(4) 就政府采购活动事项提出询问、质疑和投诉的权利。
(5) 自主、平等地签订政府采购合同的权利。
(6) 要求采购人或采购代理机构保守其商业秘密的权利。
(7) 监督政府采购依法公开、公正进行的权利。
(8) 其他合法权利。

3. 供应商的义务

(1) 遵守政府采购的各项法律、法规和规章制度。
(2) 按规定接受供应商资格审查,并在资格审查中客观、真实地反映自身情况。
(3) 在政府采购活动中,满足采购人或采购代理机构的正当要求。
(4) 投标中标后,按规定程序签订政府采购合同并严格履行合同义务。
(5) 其他法定义务。

(三) 采购代理机构

采购代理机构是指根据采购人的委托代理政府采购事宜的机构,包括集中采购机构和一般采购代理机构。

1. 集中采购机构

集中采购机构是政府集中采购的法定代理机构,由设区的市、自治州以上人民政府根据本级政府采购项目组织集中采购的需要设立。集中采购机构应当独立设置,不得与行政机关存在隶属关系或其他利益关系。

采购人采购纳入集中采购目录的属于通用的政府采购项目,以及不属于依法可以实行部门集中采购和自行采购的政府采购项目,必须委托集中采购机构代理采购;采购未纳入集中采购目录的政府采购项目,可以自行采购,也可以委托集中采购机构在委托的范围内代理采购。

集中采购机构进行政府采购活动,应当符合采购价格低于市场平均价格、采购效率更高、采购质量优良和服务良好的要求。

2. 一般采购代理机构

一般采购代理机构的资格由国务院有关部门或省级人民政府有关部门认定,主要负责分散采购的代理业务。

政府采购代理机构作为一种特殊的利益主体,应当对包括自身在内的政府采购当事人负责,自觉履行政府采购法律规定的义务,依法开展代理采购活动,维护国家利益和社会公共利益。就具体操作而言,其义务和责任主要包括:①依法开展代理采购活动并提供良好服务;②依法发布采购信息;③依法接受监督管理;④不得向采购人行贿或采用其他不正当手段谋取非法利益;⑤其他法定义务和责任。

做一做

我国《政府采购法》规定,采购未纳入集中采购目录的政府采购项目,可以实行(　　)。
A. 自行采购
B. 委托集中采购机构在委托的范围内代理采购
C. 公开招标
D. 竞争性谈判
【答案】 AB

五、政府采购方式

政府采购的方式有六种:公开招标、邀请招标、竞争性谈判、单一来源采购、询价、国务院政府采购监督管理部门认定的其他采购方式。

(一)公开招标

公开招标是指采购人或其委托的政府采购代理机构以招标公告的方式邀请不特定的供应商参加投标,从中择优选择中标供应商的采购方式。

根据《政府采购法》的规定,货物服务采购项目达到公开招标数额标准的,必须采用公开招标方式。对于应当采用公开招标方式的,其具体的数额标准,属于中央预算的由国务院规定;属于地方预算的由省、自治区、直辖市人民政府规定;因特殊情况需要采用公开招标以外的采购,应当在采购活动开始前获得政府采购监督管理部门的批准。采购人不得将应当以公开招标方式采购的货物或服务化整为零或以其他方式规避公开招标采购。

（二）邀请招标

邀请招标也称为选择性招标或有限竞争性招标，是由采购人或其委托的采购代理机构根据供应商或承包商的资信和业绩，选择一定数目的法人或其他组织（不能少于3家），向其发出招标邀请书，邀请他们参加投标竞争，从中选定中标供应商的一种采购方式。

采用邀请招标方式采购的法定情形有：
（1）具有特殊性，只能从有限范围的供应商处采购的。
（2）采用公开招标方式的费用占政府采购项目总价值的比例过大的。

（三）竞争性谈判

竞争性谈判是指采购人或其委托的采购代理机构通过与多家供应商（不能少于3家）进行谈判，最后从中确定中标供应商的一种采购方式。

采用竞争性谈判采购的法定情形有：
（1）招标后没有供应商投标或者没有合格标的或者重新招标未能成立的。
（2）技术复杂或性质特殊，不能确定详细规格或具体要求的。
（3）采用招标所需时间不能满足用户紧急需要的。
（4）不能事先计算出价格总额的。

（四）单一来源采购

单一来源采购是指采购人采购不具备竞争条件的物品，只能从唯一的供应商取得采购货物或服务的情况下，直接向该供应商协商采购的采购方式。

采用单一来源采购的法定情形有：
（1）只能从唯一供应商处采购的。
（2）发生了不可预见的紧急情况不能从其他供应商处采购的。
（3）必须保证原有采购项目一致性或服务配套的要求，需要继续从原供应商处添购，且添购资金总额不超过原合同采购金额10%的。

（五）询价

询价是指采购人向3家以上潜在的供应商发出询价单，对各供应商一次性报出价格进行分析比较，按照符合采购需求、质量和服务相等且报价最低的原则确定中标供应商的采购方式。

采购的货物规格、标准统一、现货货源充足且价格变化幅度小的政府采购项目，可以采用询价方式采购。

六、政府采购的监督检查

政府采购的监督检查可分为专门机构的监督检查和有关机关的监督检查、外部的监督检查和内部的监督检查。

1. 政府采购监督管理部门的监督检查

根据《政府采购法》的规定，各级人民政府财政部门是负责政府采购监督管理的部门,依法履行对政府采购活动的监督检查职责。

财政部门是政府采购专门的监督检查部门,监督检查的主要内容包括:

(1) 有关政府采购的法律、行政法规和规章的执行情况。
(2) 采购范围、采购方式和采购程序的执行情况。
(3) 政府采购人员的职业素质和专业技能。

2. 集中采购机构的内部监督

(1) 集中采购机构应当建立健全内部监督管理制度。采购活动的决策和执行程序应当明确,并相互监督、相互制约。
(2) 集中采购机构的采购人员应当具有相关职业素质和专业技能,符合专业岗位任职要求。

3. 采购人员的内部监督

(1) 采购人必须按照《政府采购法》规定的采购方式和采购程序进行采购。
(2) 政府采购项目的采购标准和采购结果应当公开。

4. 政府有关部门的监督检查

依照法律、行政法规的规定对政府采购负有行政监督职责的政府部门,应当按照其职责分工,加强对政府采购活动的监督。这主要表现在以下两个方面:

(1) 审计机关对政府采购进行审计监督。
(2) 监察机关对参与政府采购活动的国家机关、国家公务员和国家行政机关任命的其他人员实施监察。

5. 政府采购活动的社会监督

任何单位和个人对政府采购活动中的违法行为,都有权控告和检举,有关部门、机关应当依照各自职责及时处理。

做一做

政府采购的监督检查的主要内容有( )。
A. 有关政府采购的法律、行政法规和规章的执行情况
B. 采购范围、采购方式和采购程序的执行情况
C. 政府采购人员的职业素质和专业技能
D. 政府采购的立法情况
【答案】 ABC

第三节 国库集中收付制度

一、国库集中收付制度的概念

国库集中收付制度一般也称为国库单一账户制度,是指由财政部门代表政府设置

国库单一账户体系，所有的财政性资金都纳入国库单一账户体系收缴、支付和管理的制度。国库集中收付制度包括国库集中支付制度和收入收缴管理制度。

财政收入通过国库单一账户体系，直接缴入国库；财政支出通过国库单一账户体系，以财政直接支付和财政授权支付的方式，将资金支付到商品和劳务供应者或用款单位，即预算单位使用资金但见不到资金；未支用的资金均保留在国库单一账户，由财政部门代表政府进行管理运作，降低政府筹资成本，为实现宏观调控政策提供可选择的手段。

案例分析26

二、国库单一账户体系

（一）国库单一账户体系的概念

国库单一账户体系是指以财政国库存款账户为核心的各类财政性资金账户的集合。所有财政性资金的收入、支付、存储及资金清算活动均在该账户体系内运行。

（二）国库单一账户体系的构成

国库单一账户体系包括国库单一账户、财政部门零余额账户、预算单位零余额账户、预算外资金财政专户和特设专户。

1. 国库单一账户

国库单一账户即财政部门在中国人民银行开设的国库存款账户，用于记录、核算和反映纳入预算管理的财政收入和财政支出活动，并用于同财政部门在商业银行开设的零余额账户进行清算，实现支付。

代理银行应当按日将支付的财政预算内资金和纳入预算管理的政府性基金与国库单一账户进行清算。国库单一账户在财政总预算会计中使用，行政单位和事业单位会计中不设置该账户。

2. 财政部门零余额账户

财政部门在商业银行开设的零余额账户，用于财政直接支付和与国库单一账户进行清算。该账户每日发生的支付，于当日营业终了前与国库单一账户清算；营业中单笔支付额在5 000万元人民币以上的（含5 000万元），应当及时与国库单一账户清算。财政部门零余额账户在国库会计中使用。

3. 预算单位零余额账户

财政部门在商业银行为预算单位开设的零余额账户，用于财政授权支付和与国库单一账户进行清算。该账户每日发生的支付，于当日营业终了前由代理银行在财政部门批准的用款额度内与国库单一账户清算；营业中单笔支付额在5 000万元人民币以上的（含5 000万元），应当及时与国库单一账户清算。

预算单位零余额账户可以办理转账、提取现金等结算业务，可以向本单位按账户管理规定保留的相应账户划拨工会经费、住房公积金及提租补贴，以及经财政部门批准的特殊款项，不得违反规定向本单位其他账户和上级主管单位、所属下级单位账户划拨资金。预算单位零余额账户在行政单位和事业单位会计中使用。

4. 预算外资金财政专户

财政部门在商业银行开设的预算外资金财政专户,用于记录、核算和反映预算外资金的收入和支出活动,并用于预算外资金日常收支清算。预算外资金财政专户在财政部门设立和使用。

5. 特设专户

经国务院或国务院授权财政部门批准为预算单位在商业银行开设的特殊专户,用于记录、核算和反映预算单位的特殊专项支出活动,并与国库单一账户清算。预算单位不得将特设专户的资金转入本单位其他账户,也不得将其他账户资金转入本账户核算。

 做一做

在国库单一账户体系下,所有财政性资金的(　　)活动均在该账户体系运行。
A. 收入　　　　　B. 支付　　　　　C. 存储　　　　　D. 资金清算

【答案】 ABCD

三、财政收支的方式和程序

(一) 财政收入的收缴方式和程序

1. 收缴方式

为适应财政国库管理制度的改革要求,将财政收入的收缴分为直接缴库和集中汇缴两种方式。

(1) 直接缴库是指由缴款单位或缴款人按有关法律、法规的规定,直接将应缴收入缴入国库单一账户或预算外资金财政专户。

(2) 集中汇缴是指由征收机关(有关法定单位)按有关法律规定,将所收的应缴收入汇总缴入国库单一账户或预算外资金财政专户。

2. 收缴程序

(1) 直接缴库程序。直接缴库的税收收入,由纳税人或税务代理人提出纳税申报,经征收机关审核无误后,由纳税人通过开户银行将税款缴入国库单一账户。直接缴库的其他收入,比照上述程序缴入国库单一账户或预算外资金财政专户。

(2) 集中汇缴程序。小额零散税收和法律另有规定的应缴收入,由征收机关于收缴收入的当日汇总缴入国库单一账户。非税收入中的现金缴款,比照本程序缴入国库单一账户或预算外资金财政专户。

(二) 财政支出的支付方式和程序

财政支出总体上分为购买性支出和转移性支出。根据支付管理需要,购买性支出具体分为:工资支出,即预算单位的工资性支出;购买支出,即预算单位除工资支出、零星支出之外的购买服务、货物、工程项目等支出;零星支出,即预算单位购买支出中的日常小额部分,除《政府采购品目分类表》所列品目以外的支出,或虽列入《政府采购品目

微课:财政电子票据

案例分析 27

分类表》所列品目,但未达到规定数额的支出。转移性支出,即拨付给预算单位或下级财政部门,未指明具体用途的支出,包括拨付企业补贴和未指明具体用途的资金、中央对地方的一般性转移支付等。

1. 支付方式

按照不同的支付主体,对于不同的支出,分别实行财政直接支付和财政授权支付。

(1) 财政直接支付。财政直接支付是由财政部门向中国人民银行和代理银行签发支付指令,代理银行根据支付指令通过国库单一账户体系,直接将财政资金支付给收款人(即商品和劳务供应者)或用款单位账户。

(2) 财政授权支付。财政授权支付是预算单位按照财政部门授权,自行向代理银行签发支付指令,代理银行根据支付指令,在财政部门批准的预算单位的用款额度内,通过国库单一账户体系将资金支付到收款人账户。实行财政授权支付的支出包括未实行财政直接支付的购买支出和零星支出。

2. 支付程序

(1) 财政直接支付程序。预算单位实行财政直接支付的财政性资金包括工资支出、工程采购支出、物品和服务采购支出。

财政直接支付的申请由一级预算单位汇总,填写"财政直接支付汇总申请书",报财政部门国库支付执行机构。财政部门国库支付执行机构对一级预算单位提出的支付申请审核无误后,开具"财政直接支付汇总清算额度通知单"和"财政直接支付凭证",经财政部门国库管理机构加盖印章签发后,分别送中国人民银行和代理银行。代理银行根据"财政直接支付凭证"及时将资金直接支付给收款人或用款单位。

(2) 财政授权支付程序。财政授权支付程序适用于未纳入工资支出、工程采购支出、物品和服务采购支出管理的购买支出和零星支出。其包括单件物品或单项服务购买额不足10万元人民币的购买支出;年度财政投资不足50万元人民币的工程采购支出;特别紧急的支出和经财政部门批准的其他支出。

财政部门根据批准的一级预算单位用款计划中月度授权支付额度,每月25日前以"财政授权支付汇总清算额度通知单""财政授权支付额度通知单"的形式分别通知中国人民银行、代理银行。代理银行在收到财政部门下达的"财政授权支付额度通知单"时,向相关预算单位发出"财政授权支付额度到账通知书"。基层预算单位凭据"财政授权支付额度到账通知书"所确定的额度支用资金;代理银行凭据"财政授权支付额度通知单"受理预算单位财政授权支付业务,控制预算单位的支付金额,并与国库单一账户进行资金清算。预算单位支用授权额度时,填制财政部门统一制定的"财政授权支付凭证"送代理银行;代理银行根据"财政授权支付凭证",通过零余额账户办理资金支付。

 做一做

财政直接支付程序适用的支出范围主要包括(   )。

A. 特别紧急的支出　　　　　　　　B. 工资支出
C. 工程采购支出　　　　　　　　　D. 物品和服务采购支出

【答案】 BCD

本章小结

财政法律制度包括预算法律制度、政府采购法律制度和国库集中收付制度。凡是与国家财政有关的法律、行政法规及部门规章、地方性法规都是财政法律制度的法律依据。其主要包括《预算法》《预算法实施条例》《政府采购法》以及中央和地方有关国库集中收付制度的规范性文件等。政府采购法律制度包括政府采购法律制度的构成、政府采购的概念、政府采购的原则、政府采购的功能、政府采购的执行模式、政府采购当事人、政府采购方式、政府采购的监督检查等。国库集中收付制度包括国库集中收付制度、国库单一账户体系、财政收入收缴方式和程序、财政支出支付方式和程序等。

课后训练

一、单项选择题

1. 国家预算收入的最主要部分是（　　）。
   A. 税收收入
   B. 依照规定应当上缴的国有资产收益
   C. 专项收入
   D. 其他收入

2. 预算收入、预算支出必须通过国库来进行，各级国库库款的支配权属于（　　）。
   A. 本级人民政府
   B. 本级人民政府财政部门
   C. 本级人民代表大会常务委员会
   D. 本级人民代表大会

3. 各部门、各单位的预算支出，必须按照本级政府财政部门批复的预算科目和数额执行，确需作出调整的，须经（　　）同意。
   A. 本级政府　　　　　　　　B. 本级人民代表大会常务委员会
   C. 本级政府财政部门　　　　D. 国务院

4. 根据《政府采购法》的规定，下列各项关于政府采购的表述中，正确的是（　　）。
   A. 政府采购只能采用公开招标方式
   B. 政府采购只能由集中采购机构代理
   C. 政府采购当事人只包括采购人和供应商
   D. 采购人进行政府采购使用的是财政性资金

5. 下列各项中，不属于政府采购中供应商权利的是（　　）。
   A. 排斥其他供应商参与竞争的权利
   B. 平等地获得政府采购信息的权利
   C. 要求采购人保守其商业秘密的权利
   D. 平等地取得政府采购供应商资格的权利

6. 根据《政府采购法》的有关规定,招标后没有供应商投标或没有合格标的或重新招标未能成立的,其适用的政府采购方式是( )。
   A. 询价方式   B. 邀请招标方式
   C. 公开招标方式   D. 竞争性谈判方式

7. 根据政府采购法律制度的规定,采用邀请招标方式的,采购人应当在省级以上人民政府财政部门指定的政府采购信息媒体发布资格预审公告。资格预审公告的期限不得少于( )个工作日。
   A. 3   B. 5   C. 7   D. 10

8. 竞争性谈判方式是指要求采购人就有关采购事项,与不少于( )家供应商进行谈判。
   A. 2   B. 3   C. 4   D. 5

9. 供应商认为采购文件、采购过程和中标、成交结果使自己的权益受到侵害的,可以在知道或应知其权益受到侵害之日起( )个工作日内,以书面形式向采购人提出质疑。
   A. 15   B. 10   C. 7   D. 30

10. 财政直接支付各单位的预算内资金就是通过( )进行核算支付的。
    A. 单位零余额账户   B. 基本存款账户
    C. 临时存款账户   D. 财政零余额账户

11. 任何单位不得擅自设立、变更或撤销国库单一账户体系中的各类银行账户,管理国库单一账户体系的职能部门是( )。
    A. 国家税务总局   B. 财政部
    C. 中国人民银行   D. 商务部

12. 财政收入收缴方式中,由征收机关(有关法定单位)按有关法律法规的规定,将所收的应缴收入汇总缴入国库单一账户或预算外资金财政专户的方式是( )。
    A. 分次汇缴   B. 直接缴库   C. 集中汇缴   D. 汇总缴纳

13. 财政支出支付方式中,由财政部向中国人民银行和代理银行签发支付指令,代理银行根据支付指令通过国库单一账户体系将资金直接支付到收款人或用款单位账户的方式称( )。
    A. 财政直接支付   B. 财政授权支付
    C. 财政委托支付   D. 财政集中支付

二、多项选择题

1. 我国《预算法》规定的预算收入形式包括( )收入。
   A. 税收   B. 罚没   C. 专项   D. 规费

2. 下列选项中,不属于我国《政府采购法》适用范围的有( )。
   A. 我国境内事业单位适用财政性拨款采购限额标准以上的货物
   B. 因发生大地震所实施的紧急采购
   C. 军事采购
   D. 特别行政区的政府采购

3. 下列各项中,( )属于各级政府编制的预算调整方案应当列明的事项。
   A. 调整的原因　　　　　　　　B. 调整的项目
   C. 调整的数额　　　　　　　　D. 调整的措施
4. 下列选项中,可以作为政府采购当事人中采购人的有( )。
   A. 中华人民共和国商务部　　　B. 人民教育出版社
   C. 中国红十字会　　　　　　　D. 甲个人独资企业
5. 政府采购的投诉人对政府采购监督管理部门的投诉处理决定不服或政府采购监督管理逾期未做处理的,可以( )。
   A. 申请行政复议　　　　　　　B. 申请仲裁
   C. 向人民法院提起诉讼　　　　D. 向人民法院提起申诉
6. 下列可以对政府采购进行监督的有( )。
   A. 财政部门　　B. 审计部门　　C. 监察部门　　D. 社会上的个人
7. 下列各项中,( )属于《预算法》规定的与财政部门直接发生预算缴款、拨款关系的企业和事业单位等各单位的预算职权。
   A. 编制本单位预决算草案　　　B. 按照国家规定上缴预算收入
   C. 安排预算支出　　　　　　　D. 接受国家有关部门的监督
8. 国库集中收付制度包括( )。
   A. 集中收入管理　　　　　　　B. 集中支出管理
   C. 集中账户管理　　　　　　　D. 集中监督管理
9. 预算单位适用财政直接支付的财政性资金包括( )。
   A. 工资　　　　　　　　　　　B. 工程采购支出
   C. 物品采购支出　　　　　　　D. 服务采购支出
10. 下列账户中,属于国库单一账户体系的有( )。
    A. 预算外资金专户　　　　　　B. 小额现金账户
    C. 国库单一账户　　　　　　　D. 财政部零余额账户
11. 目前我国财政支出支付方式主要有( )。
    A. 财政直接支付　　　　　　　B. 财政授权支付
    C. 财政无偿支付　　　　　　　D. 财政有偿支付

三、判断题

1. 我国国家预算分为中央预算、省级预算、地市级预算、县市级预算和乡镇级预算五级。　　　　　　　　　　　　　　　　　　　　　　　　　　　　　　(　　)
2. 全国人民代表大会有权审查和批准中央预算的调整方案。　　　　(　　)
3. 中央预算由全国人民代表大会常务委员会审查和批准;地方各级政府预算由本级人民代表大会常务委员会审查和批准。　　　　　　　　　　　　　(　　)
4. 各级政府审计部门对本级各部门、各单位和下一级政府部门的预算执行和决算实行审计监督。　　　　　　　　　　　　　　　　　　　　　　　　(　　)
5. 我国的政府采购法律制度由《政府采购法》、国务院颁布的一系列部门规章,以及地方性法规和政府规章组成。　　　　　　　　　　　　　　　　　　(　　)

6. 属于中央预算的政府采购项目,其集中采购目录和政府采购限额标准由国务院财政部门确定并公布。   (   )

7. 《政府采购法》规定,政府采购实行集中采购和分散采购相结合。采购纳入集中采购目录的政府采购项目,应当实行集中采购。   (   )

8. 政府采购中公开招标是政府采购的主要采购方式。   (   )

9. 招标后没有供应商投标或没有合格标的或重新招标未能成立的,可以采用竞争性谈判方式采购。   (   )

10. 各级人民政府审计部门是负责政府采购的监督管理部门,依法履行对政府采购活动的监督管理职责。   (   )

11. 国库单一账户在财政总预算会计中使用,行政单位和事业单位会计中不设置该账户。   (   )

12. 财政部门在商业银行为预算单位开设的零余额账户,简称财政部门零余额账户。   (   )

第五章　会计职业道德

思维导图

会计职业道德
- 一、会计职业道德概述
  1. 职业道德的特征与作用
  2. 会计职业道德的概念与特征
  3. 会计职业道德的功能与作用
  4. 会计职业道德与会计法律制度的关系
- 二、会计职业道德规范的主要内容
  1. 坚持诚信，守法奉公
  2. 坚持准则，守责敬业
  3. 坚持学习，守正创新
- 三、会计职业道德教育
  1. 会计职业道德教育的含义
  2. 会计职业道德教育的形式
  3. 会计职业道德教育的内容
  4. 会计职业道德教育的途径
- 四、会计职业道德建设的组织与实施
  1. 财政部门的组织推动
  2. 会计职业组织的行业自律
  3. 企事业单位内部监督
  4. 社会各界的监督与配合
- 五、会计职业道德的检查与奖惩
  1. 会计职业道德检查与奖惩的意义
  2. 会计职业道德检查与奖惩的机制

学习目标

1. 了解职业道德的功能
2. 熟悉会计职业道德的含义
3. 熟悉加强会计职业道德教育的途径
4. 掌握会计职业道德规范的主要内容

第一节　会计职业道德概述

一、职业道德的特征与作用

职业道德的概念有广义和狭义之分。广义的职业道德是指从业人员在职业活动中应该遵循的行为准则，涵盖了从业人员与服务对象、职业与职工、职业与职业之间的关系。狭义的职业道德是指在一定职业活动中应遵循的、体现一定职业特征的、调整一定职业关系的职业行为准则和规范。

（一）职业道德的特征

1. 职业性(行业性)

职业道德的内容与职业实践活动密切相关，反映着特定职业活动对从业人员的行为要求。一定的职业道德规范只适用于一定的职业活动领域，有些具体的行业道德规范，只适用于本行业，其他行业就不完全适用或完全不适用。

2. 实践性

职业道德的作用是调整职业关系，对从业人员职业活动的具体行为进行规范，并解决职业实践活动中的具体道德冲突，因此职业道德具有较强的实践性。

3. 继承性

由于职业道德是与职业活动紧密结合的，所以即使在不同的社会经济环境下，同一种职业因为职业服务对象、服务手段、职业利益、职业责任和义务相对稳定，所以其职业行为道德要求的核心内容会被继承和发扬。

4. 多样性

随着社会的不断进步，科学技术的快速发展，社会分工也向着多样化方向发展，社会分工越来越细。社会分工的多样性，决定了职业道德的多样性。可以说，有多少种分工就有多少种职业道德。虽然道德的基本精神在最高的理论层次上也是可以相通的，但是不同的职业有不同的职业道德标准。

（二）职业道德的作用

1. 调节职业交往中从业人员内部以及从业人员与服务对象间的关系

职业道德的基本职能是调节职能。它一方面可以调节从业人员内部的关系，即运用职业道德规范约束职业内部人员的行为，促进职业内部人员的团结与合作；另一方面，职业道德又可以调节从业人员和服务对象之间的关系。

2. 有助于维护和提高本行业的信誉

提高行业的信誉主要靠产品的质量和服务质量，而从业人员职业道德水平高是产品质量和服务质量的有效保证。若从业人员职业道德水平不高，则很难生产出优质的产品和提供优质的服务。

3. 促进本行业的发展

行业、企业的发展有赖于较高的经济效益，而较高的经济效益源于较高的员工素质。员工素质主要包含知识、能力、责任心三个方面，其中责任心是最重要的。而职业道德水平高的从业人员有责任心是必要的，因此，职业道德能促进本行业的发展。

4. 有助于提高全社会的道德水平

职业道德一方面涉及每个从业者如何对待职业，如何对待工作，同时也是一个从业人员的生活态度、价值观念的表现；是一个人的道德意识，道德行为发展的成熟阶段，具有较强的稳定性和连续性。另一方面，职业道德也是一个职业集体，甚至一个行业全体人员的行为表现，如果每个行业、每个职业集体都具备优良的道德，对整个社会道德水平的提高肯定会发挥重要作用。

二、会计职业道德的概念与特征

（一）会计职业道德的概念

会计职业道德是指在会计职业活动中应当遵循的、体现会计职业特征的、调整会计职业关系的职业行为准则和规范，其含义包括以下三个方面。

1. 会计职业道德是调整会计职业活动中各种利益关系的手段

会计工作的性质决定了在会计职业活动中要处理方方面面的经济关系，包括单位与单位、单位与国家、单位与投资者、单位与债权人、单位与职工、单位内部各部门之间及单位与社会公众之间的经济关系，这些经济关系的实质是经济利益关系。在我国社会主义市场经济建设中，当各经济主体的利益与国家利益、社会公众利益发生冲突时，会计职业道德不允许通过损害国家和社会公众利益而获取违法利益，但允许个人和各经济主体获取合法的自身利益。会计职业道德可以配合国家法律制度，调整职业关系中的经济利益关系，维护正常的经济秩序。

2. 会计职业道德具有相对稳定性

会计是一种专业技术性很强的职业。在其对单位经济事项进行确认、计量、记录和报告中，会计标准的设计、会计政策的制定、会计方法的选择，都必须遵循其内在的客观经济规律和要求。由于人们面对的是共同的客观经济规律，因此，会计职业道德在社会经济关系不断的变迁中，始终保持自己的相对稳定性。在会计职业活动中诚实守信、客观公正等是对会计人员的普遍要求。没有任何一个社会制度能够容忍虚假会计信息，也没有任何一个经济主体会允许会计人员私自向外界提供或泄露单位的商业秘密。

3. 会计职业道德具有广泛的社会性

会计职业道德的社会性是由会计职业活动所生成的产品决定的。特别是在所有权和经营权分离的情况下，会计不但要为政府机构、企业管理层、金融机构等提供符合质量要求的会计信息，而且要为投资者、债权人及社会公众服务，因其服务对象涉及面很广，提供的会计信息是公共产品，所以会计职业道德的优劣将影响国家和社会公众利益。因此，会计职业道德必然受到社会关注，具有广泛的社会性。

（二）会计职业道德的特征

会计作为社会经济活动中的一种特殊职业，除具有职业道德的一般特征外，还具有一定的强制性和较多关注公众利益的特征。

1. 具有一定的强制性

为了强化会计职业道德的调整职能，我国会计职业道德中的许多内容都被纳入了会计法律、法规，如《会计法》《会计基础工作规范》等，均对会计职业道德的内容和要求作出了规定。因此，会计职业道德体现出一定的强制性。当然，会计职业道德还有许多非强制性内容，如提高技能、强化服务、参与管理等，但其直接影响会计人员的专业胜任能力、会计信息质量和会计职业的声誉，因此也要求会计人员遵守。

2. 较多关注公众利益

会计人员在遵循会计职业道德的过程中，往往会受到利益因素的驱动。由于会计人员的利益取决于经济主体的利益，当个人利益、经济主体利益与国家利益、社会公众利益出现矛盾时，如果会计人员与经济主体利益协调一致，而忽视国家利益和社会公众利益，便会产生会计职业道德危机。因此，会计职业的社会公众利益性，要求会计人员客观公正，在会计职业活动中，发生道德冲突时要坚持准则，把国家利益、社会公众利益放在第一位。

三、会计职业道德的功能与作用

（一）会计职业道德的功能

1. 指导功能

指导功能是指会计职业道德指导会计人员会计行为的功能。会计职业道德不仅规范和约束会计人员的职业行为，而且通过规范性的要求正确引导、规范和约束会计人员树立良好的职业观念，遵循职业道德要求，从而达到规范会计行为的目的。

2. 评价功能

评价功能是指对会计人员的行为，根据会计职业道德标准进行客观评判和认定的功能。会计职业道德对遵守职业道德行为的主体进行赞扬和褒奖，从而引发其自豪感和荣誉感；对违反职业道德行为的主体进行批评和谴责，使其产生羞愧感和内疚感。因此，道德评价是一种巨大的社会力量和人们内在的意志力量，是人以评价来把握现实的一种方式，它通过把周围社会现象划分为"善"与"恶"而实现。

3. 教化功能

教化功能是指会计职业道德对会计人员具有教育和感化的功能。人们常把道德比作催人奋进的引路人，说的就是道德对人的这种教育和感化功能。会计职业道德不仅明确了会计人员会计行为方面的要求，还明确了会计人员自身素质方面的要求，这种内在要求对会计人员能起到积极的教育和引导作用，并且将规范延伸至日常工作和生活中，从而树立正确的道德观念和道德意识，养成高尚的道德品质。

（二）会计职业道德的作用

1. 会计职业道德是规范会计行为的基础

动机是行为的先导，有什么样的动机就有什么样的行为。会计职业道德对会计的行为动机提出了相应的要求，如诚实守信、客观公正等，引导、规劝、约束会计人员树立正确的职业观念，建立良好的职业品行，从而达到规范会计行为的目的。

2. 会计职业道德是实现会计目标的重要保证

从会计职业关系角度讲，会计目标就是为会计职业关系中的各个服务对象提供真实、可靠的会计信息。由于会计职业活动既是技术性的处理过程，同时又涉及对多种经济利益关系的调整，会计目标能否顺利实现，既取决于会计从业者的专业技能水平，也取决于会计从业者能否严格履行职业行为准则。如果会计从业者故意或非故意地提供了不真实、不可靠的会计信息，就会导致服务对象的决策失误，甚至导致社会经济秩序混乱。因此，依靠会计职业道德规范约束会计从业者的职业行为，是实现会计目标的重要保证。

3. 会计职业道德是对会计法律制度的重要补充

在现实生活中，人们的很多行为很难由法律作出规定。例如，会计法律只能对会计人员不得违法的行为作出规定，不宜对他们如何爱岗敬业、诚实守信和提高技能等提出具体要求，但是，如果会计人员缺乏爱岗敬业的热情和态度，缺乏诚实守信的做人准则，没有必要的职业技能，就很难保证会计信息达到真实、完整的法定要求。很显然，会计职业道德是其他会计法律制度所不能替代的。会计职业道德是对会计法律规范的重要补充。

4. 会计职业道德是提高会计人员职业素养的内在要求

社会的进步和发展，对会计职业者的素质要求越来越高。会计职业道德是会计人员素质的重要体现。一个高素质的会计人员应当做到爱岗敬业、提高专业胜任能力，这不仅是会计职业道德的主要内容，也是会计职业者遵循会计职业道德的可靠保证。倡导会计职业道德，加强会计职业道德教育，并结合会计职业活动，引导会计职业者进一步加强自我修养，提高专业胜任能力，有利于促进会计职业者整体素质的不断提高。

四、会计职业道德与会计法律制度的关系

（一）会计职业道德与会计法律制度的联系

1. 两者在作用上相互补充、相互渗透

在规范会计行为时，既需要会计法律制度的强制功能，又需要会计职业道德的教化功能。因此，会计法律制度和会计职业道德在功能上是相互补充的，会计职业道德是会计法律制度的重要补充。

2. 两者在内容上相互借鉴、相互吸收

起初的会计职业道德规范就是对会计职业行为约定俗成的基本要求，后来在会计

案例分析28

立法过程中吸收了这些基本要求，便形成了会计法律制度。一方面，会计法律制度中含有会计职业道德规范的内容；另一方面，会计职业道德规范中也包含会计法律制度的某些条款。

(二) 会计职业道德与会计法律制度的区别

1. 两者的性质不同

会计法律制度是由国家立法部门或行政管理部门颁布的对会计人员的工作行为进行约束的具体规定，通过国家机器来强制执行，具有很强的他律性。会计职业道德主要是从品行角度对会计人员的会计行为作出规范，主要依靠会计人员的自觉性，并依靠社会舆论、传统习惯和良心来实现，具有很强的自律性。

2. 两者的作用范围不同

会计法律制度侧重于调整会计人员的外在行为和结果的合法化，具有很强的客观性。会计职业道德不仅要求调整会计人员的外在行为，还要调整会计人员的内心精神世界，主要靠自律，具有较强的主观性。

3. 两者的表现形式不同

会计法律制度是通过一定的程序由国家立法机关或行政管理机关制定的，其表现形式是具体的、明确的、成文的规定。会计职业道德则出自会计人员的职业生活和职业实践，其表现形式既有明确的成文规定，也有不成文的规范，依靠社会舆论、道德教育、传统习俗和道德评价来实现。

4. 两者的实施保障机制不同

会计法律制度由国家强制力保障实施，既包括法律规范内容中明确的制裁和处罚条款，也包括设有与之相配合的权威的制裁和审判机关。会计职业道德既有国家法律的相应要求，也需要会计人员的自觉遵守。当人们在会计职业道德上的权利与义务发生争议时，由于没有权威机构对其中的是非曲直作出明确的裁定，或者即使有裁定也是舆论性质的，缺乏权威机构对裁定执行的保障。

5. 两者的评价标准不同

会计法律制度要求的是"必须"，评价的标准是对和错，对违反会计法律制度的行为，应对其后果进行禁止性追究，并视情节轻重予以不同程度的惩罚。会计职业道德要求的是"应该"，评价标准是善和恶，是一个价值判断，对违背会计职业道德规范的行为应予以舆论谴责，并引起行为人对违背良心的内疚和行为的反思。

做一做

会计职业道德与会计法律制度的联系包括(　　)。

A. 在作用上相互补充　　　　　　　　B. 在内容上相互渗透、相互重叠

C. 在地位上相互转化、相互吸收　　　D. 在实施上相互作用、相互促进

【答案】　ABCD

第二节　会计职业道德规范的主要内容

《会计法》规定：会计人员应当遵守职业道德，提高业务素质，严格遵守国家有关保密规定。党的十八大以来，党中央、国务院部署加快社会信用体系建设、构筑诚实守信的经济社会环境，将会计人员作为职业信用建设的重点人群，要求引导职业道德建设与行为规范。

微课：会计人员职业道德规范

为贯彻落实党中央、国务院关于加强社会信用体系建设的决策部署，推进会计诚信体系建设，提高会计人员职业道德水平，根据《中华人民共和国会计法》《会计基础工作规范》，财政部研究制定了《会计人员职业道德规范》（以下简称《规范》），这是我国首次制定的全国性的会计人员职业道德规范。

《规范》将新时代会计人员职业道德要求总结提炼为 24 个字，内容精髓、内涵丰富、通俗易懂，逻辑清晰。核心表述为以下三个方面。

一、坚持诚信，守法奉公

"坚持诚信，守法奉公"是对会计人员的自律要求，具体要求是：

（1）牢固树立诚信理念，以诚立身、以信立业，严于律己、心存敬畏。

（2）学法知法守法，公私分明，克己奉公，树立良好职业形象，维护会计行业声誉。

二、坚持准则，守责敬业

"坚持准则，守责敬业"是对会计人员的履职要求，具体要求是：

（1）严格执行准则制度，保证会计信息真实完整。

（2）勤勉尽责、爱岗敬业，忠于职守、敢于斗争，自觉抵制会计造假行为，维护国家财经纪律和经济秩序。

三、坚持学习，守正创新

"坚持学习，守正创新"是对会计人员的发展要求，具体要求是：

（1）始终秉持专业精神，勤于学习、锐意进取，持续提升会计专业能力。

（2）不断适应新形势新要求，与时俱进、开拓创新，努力推动会计事业高质量发展。

第三节　会计职业道德教育

一、会计职业道德教育的含义

会计职业道德教育，是指根据会计工作的特点，有目的、有组织、有计划地对会计人员施加系统的会计职业道德影响，促使会计人员形成会计职业道德品质，履行会计职业道德义务的活动。会计职业道德教育是会计职业道德活动的一项重要内容。一方面，大中专院校或会计培训机构等会计人才的培养单位、会计工作的管理部门、会计职业的自律组织、单位负责人都有教导和督促会计人员加强学习会计职业道德规范的责任；另一方面，会计人员自身也有不断提高会计职业道德修养的义务，使得外在的会计职业道德规范转化为会计人员内在的品质与行为。

二、会计职业道德教育的形式

（一）接受教育

接受教育即外在教育，是指通过学校或培训单位对会计人员进行以职业责任、职业义务为核心内容的正面灌输，以规范其职业行为，维护国家和社会公众利益的教育。接受教育具有导向作用，行业部门或行业协会通常是职业道德教育的组织者，由其对从业人员开展正面的职业道德教育，因此接受教育是一种被动学习、被动接受教育。

（二）自我修养

自我修养即内在教育，是指会计人员自我学习、自我改造和自身道德修养的行为活动。自我教育是把外在的职业道德的要求，逐步转变为会计人员内在的职业道德情感、职业道德意志和职业道德信念。要大力提倡和引导会计人员的自我教育，在社会实践中不断加强职业道德修养，养成良好的道德行为，从而实现道德境界的升华。

三、会计职业道德教育的内容

（一）会计职业道德观念教育

会计职业道德观念教育，是指在社会上大力宣传会计职业道德的基本常识，增强会计人员的职业义务感和职业荣誉感，培养良好的会计职业节操，形成"遵守会计职业道德光荣，违背会计职业道德可耻"的道德风尚。

加强会计职业义务感的教育，有助于会计人员系统掌握职业道德的内容、知晓会计职业道德对会计信息质量、社会经济秩序的影响，提高会计人员对会计工作社会责任的认识，使会计人员具有强烈的职业道德义务感，能够做到在没有社会舆论压力、没有他人监督的情况下，也能很好地履行自己应尽的职业道德义务。

加强会计职业荣誉感的教育，有助于会计人员充分认识到本职工作在社会经济活动中的重要社会地位和职业价值，从而逐步形成对自己所从事职业的光荣感、自豪感和幸福感。

会计职业节操是指不惧压力，不为利诱，在任何时候、任何情况下都能以诚信为本，以操守为重，坚持准则，廉洁自律，严格把关，尽职尽责。

（二）会计职业道德规范教育

会计职业道德规范教育就是指对会计人员开展以会计职业道德规范为内容的教育。会计职业道德规范的主要内容包括爱岗敬业、诚实守信、廉洁自律、客观公正、坚持准则、提高技能、参与管理和强化服务等。这是会计职业道德教育的核心内容，应贯穿于会计职业道德教育的始终。

(三) 会计职业道德警示教育

会计职业道德警示教育就是指通过开展对违反会计职业道德行为和对违法会计行为典型案例的讨论和剖析,给会计人员以启发和警示,从而可以提高会计人员的法律意识和会计职业道德观念,提高会计人员辨别是非的能力。

(四) 其他与会计职业道德相关的教育

与会计职业道德相关的其他教育主要有形势教育、品德教育、法制教育等。

(1) 形势教育的重点是贯彻"以德治国"重要思想和"诚信为本、操守为重、坚持准则、不做假账"的指示精神,进一步全面、系统地加强会计职业道德培训,提高广大会计人员的政治水平和思想道德水平。

(2) 品德教育的重点是引导会计人员自觉用会计职业道德规范指导和约束自己的行为,提高职业道德自律能力,从而形成良好的、稳定的道德品行。

(3) 法制教育的重点是引导会计人员了解和熟悉不同历史时期的会计法律、法规,学会运用法律的手段处理会计事务。

做一做

会计职业道德教育的内容包括( )。
A. 会计职业道德观念教育　　　　B. 会计职业道德规范教育
C. 会计职业道德警示教育　　　　D. 其他与会计职业道德相关的教育
【答案】　ABCD

四、会计职业道德教育的途径

(一) 接受教育

1. 岗前职业道德教育

岗前职业道德教育,是指对将要从事会计职业的人员进行的道德教育,包括会计学历教育及从事会计工作前的职业道德教育。教育的侧重点应放在职业观念、职业情感及职业规范等方面。

(1) 会计学历教育中的职业道德教育。《公民道德建设实施纲要》中指出:"学校是进行系统道德教育的重要阵地。各级各类学校必须认真贯彻党的教育方针,全面推进素质教育"。在我国,大专院校是培养各类专门人才的基地,其会计类专业就读的学生,是会计队伍的预备人员,他们当中大部分将走入会计队伍,从事会计工作。会计学历教育阶段是他们的会计职业情感、道德观念和是非善恶判断标准初步形成的时期,所以会计专业类大专院校是会计职业道德教育的重要阵地,是会计人员岗前道德教育的主要场所,在会计职业道德教育中具有基础性地位。

(2) 从事会计工作前的职业道德教育。在我国,财政部门对各单位从事会计工作的人员的专业能力和遵守职业道德实施监督,因此在从事会计工作前,不仅要对其专业能力进行教育,而且要对职业道德进行教育。德才兼备,两者相辅相成,缺一不可。

2. 岗位职业道德继续教育

继续教育是指从业人员在完成某一阶段的工作和学习后,重新接受一定形式的、有组织的、知识更新的教育和培训活动。会计人员继续教育是强化会计职业道德教育的有效形式。

会计职业道德教育应贯穿于整个会计人员继续教育的始终。在职业道德的继续教育中应体现社会经济的发展变化对道德的要求,也就是说,在不同的阶段,道德教育的侧重点应有所不同。就现阶段而言,会计人员继续教育中的会计职业道德教育目标是适应新的市场经济形势的发展变化,在不断更新、补充、拓展会计人员业务能力的同时,使其政治素质、职业道德水平不断提高,具体包括形势教育、品德教育、专业理论教育和法制教育四个方面。

(二) 自我修养

1. 会计职业道德自我修养环节

会计职业道德自我修养的环节一般包括道德认知、道德情感、道德信念和道德行为等方面,它们之间相互联系,不可缺少,形成一个完整的体系。

(1) 形成正确的会计职业道德认知。会计职业道德认知,是指对会计职业道德的准则、行为及其意义的认识、理解和掌握,这是会计职业道德自我修养的前提和首要环节。没有一定的会计职业道德认知,就不可能形成良好的会计职业道德的行为和习惯。因此,会计人员必须加强会计职业道德知识的学习,正确理解和掌握会计职业道德规范的内容,提高对会计职业道德理想、品质等方面的认识,增强履行职责和道德义务的自觉性。

(2) 培养高尚的会计职业道德情感。会计职业道德情感,是指会计人员依据一定的会计职业道德标准,对现实的道德关系和自己或他人的道德行为等所产生的情绪体验。职业道德情感主要表现为责任感、自豪感、荣誉感、成就感等,而会计职业道德情感的培养能使会计人员把自己所从事的职业与整个社会的经济建设联系起来,把个人自我价值实现与社会价值有机地统一起来,引导会计人员增强职业责任感,具有热爱会计职业、献身会计事业的崇高理想。

(3) 树立坚定的会计职业道德信念。会计职业道德信念,是指会计人员对会计职业道德义务具有的强烈责任感和对会计职业的理想目标的坚定信仰,这是会计职业道德自我修养的核心内容。会计人员如果树立坚定的会计职业道德信念,那么必然会对自己的职业充满热情,就能自觉形成遵守会计职业道德规范的意识,从而以实际行动来履行自己的义务,切实贯彻和落实法律法规,努力做好本职工作。

(4) 养成良好的会计职业道德行为。会计职业道德行为,是指会计人员在会计职业道德规范的指引和约束下所具有的从事会计职业时始终自觉遵守规范的行为习惯。这不仅是会计职业道德自我修养的重要环节,也是终极目标。只有当会计人员把遵守会计职业道德规范当成是自觉的行为习惯时,会计秩序才能稳定,会计工作也才会健康发展。因此，会计人员在会计职业道德自我修养中，要特别重视会计职业道德行为的培养，努力养成良好的职业习惯。

2. 会计职业道德自我修养的途径

（1）慎独慎欲。会计职业道德修养的最高境界在于做到"慎独"，即在一个人单独处事、无人监督的情况下，也应该自觉地按照道德准则去办事。慎独的前提是具有坚定的职业信念和职业良心。会计职业道德修养讲"慎独"，就是要求每个会计人员严格要求自己，在履行职责时自律谨慎，不管财经法规、制度是否有漏洞，也不管是否有人监督，领导管理是否严格，都按照职业道德的要求去办。慎欲，就是指用正当的手段获得物质利益。会计人员做到慎欲，一是要把国家、社会公众和集体利益放在首位，在追求自身利益时，不损害国家和他人利益；二是做到节欲，对利益的追求要适度适当，要合理合法，反对用不正当的手段达到利己的目的。

（2）慎省慎微。会计工作是一项非常细致而又复杂的工作，经常与钱、财、物打交道，稍有差错就可能产生严重的后果。因此，会计人员在处理每一笔会计业务时，对是否符合国家法律、法规，是否真实、准确，都需要认真自省，不断修正错误，树立正确的职业道德观念，培养高尚的道德品质，提高自己的精神境界。慎微，就是指在微处、小处自律，从微处、小处着眼，积小善成大德。慎微，首先要求从微处自律，俗话说："千里之堤，溃于蚁穴"；其次要求从小事着手，从一点一滴的小事做起，日积月累，就能获得良好的信誉。

（3）自警自励。自警就是要随时警醒、告诫自己，要警钟长鸣。防止各种不良思想对自己的侵袭。自励就是要以崇高的会计职业道德理想、信念激励自己、教育自己。经常用会计职业道德规范这把标尺，认真度量自己在职业实践中的一切言行，树立正确的会计职业道德观。

第四节 会计职业道德建设的组织与实施

一、财政部门的组织推动

会计职业道德建设是会计管理工作的重要组成部分，作为管理会计工作的各级财政部门应当将会计职业道德建设纳入重要议事日程，负起组织和推动本地区会计职业道德建设的责任，要深入实际，调查研究，了解新情况，分析新问题，及时发现、总结和推广会计职业道德建设的新经验，在内容、形式、方法、手段和机制等方面积极创新，与时俱进，探索新的有效途径和实践形式。

会计管理工作者要以高度的责任感和事业心，适应新时期的要求，努力学习会计法律知识，不断提高自身的政策理论水平和服务质量，在工作中应求真务实，依法办事，廉洁奉公，勤政为民，率先垂范，以身作则，树立良好的会计职业道德风尚。

各级财政部门要把会计职业道德建设与会计法制建设紧密结合起来。在认真宣传贯彻《会计法》和国家统一的会计制度的同时，加大执法力度，严厉打击违法会计行为，维护国家和社会公众利益，维护正常经济秩序，为会计职业道德建设提供强有力的法律支持和政策保障。

各级财政部门应当根据会计法律制度,积极探索将会计职业道德建设与会计从业人员管理相结合的机制,逐步完善会计从业人员的资格准入、考核、奖惩、培训和退出等制度。同时,各地在组织开展会计人员继续教育中,要将会计职业道德作为一项重要内容。

二、会计职业组织的行业自律

会计职业组织起着联系会员与政府的桥梁作用,应充分发挥协会等会计职业组织的作用,改革和完善会计职业组织自律机制,有效发挥自律机制在会计职业道德建设中的促进作用。

我国可以借鉴国外通过会计职业组织实施职业道德约束的做法和经验,在注册会计师协会、会计学会和总会计师协会等职业组织中设立职业道德委员会,专门管理职业道德规范的制定、解释、修订和实施。对涉及会计职业道德的案件由会计职业组织进行处罚。

三、企事业单位内部监督

案例分析 29

在企事业单位内部形成约束机制,防范舞弊和经营风险,支持并督促会计人员遵循会计职业道德,依法开展会计工作。各企事业单位在任用重要会计岗位的人员时,应审查其职业记录和诚信档案,选择业务素质高、职业道德好的会计人员;在日常工作中,应注意开展对会计人员的道德和纪律教育,并加强检查,督促会计人员坚持原则、诚实守信;在制度建设上要加强单位内部控制制度的建立和完善,形成内部约束机制,依法开展会计工作,为会计人员遵守职业道德提供良好的执业环境,从而可以有效地防范舞弊和经营风险,规避道德失范。

同时,单位负责人要做遵纪守法的表率,支持会计人员依法开展工作。根据《会计法》的规定,单位负责人是单位会计工作的责任主体,单位负责人必须重视和加强本单位会计人员的职业道德建设。

四、社会各界的监督与配合

加强会计职业道德建设,既是提高广大会计人员素质的一项基础性工作,又是一项复杂的社会系统工程;不仅是某一个单位、某一个部门的任务,也是各地区、各部门、各单位的共同责任。广泛开展会计职业道德的宣传教育,加强舆论监督,在全社会会计人员中倡导诚信为荣、失信为耻的职业道德意识,引导会计人员加强职业修养。

第五节 会计职业道德的检查与奖惩

一、会计职业道德检查与奖惩的意义

开展会计职业道德检查与奖惩是道德规范付诸实施的必要方式,也是促使道德力量发挥作用的必要手段,有着很重要的现实意义。

（1）会计职业道德的检查与奖惩，具有促使会计人员遵守职业道德规范的作用。奖惩机制利用人类趋利避害的特点，以利益的给予或剥夺为砝码，对会计人员起着引导或威慑的作用，使会计行为主体不论出于什么样的动机，都必须遵循会计职业道德规范，否则就会遭受利益上的损失。奖惩机制把会计职业道德要求与个人利益结合起来，体现了义利统一的原则。

（2）会计职业道德的检查与奖惩，可以对各种会计行为进行裁决，对会计人员具有深刻的教育作用。会计人员哪些会计行为是对的，哪些会计行为是不对的，均可通过会计职业道德的检查与奖惩作出裁决。在这里，会计职业道德的检查与奖惩起着道德法庭的作用。它是运用各种会计法规、条例及道德要求等一系列标准，鞭挞违反道德的行为，同时褒奖那些符合职业道德要求的行为，并使其发扬光大，蔚然成风，互相砥砺。因此，通过会计职业道德的检查与奖惩，使广大会计人员生动而直接地感受道德的价值分量，其教育的作用是不可低估的。

（3）会计职业道德的检查与奖惩，有利于形成抑恶扬善的社会环境。会计职业道德是整个社会道德的一个组成部分，因此，会计职业道德的好坏，对社会道德环境的优劣会产生一定的影响；反之，社会道德环境的好坏，也影响着会计的职业行为。奖惩机制是抑恶扬善的杠杆。对会计行为而言，判断善恶的标准就是会计职业道德规范。那些遵守职业道德规范的行为，就可称善行；反之，那些违背职业道德规范的行为，就可称恶行。通过倡导、赞扬、鼓励自觉遵守会计职业道德规范的行为，贬抑、鞭挞、查处会计造假等不良行为，有助于人们分清是非，形成良好的社会风气，从而进一步促进会计职业道德的发展。

就道德规范的自身特点而言，它主要是依靠传统习俗、社会舆论和内心信念来维系的。这种非刚性的特征也就决定了它的落实、实施还必须同时借助政府部门的行政监管、职业团体自律性监管和企事业单位内部纪律等外在的硬性他律机制，只有这样才能有效地发挥道德规范潜在的裁判和激励效力。

二、会计职业道德检查与奖惩的机制

（一）财政部门的监督检查

《会计法》规定，国务院财政部门主管全国的会计工作，县级以上财政部门管理本行政区域内的会计工作。同时，财政部门对注册会计师、会计师事务所和注册会计师协会进行监督指导。会计职业道德建设是会计管理工作的重要组成部分，因此，各级财政部门应负起组织和推动本地区会计职业道德建设的责任。财政部门可以利用行政管理上的优势，对会计职业道德情况实施必要的行政监管。

1. 会计职业道德建设与会计人员表彰奖励制度相结合

《会计法》规定，对认真执行本法，忠于职守，坚持原则，作出显著成绩的会计人员，应给予精神的和物质的奖励。对自觉遵守会计职业道德规范的优秀单位和优秀会计工作者进行表彰、奖励的具体形式有晋升工资、职级，发放一定数额的奖金，授予荣誉称号，颁发荣誉证书，在公共媒体上积极宣传其先进事迹等，这样既可以使受奖者感到自豪和骄傲，进一步调动他们的工作积极性和主动性，从而促使他们强化职业道德行为，同时还可以起到弘扬正气、鞭挞后进的作用，从而在潜移默化中提高全体会计人员的职业道德素质。

2. 采用多种形式开展会计职业道德宣传教育

会计职业道德建设是会计管理工作的重要组成部分，作为管理会计工作的各级财政部门，应当将会计职业道德建设纳入重要议事日程，负起组织和推动本地区会计职业道德建设的责任，要深入实际、调查研究，了解新情况，分析新问题，及时发现、总结和推广会计职业道德建设的新经验，在内容、形式、方法、手段和机制等方面积极创新，与时俱进，探索新的有效途径和实践形式。

各级财政部门应当根据本地区的实际情况，加大对会计职业道德的宣传教育力度，注重发挥网络、媒体的宣传作用和舆论的监督作用，积极组织开展形式多样的宣传教育活动，如举办会计职业道德演讲会、知识竞赛、有奖征文、论坛、专题研讨等多种活动，引导广大会计人员积极参与会计职业道德教育活动，弘扬正气，树立诚实守信等会计新风尚，不断发现、总结和推广会计职业道德建设的新经验，探索会计职业道德建设的有效途径和实现形式，努力营造会计职业道德建设的良好氛围。

3. 会计职业道德建设与会计专业技术资格考评、聘用相结合

根据财政部、人事部联合印发的《会计专业技术资格考试暂行规定》及其实施办法的规定，报考初级资格、中级资格的会计人员，应"坚持原则，具备良好的职业道德品质"等。会计专业技术资格考试管理机构在组织报名时，应对参加报名的会计人员职业道德情况进行检查。对有不遵循会计职业道德记录的，应取消其报名资格。

目前，高级会计师资格的取得采取考试和评审相结合，其中会计职业道德考评也要进行检查、考核。一是在考试方面，考虑到职业道德对高级会计师的重要性，增设职业道德的内容，从理论上加深其对会计职业道德的理解和认识；二是在评审方面要对申报人的会计职业道德情况严格审查。

此外，规定一些关于职业道德规范的否决条款。例如，申报人曾因违法犯罪行为而受过刑事处罚的，不能参加高级会计师资格的评审。将会计职业道德奖惩与会计专业技术资格的考、评、聘联系起来，必将使广大会计人员像重视自己专业技术职称一样重视自己的职业道德形象，在日常的学习工作中不断提高自身的职业道德修养。

4. 会计职业道德建设与会计执法检查相结合

财政部门作为《会计法》的执法主体，可以依法对社会各单位执行会计法律制度情况及会计信息质量进行不同形式的检查或抽查。通过检查，一方面督促各单位严格执行会计法律法规；另一方面也是对各单位会计人员执行会计职业道德情况的检查和检验。

改革开放以来，我国财政部门经常开展全国性的财经大检查。有违反法律的行为，同时也一定是违反了会计职业道德要求的行为，所以国家在开展会计执法检查的同时，也对会计人员是否遵守会计职业道德规范的情况进行了检查。财政部门把会计职业道德建设与会计执法检查相结合，是构筑会计职业道德检查与奖惩机制的重要组成部分和有力抓手。

（二）会计行业组织的自律管理与约束

对会计职业道德情况的检查，除了依靠政府监管外，行业自律也是一种重要手段。

会计行业自律是一个群体概念，是会计职业组织对整个会计职业的会计行为进行自我约束、自我控制的过程。在会计职业较成熟的市场经济国家，会计职业道德准则一般由会计职业组织制定、颁布与督导实施的。

在日常会计工作中存在这样的情况，一些会计人员缺乏必要的专业胜任能力，业务素质低下，专业知识贫乏，对新颁布的会计准则、会计制度知之甚少，从而导致记账不符合规范，账簿混乱，账账、账表不符，报表挤数现象时有发生；还有一些会计人员按照领导的意志，放弃了客观性原则，钻准则、制度的空子，通过改变会计估计或会计方法，调节利润或亏损，从而达到隐瞒、拖欠或逃避应交税费的目的。这些做法有的虽然没有触犯法律，但却违反了会计职业道德的要求。在会计行业自律组织比较健全的情况下，可以由职业团体通过自律性监管，对发现的违反会计职业道德规范的行为进行相应的惩罚，根据情节轻重程度采取通报批评、罚款、支付费用、取消其会员资格、警告、退回向客户收取的费用、参加后续教育等方式。目前，我国会计职业的行业自律机制尚不健全，对违反会计职业道德的会计人员和会计师事务所惩处的力度还不够。所以，必须建立健全会计职业团体自律性监管机制，确保会计职业的健康发展。

近些年来，我国通过会计行业组织强化自律管理和行业惩戒也已取得了一定的进展。中国注册会计师协会作为注册会计师行业的自律组织，为提高我国注册会计师职业道德水平作出了积极贡献，先后发布了《中国注册会计师职业道德基本准则》《中国注册会计师职业道德规范指导意见》《注册会计师、注册资产评估师行业诚信建设实施纲要》等；研究建立了调查委员会、技术鉴定委员会、惩戒委员会等行业自律性决策组织。由于我国会计行业组织建立比较晚，自律性监管还比较薄弱，在注册会计师职业道德规范的实施与惩戒过程中仍存在不少问题，要求注册会计师职业组织从行业整体利益和社会责任出发，切实改进管理和服务，把行业建设好。

（三）激励机制的建立

对自觉遵守会计职业道德的优秀会计工作者进行表彰、宣传，可以使受奖者感受到对遵守道德规范的回报，从而促使其强化道德行为。同时，还可以树立本行业的楷模、榜样，使会计职业道德原则和规范具体化、人格化，使广大会计工作者从这些富于感染性、可行性的道德榜样中获得启示、获得动力，在潜移默化中逐渐提高自身的职业道德素质。奖励是积极的，是对一个人的肯定。它利用人的上进心，增强人的荣誉感，使其遵纪守法、尽职尽责，并发挥其内在的潜能。它带给人的是满足、自尊、自豪感。而惩罚则是消极的，它利用人的恐惧心理，使人循规蹈矩。过分的惩罚会使人产生挫折感，损伤自尊心和自信心。

实践中的大量事实表明，奖励和惩罚相结合的方法优于只奖不罚或只罚不奖。赏罚结合可以带来双重的激励效果。因此，在对违反会计职业道德的行为进行惩戒的同时，还应对自觉遵守会计职业道德的先进人物进行表彰。

会计职业道德激励机制应当与会计人员表彰制度相结合，以起到弘扬正气、激励先进、鞭挞后进的作用。对会计职业道德检查中涌现的先进人物事迹进行表彰奖励，应注意将物质奖励和精神奖励相结合。

我国会计人员的队伍庞大，其中蕴藏着许多优秀的先进人物和动人事迹。在会计职业道德检查中，应善于发现典型、树立榜样。通过对优秀会计工作者进行表彰、奖励，营造抑恶扬善的环境，从而在潜移默化中提高全体会计人员的职业道德素质。

本章小结

每个职业都有其特定的道德规范，医生有医德、教师有师德，会计工作者也要受会计职业道德的约束。《会计法》规定，会计人员应当遵守职业道德，提高业务素质。道德不同于法律。法律具有强制性，道德则需要依靠自律，这不意味着法律和道德互不相关。法律和道德是相互支撑的，道德风尚的形成需要法律的引导，法律意识的增强也需要道德的熏陶。会计职业道德包括八个方面，爱岗敬业、诚实守信、廉洁自律、客观公正、坚持准则、提高技能、参与管理和强化服务。

课后训练

一、单项选择题

1. 职业道德的本质是由（　　）决定的。
   A. 社会实践　　　B. 经济基础　　　C. 社会经济关系　　　D. 上层建筑
2. 职业道德具有职业性、继承性和（　　）。
   A. 强制性　　　B. 实践性　　　C. 统一性　　　D. 不变性
3. 会计人员热爱会计工作，安心本职岗位，忠于职守，自觉抵制会计造假行为，这是会计职业道德中（　　）的具体体现。
   A. 守责敬业　　　B. 坚持诚信　　　C. 守正创新　　　D. 强化服务
4. 要求会计人员熟悉国家法律、法规和国家统一的会计制度，始终保持按法律、法规和国家统一的会计制度的要求进行会计核算，实施会计监督，这是会计职业道德中（　　）的具体体现。
   A. 守法奉公　　　B. 坚持准则　　　C. 客观公正　　　D. 守正创新
5. "常在河边走，就是不湿鞋"这句话体现的会计职业道德要求是（　　）。
   A. 坚持诚信　　　B. 守法奉公　　　C. 坚持准则　　　D. 守正创新
6. 下列关于会计职业道德与会计法律制度联系的说法中，不正确的是（　　）。
   A. 两者有共同的目标、相同的调整对象，承担同样的职责
   B. 两者在内容上相互渗透、相互重叠
   C. 两者在地位上相互转化、相互吸收
   D. 两者在实现形式上都是具体的、明确的和成文的
7. "坚持好制度胜于做好事，制度大于天，人情薄如烟"，这句话体现了（　　）的会计职业道德内容要求。
   A. 参与管理　　　B. 守正创新　　　C. 坚持准则　　　D. 坚持诚信

8. 下列各种观点中,符合会计职业道德要求的是( )。
   A. 既然《会计法》已明确规定单位负责人应当保证财务会计报告真实、完整,会计人员就应该听领导的,在自己不贪不占的前提下,领导让干什么就干什么
   B. 公司生产经营决策是领导的事,会计人员没有必要参与,也没有必要过问
   C. 会计人员应保守公司的商业秘密,在任何情况下,都不能向外界提供或泄露单位的会计信息
   D. 会计人员应该按照国家统一的会计制度记账、算账、报账,如实反映单位的经济业务活动情况

二、多项选择题

1. 对认真执行《会计法》,忠于职守,坚持原则,作出显著成绩的会计人员进行奖励的方式有( )。
   A. 晋升工资　　　B. 发放奖金　　　C. 授予荣誉称号　　　D. 颁发荣誉证书

2. ( )对会计职业道德建设的组织和实施须健全制度和机制,齐抓共管,保证会计职业道德建设的各项任务和要求落到实处。
   A. 各级财政部门　　　　　　　B. 会计职业团体
   C. 机关　　　　　　　　　　　D. 企业事业单位

3. 下列属于职业道德特点的有( )。
   A. 职业性　　　B. 实践性　　　C. 继承性　　　D. 合法性

4. 会计职业道德的特征有( )。
   A. 会计人员自身必须廉洁　　　B. 具有一定的强制性
   C. 具有一定的他律性　　　　　D. 较多关注公众利益

5. 会计职业道德规范的主要内容有( )。
   A. 坚持诚信　　　B. 守责敬业　　　C. 守法奉公　　　D. 守正创新

6. 下列关于会计职业道德调整对象的表述中,正确的有( )。
   A. 调整会计职业关系
   B. 调整会计职业中的经济利益关系
   C. 调整会计职业内部从业人员之间的关系
   D. 调整与会计活动有关的所有关系

7. 下列各项中,属于会计职业道德"坚持准则"要求的有( )。
   A. 严格执行会计法律、法规
   B. 严格执行与会计相关的经济法律制度
   C. 严格执行国家统一的会计制度
   D. 严格执行单位内部的会计控制制度

三、判断题

1. 会计法律制度是促进会计职业道德规范形成和遵守的制度保障。　　　　( )
2. 会计职业道德与会计法律制度具有相同的调整对象,但是承担着不同的职责。
   　　　　　　　　　　　　　　　　　　　　　　　　　　　　　　　　( )
3. 会计职业道德主要依靠会计从业人员的自觉性,具有很强的自律性。　　( )

4. 会计职业道德与会计法律制度的作用范围不同,侧重于调整会计人员内在的精神世界。（ ）
5. 会计职业道德既有国家法律的相应要求,又要求会计人员自觉遵守。（ ）
6. 会计法律制度是会计职业道德的最低要求。（ ）
7. 会计职业道德以会计人员享有的权利和义务为标准来判定其行为是否违背职业道德。（ ）
8. 会计人员继续教育是指会计人员在完成某一阶段的专业学习后,重新接受一定形式的、有组织的知识更新和培训活动。（ ）
9. 会计人员的自我教育与修养是继续教育的一种重要形式。（ ）
10. 社会实践是会计职业道德自我教育与修养的根本途径。（ ）
11. 当单位利益与社会公众利益发生冲突时,会计人员应该首先维护社会公众利益。（ ）
12. 会计职业道德规范中的"坚持准则"就是指会计准则。（ ）
13. 会计行业组织在会计职业道德建设中可以依法行政。（ ）